日本武士战争史

The Decisive Battles Of Samurai Japan
And Their Influence Upon Histroy

王子午 著

吉林文史出版社
JILINWENSHICHUBANSHE

图书在版编目（CIP）数据

日本武士战争史 / 王子午著. -- 长春：吉林文史
出版社, 2018.8
ISBN 978-7-5472-5385-4

Ⅰ. ①日… Ⅱ. ①王… Ⅲ. ①战争史 - 日本 - 古代
Ⅳ. ①E313.9

中国版本图书馆CIP数据核字(2018)第201417号

RIBEN WUSHI ZHANZHENG SHI

日本武士战争史

著 / 王子午

责任编辑 / 吴枫　特约编辑 / 黄晓诗

装帧设计 / 周杰

策划制作 / 指文图书　出版发行 / 吉林文史出版社

地址 / 长春市人民大街 4646 号　邮编 / 130021

电话 / 0431-86037503　传真 / 0431-86037589

印刷 / 重庆长虹印务有限公司

版次 / 2018 年 9 月第 1 版 2018 年 9 月第 1 次印刷

开本 / 787mm × 1092mm　1/16

印张 / 15.5　字数 / 250 千

书号 / 978-7-5472-5385-4

定价 / 79.80 元

目录

前言

对于一名武士而言，其本职工作便是战争。战争推进着整个武士阶级的崛起和发展，最终使武士成为日本的统治者。当我在为一些文化、历史小说等书籍引入那段历史，并试图开始深入研究武士的战争艺术之时，却发现身边竟没有那样一部能够详细描述武士战史的著作，甚至没有任何一场会战能够逃脱文学创作的歪曲而为中文世界所知，于是我决定来填补这一空白。

这部《日本武士战争史》在结构上效法约翰·富勒所著《西洋世界军事史》一书，以正文章节对日本武士历史上的重大会战进行分析探讨，并以大事记形式对历史背景的发展进行详尽叙述，使全书内容能够形成一部完整的日本武士历史，同时着重突出不同时期武士所采用的不同战争艺术，各大会战的过程以及将领指挥得失。力求通过对政治、战略以及战术三方面的分析考量，来达成以客观角度分析使被大量文学作品埋没的日本古代战争艺术重新为世人所认知的目的。

本书叙述起点始于 12 世纪日本平安时代末期源氏和平氏之间爆发的源平合战，并以年代顺序分别介绍 12 世纪的一之谷会战、坛之浦海战、13 世纪的两次蒙古东征、16 世纪的长筱会战、石山本愿寺的围攻、17 世纪的关原会战、琉球远征以及 19 世纪的攘夷战争及四境战争。以此十二场会战来覆盖日本武士历史的重要转折点。对于所介绍战争的选择，完全是由我个人判断而来。对于这些选择，我的看法是与其泛泛地将大批会战全部写一遍，尚不如选择最具决定性意义，最具代表性的会战加以详细介绍。其余一些如凑川、桶狭间等重要会战在大事记中也略有提及，以支撑起我所选择的十二场大战，而另一些对于历史几乎毫无影响的著名会战，如川中岛会战等，则被我一笔带过了。也许在这个初版之后我还会向书中添加更多会战，不过即使今后不会再有更新的版本推出，我对于现有版本也已经没有什么遗憾了。

在我刚刚开始写作这部书的时候，可能我并没有意识到它的潜力，因此当我在由自己担任执行主编的《战舰》杂志上发表最初完成的《攘夷战争与四境战争》时，这篇文章还是不免带有一些文学色彩。这也使我在将这一章重新编辑排入本书时，对其内容颇感不满，若不对原有文字大幅改动，它便会如同狮群中的山羊一样绵软无力。正因为此，对于原先文章中一些文学性的故事情节，可以说是被我故意地忽略掉了。到这部书文稿杀青后，几乎每一天我也都会对一些细节进行修改，不断地将其完善。至今我相信该书已经足以成为中文世界中对于日本武士战争艺术最为明了、直接且排除文学色彩的著作。对于任何一位希望从军事角度来了解日本武士的读者而言，本书都将是大有裨益的。

与约翰·富勒在《西洋世界军事史》中的抱怨相同，从古到今，几乎所有关于兵力、伤亡数字的记载和描述都是有着夸张和宣称的成分，因此本书中的很多数字我也并不敢断言是正确的。另外，在一些情况下，当历史、考古学家和军事理论所带来的结论互相冲突时，我通常选择军事性的结论。在我看来，考古学虽然在细节上更为准确，却时常以偏概全，而军事性的考量虽然在细节上可能存在不少错误，但其中存在的原理却是亘古不变的。

最后，出于方便读者辨别事件发生年代的目的，同时又由于成书过程中所参考的日本资料均以农历记载时间，因此本书采用的时间格式均为公历纪元年份加日本农历月份、日期的形式。

王子午

出羽
陆奥
佐渡
越后
下野
常陆
能登
上野
信浓
武藏
下总
越中
加贺
甲斐
相模
上总
飞騨
越前
美浓
骏河
伊豆
安房
丹后
若狭
尾张
三河
远江
但马
丹波
近江
因幡
伊贺
志摩
伯耆
美作
播磨
伊势
出云
备前
平安京
石见
备中
淡路
安艺
备后
赞岐
阿波
纪伊
长门
周防
伊予
土佐
对马
壹岐
丰前
筑前
肥前
筑后
丰后
肥后
日向
薩摩
大隅
种子岛
屋久岛

颜色	名称
东山道
北陆道
山阴道
山阳道
东海道
南海道
西海道

◎ 日本六十六国

武士阶级的崛起

有关日本这个被隔绝在东亚大陆以外的岛屿，最初的文字记载始于公元三世纪的《三国志·魏书》。按照该书记载，"倭"国在中国的三国时代和晋朝初期由一位名叫卑弥呼的女性统治。至于卑弥呼的出身则完全没有提及，但她很可能是一位祭司。卑弥呼在公元189年成为28个部落联盟的首领，并在九州建立了目前已知的首个日本政权邪马台国。卑弥呼拥有1000人的侍从，其中仅有一位男性。由于统治力大多源自所谓的巫术，因此卑弥呼在成为女王之后不久便隐居了山洞之中，除她的仆人以外便再无人能够见到她，邪马台国的实际掌权者则是她的一位弟弟。

根据《魏书》记载，邪马台国曾在239年夏季派出使者难升米前往魏国，卑弥呼也受魏帝曹睿加封"亲魏倭王"。公元247年，卑弥呼去世，邪马台很快陷入了与邻近部落的战乱之中。在此之后，曾经有一位男性首领短暂统治过邪马台国，但很快又被一位名叫壹与的年轻女王所取代。大约在公元四世纪左右，邪马台国将自己的政治核心转移到了后来被称为近畿的本州岛中心地区，而后来在大和国建立的政权很可能便是邪马台国的直系后裔。

根据公元八世纪编写的日本史料《古事记》以及《日本书纪》记载，日本皇室历史要追溯到公元前667年神武天皇从九州岛南部的日向国东征至本州近畿地区的大和国，并将当地的土著赶离近畿之时。但根据考古证据，这一时间事实上应在公元350年左右，而其政权建立于奈良以南的柏原地区。到公元七世纪中叶，在与土著的战争压力下，大和政权开始逐步抛弃由原先各地豪族掌权的政治体系，而进入由天皇统一立法统治的律令时期，此时其势力也已经从近畿地区扩大到了本州中西部、九州岛北部以及四国岛。以圣德太子的"大化改新"作为开端，日本开始逐渐效法中国隋朝，建立以法律作为统治基础的中央集权国家。

但在公元663年，日本却爆发了与大陆间的第一场冲突。在出兵援助朝鲜半岛的百济国失败，并被其邻国新罗以及唐朝军队击败后，大和政权再次向大陆靠拢，开始派出遣唐使前往中国，并建立了日本历史上第一个国家军队体系，即军团制。根据最初规定，全国上下的每一位男性农民都应在军队中担任一定时间的兵役。每个军团拥有1000名士兵，后来又根据各地的实际情况而改以百人为单位进行编组，其中人数最少的军团只拥有200人左右，而本州岛最北方的陆奥国也曾出现过六个军团拥有10000兵力以及七个军团拥有8000兵力的情况。军团的兵源均在农民中间征发，因此事实上只是一种民兵组织，其兵源每10天轮换一班。被征召而来的士兵必须自己携带装备，从规定上讲，士兵的武器由一张长弓、两条弓弦、50支箭以及长短两把佩刀组成，但事实上由于很多农民在经济上是无法负担武器的，因此绝大多数民兵的装备都远比规定的更为简陋。此外，虽然在制度上国家应为每位征召来的士兵准备六斗大米和两升盐，但事实上粮食也要由农民自己负责。而国家真正为军团提供的只有驮马和鼓、号等物。

◎ 军团制时期的日本步兵复原模型

公元710年，日本天皇在大和国的平城京定都，即后来的奈良。由于不堪奈良附近的佛教势力干扰，桓武天皇在794年将都城迁至山城国的长冈，重新修建了平安京，而这里作为日本的京都一直延续到了19世纪。在奈良时代，由国家以户籍人口为标准统一为农民分派土地，但这种班田制却因课税过重，而农民又无法获得土地所有权而逐渐解体。进入平安时代后，由农民自行开垦，不隶属于皇室的土地已经成为私有庄园，贵族和寺院手中也早已拥有大量不需向国家缴纳赋税的庄园，而国有土地却荒废了。皇室收入也跟着迅速减少。与贵族和寺院相比，农民手中的庄园规模和实力都太小，无法阻止国衙的侵占，最终只能选择将自己的土地献给贵族或者寺院，并向后者缴纳赋税，后者则保证农民对土地享有的权利。

与此同时，军团征兵制度对于农民而言也负担极大，从这一制度建立时开始，逃避兵役的人数便越来越多。到平安时代，财源枯竭的朝廷又规定农民只需缴纳相应的金钱便可免除兵役，这又加速了军团制的崩溃。随着国家军队逐渐消失，九世纪时日本各地逐渐出现了大批土匪海盗，这一情况又以濑户内海沿岸和刚刚征服不久的关东最为严重。由于民兵军团本身已经崩溃，朝廷又需要武力手段来镇压强盗和叛乱，天皇只好雇用大量虾夷土著编入军团。这些人也逐渐逃亡之后，贵族们便只能把朝廷撇在一边，自己招募庄园主中的豪族组成军队，保护自己的庄园，而这便是武士的最初起源。

随着地方豪族对于中央贵族的重要性与日俱增，这些人也开始被朝廷授予官位。虽然通常所授的官位均比较低，因此被称为颇有侍从意味的"侍"，却使农民豪强跻身士族行列。同时由于其主要从事着武力的工作，逐渐与普通农民或者土豪区分开来，形成了武士阶级，并使日本上层社会分裂为公家和武家。与此同时，由于皇室所拥有的土地和庄园数量受贵族挤占而越来越少，无法继续供养全部皇室成员，只得将大批皇族下放到各地国衙充任官吏，而其中一部分后来也开垦了新田成为庄园主，进而成为武士，这其中便包括了各地诸多不同的源氏和平氏家族。

由于庄园主普遍拥有远优于普通农民的经济能力，因此从这些人中间募集起来的士兵中有很大部分都能够自行负担马匹和铠甲。除此以外，族人和仆从也会组成郎党，作为其手下，在战场上随其作战。这些人并不效忠于皇室政权，甚至也并不

效忠于雇用他们的贵族，而只听命于领导自己的武士。这些武士在战场上通常不会采取统一行动，而是由一名武士头领率领一小队郎党，在手持竹枪等简陋长柄武器的足轻支援下独立进行小规模厮杀（足轻即低等步兵，事实上"足轻"一词直到14世纪的著作《太平记》中才首次出现，本书使用该词指代所有并非武士或其郎党的低级步兵），尽力射杀更多敌军，并由足轻将其头颅砍下，以使武士获得荣誉和封赏，对于战役本身的胜负则并不在武士个人的考虑范围之内。

与欧洲战争依仗长矛、盾牌形成冲击力进行近距离作战的观念完全相反。直到15世纪之前，日本军队通常都会以弓箭所形成的火力作为主要交战手段，而武士们所使用的武器也与先前的民兵一样是弓箭。军团制崩溃后，普通农民不再是战场上的主要力量，这就使军队中骑马者的比例大幅增加，骑射成为平安时代和后来镰仓时代战斗的主要手段，射术精湛者自然便拥有了极高的荣誉，其地位要持续到17世纪江户幕府成立之后才被剑术取代。不过与亚洲大陆军队密集箭雨射击对方阵线不同，日本弓箭战术更着重于对特定目标进行直接射杀。再加上日本山地较多，普通足轻的训练素质通常也很差，导致日本在相当长的时间之内都没有发展出类似于欧洲长矛方阵的冲击战术，而这要一直到战国时代的16世纪才有所改变。不过到了那时，由于火绳枪的引进，火力又重新成为决定性力量之一。此外，由于弓箭战斗无论是在马战还是步战中都占据了绝对优势的地

位，而一个人在使用弓箭时双手又都要被占用，因此武士们很少会使用盾牌，却通常都拥有优秀的铠甲。不过无论如何，盾牌的缺乏使日本士兵在面对近距离战斗和弓箭的曲射火力时总是处处受限。

和中世纪欧洲的情况相似，由于装备优良的骑马武士成为战场主力，一支军队战斗力的核心人数也随之大幅下降。原先由成百上千人组成的军团被几十名武士所取代，虽然后者在战场上有时也会召集数量庞大的足轻，但这些步兵只能起到仆从作用，无论战斗素质抑或士气都极容易崩溃，其战斗目的也只是为了从武士手中领取军饷或在战胜后进行抢劫，在达到目的后便四散而去。除此以外，足轻们所使用的武器往往局限于自己拥有的农具甚至简易竹枪，通常也不会拥有任何铠甲，在战场上即使面对少数武士攻击也时常一触即溃。这样一来，平安时代中后期的日本战场便为极少数精锐骑马武士所统治，个人性的机动和投射火力随之成为胜负之间的决定性力量。但与夸示个人勇武的卓越技能相反，此时的武士们对于战略性机动的价值却几乎一无所知，而且他们也不懂得进行侦察，只是直直地向对方行军，并在选定（甚至是约定好）的战场上进行一场会战，通过政治或金钱手段来集结更多兵力，在正面决战中压倒对方。而律令时代修建的七条大路，东海道、东山道（即后来的中山道）、山阳道、山阴道、西海道（九州）、南海道（四国及本州一部）以及北陆道在整个日本武士战争史中都是最重要的交通线。在这七条交通线中，有五条都自京都向各方延伸，使京都成为整个日本最重要的交通中枢，只有九州和四国得以独立其外。

在当时的日本，双方互射弓箭象征着一场战斗的开始。战斗双方在开战伊始会各自派出一名射术精湛的武士高高地射出一支镝箭越过对方队列，其中央穿孔的木制箭头在飞行过程中会发出鸣叫声，宣布战斗开始。在射出信号箭之后，双方将领、武士头领便会互相大喝对方的姓名，寻找捉对射杀的机会。如《平家物语》等很多日本史诗故事中都对著名武士间的决斗有所记载，虽然其中很大部分内容都存在着极大的夸张成分，不过可以肯定的是，在早期武士战斗中，个人性的决斗本身也是战争的重要组成部分。

传统的日本长弓（即和弓）与现今弓道运动中所使用的长弓结构基本相同。为减轻弓背所受的压力，利于马上使用，武士在射箭时并不会将弓弦拉满，而是拉到三分之一左右的位置便射出弓箭。和弓的弓背以硬木作为主要材料，其外侧覆有竹片，再由藤条加以捆扎，从而获得不错的弹性和刚性，进行曲射时其射程最远也可以达到 350 米左右，不过由于早期武士多采取直射，因此有效射程只有 80 米左右。为使长弓不至于在潮湿的天气中腐烂损坏，弓背通常都会涂上油漆。箭矢由竹竿制成，为确保箭干强度还会保留一个竹节，同时箭干尾部也会安装三片羽毛，以稳定弓箭的飞行轨迹。根据不同用途，箭头也拥有很多不同的形状。日本弓术本身基于骑射的特点发展而来，在张弓放箭前射手首先要将长弓举过头顶，避开马头，然后再缓慢地一边拉弓一边降下双手，左臂伸直指向目标，右手则将弓弦拉至右耳处，随后便可放箭。

所有日本武士都会在腰间佩戴武士刀，由著名铸剑师打造的名刀在上千年时间里都被武家视为最珍贵的礼物。但在当时，即使日本刀的铸造工艺已经趋近顶峰，在战场上的价值却并不太高，其价值更多在于装饰和自卫。武士即使在进行白刃战时也不会使用武士刀，而通常会使用长枪或一种名为薙刀的长柄大刀。

与手中的长弓相对，早期武士所穿着的大铠也同样是为应付弓箭战斗而设计的。大铠由皮革制或铁制的"小札"使用丝绸或皮制织带编制而成，每块小札都会染上鲜明的颜色，使甲胄显得威武华丽。按照这种方式制造出来的大铠在抵抗对方羽箭时有着优良的韧性和弹性，小札之间的织带也能够有效吸收对方打击的力道，

◎ 幕末时期由西方摄影师拍摄，持和弓、着大铠的武士

防止自身被对方羽箭射穿。不过大铠的箱式结构也使其重量过大，如果一副大铠完全采用铁制小札，就会重得无法穿戴，因此只有保护要害的部位才会采用铁制小札编成，其余部位则一律采用革制小札。即使如此，一副大铠重量却也会达到30公斤左右。但与较大的重量相比，其刚性过大的箱型结构和穿戴上的不方便才是其最大缺点。由于其重量几乎完全依靠双肩来承担，武士使用薙刀等白刃战武器作战时，身体躯干的动作就会变得非常不便，而且手臂也会暴露在铠甲保护之外。

大铠的躯干部分被称为"胴"或者"铠"，由前、后、左、右四个部分组成。保护上臂的部分被称为"大袖"，由上端的"绪"结成"总角"与胴的肩部相连，总角本身能够确保胴在运动中仍能覆盖在武士的躯干上。此外，在胸口左右还分别悬挂有两块甲片，左侧被称为"鸠尾板"，右侧被

称为"牋檀板"，其中鸠尾板在武士伸长左臂拉弓放箭时正好会移动到左侧腋下至心脏部位，**栴檀板**则可以在用右手挥舞近战武器时覆盖右侧腋下。被称为"兜"的头盔则通常由钢或铁制的小片金属组成，互相以铆钉固定在一起。头盔前部通常会设置有装饰性的"前立"，其形式由甲胄制作者或武士本人决定。同时头盔侧后方向还装有水平面积很大的护颈，防御自远方飞来的箭矢。

940 年，由于过高的赋税和贵族圈占土地，关东和四国同时爆发了大规模武士暴乱。因为军团早已不复存在，为了镇压暴乱，朝廷又只能依靠其他家族的武士。借此为契机，以源经基的清和源氏（源经基原为皇室成员，9 世纪受清和天皇赐源姓，降为臣子，其一族也因此被称为清和源氏）以及平氏的平贞盛家族逐渐兴起，成为武家大氏族。与此同时，中央权力落入了以世袭"摄政关白"头衔掌权的一支藤原氏文官贵族手中，全国大部分庄园也为藤原氏掌控。为了保护自己在近畿的庄园，藤原摄关家也逐渐拉拢了负责京都地区治安的源氏，使后者在近畿地区声望愈发提高。

1028 年，源赖信又镇压了另一次关东的叛乱。在那之后，源赖信让儿子源赖义与镰仓地区的平直方女儿结亲，并在直方死后继承了镰仓地区的土地。利用这一手段，源氏得以获得一个远离京都的根据地，使源氏在之后的几十年中，无论在京都如何遭遇失败，始终能够恢复元气。大约从此时开始，很多势力较小的武士家族不再将土地进献给贵族或者寺院，转而将土地献给同为武家的源氏或者平氏，由二者为小武士家族提供保护。

关东有着大片土地，这促使当地庄园

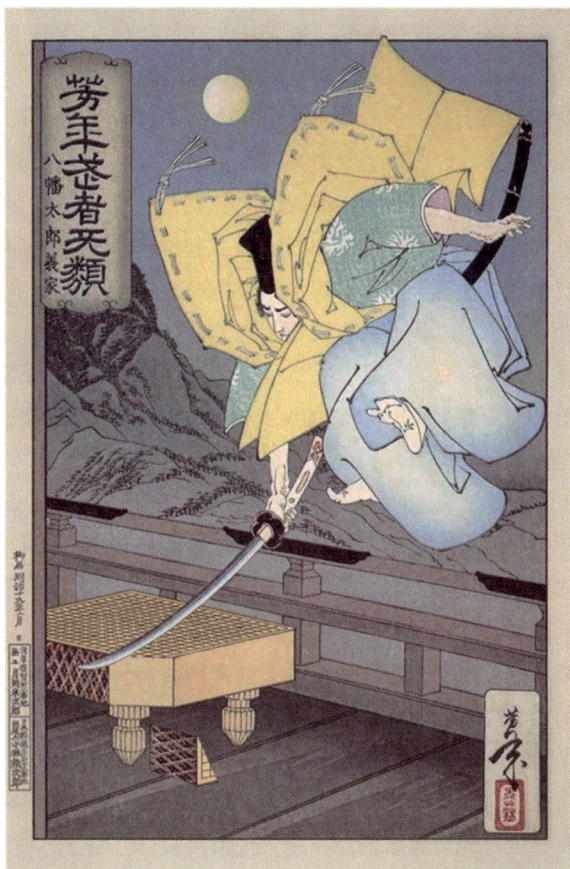

◎ 八幡太郎源义家画像

主十分乐于大规模开垦耕地，而源氏作为这些庄园主的保护人，在关东的地位远远高于普通武士。由于土地被掌握在少数大庄园主手中，源氏只需由栋梁（即家督）控制这些大庄园主即可维持自己的地位，其余同族甚至兄弟都很难得到太多利益，而栋梁也将手中大片土地进献朝廷获得后者支持，借以打压同族。

朝廷在 1051 年和 1083 年与陆奥叛军爆发的两场战争又使源氏进一步加强了对关东的掌控力，但这也引起了朝廷方面对于源氏崛起的担忧。不过到了 1098 年，朝廷与寺院的冲突又使得白河法皇（法皇即前任天皇出家后的尊号，未出家之前则被称为上皇。自白河上皇时期开始，朝廷政务不再由摄关家主持，而改由上皇或者法皇设立的院厅主持）重新授予源义家官位，甚至使其拥有了武士阶级从未获得过的升殿资格，允许他进入宫廷拜见天皇。1106 年七月十五日，源义家去世，这位因作战勇武被奉为"八幡太郎"的源氏栋梁去世，也使清和源氏二百年来的膨胀开始走向了下坡，随之兴起的则是伊势平氏。

940 年的叛乱结束后，平维衡带领族人来到伊势国，创立了伊势平氏。与源义家相同，伊势平氏也借维护白河法皇之际进入近畿政治，并成为白河上皇亲自创立的近卫军——北面武士之一。与此同时，平正盛的嫡子平忠盛在西国，特别是濑户内海沿岸获得了巨大的影响力。忠盛还被允许进入天皇起居的清凉殿，与源义家一样成为殿上人。

与关东不同，西国地区山地多，可耕地面积少，因此只得采取梯田耕种的办法开垦土地，而狭窄的耕地面积又使当地产生了许多小庄园主，其互相之间关系错综复杂。为统治这些庄园主，平氏一族分散到了西国各地，家督不过是其中最为强大的一支，其地位仅相当于盟主，而非统治者。在日本的东西两面，终于形成了两个截然相反的武士家族。

由于朝廷对海外贸易的规定十分严格，致使日本与亚洲大陆间的走私贸易愈演愈烈。为扩大自己在朝廷内的势力，平忠盛自担任备前守和濑户内海的海盗追讨使之后，便开始插手太宰府与京都之间的货物往来。忠盛甚至伪造了院厅文书，使平氏的海外贸易脱离了太宰府管辖。1153 年平忠盛去世后，长子平清盛继承了伊势平氏家业，而清盛甚至要比其父更加能干。他认清了自己权力的基础既不是武士，也不是耕地，而是贸易带来的现金。金钱即意味着贿赂，贿赂则带来权势，武士则仅是保卫权势和贸易的手段。

◎《大日本名将鉴》中的平清盛

◎ 保元之乱屏风图

　　早在白河天皇退位成为上皇之后，他便创建了一套以上皇或法皇为核心的院厅政治，摄政关白则被逐出了政治中心。不过与摄关家的对立相比，皇室本身的矛盾还要更为可怕。白河曾经迫使鸟羽天皇让位于长子崇德天皇。直到白河法皇死后，鸟羽才以上皇身份执掌院厅。在他出家成为法皇后又效法白河，先后使近卫和后白河两位天皇登基，架空了崇德的所有权力。

　　不过鸟羽并没有满足于在政治上将对手排挤出去。为了彻底铲除崇德上皇和主张恢复摄关政治的左大臣藤原赖长，鸟羽决心迫使对方向自己挑战。但在 1156 年七月二日，鸟羽法皇也去世了，后白河天皇的命运遂完全依赖于平清盛以及源义朝的武士。崇德上皇和藤原赖长也决心利用法皇去世的机会向天皇挑战，这又需要自己的武士支持，其中便包括源义朝的父亲源为义，以及因勇武过人而号称"镇西八郎"的源为义第八子源为朝。

　　七月十日至十一日夜间，后白河的军队在京都击败了崇德上皇。藤原赖长在逃亡途中遭到斩杀，上皇被流放到了四国岛的赞岐国。源为义被处以极刑，源为朝被流放到了伊豆大岛，清和源氏一族除源义朝以外几乎被完全消灭，平氏则成为在朝廷中唯一举足轻重的武家力量。更重要的是，这场保元之乱证明，若无武士的支持，

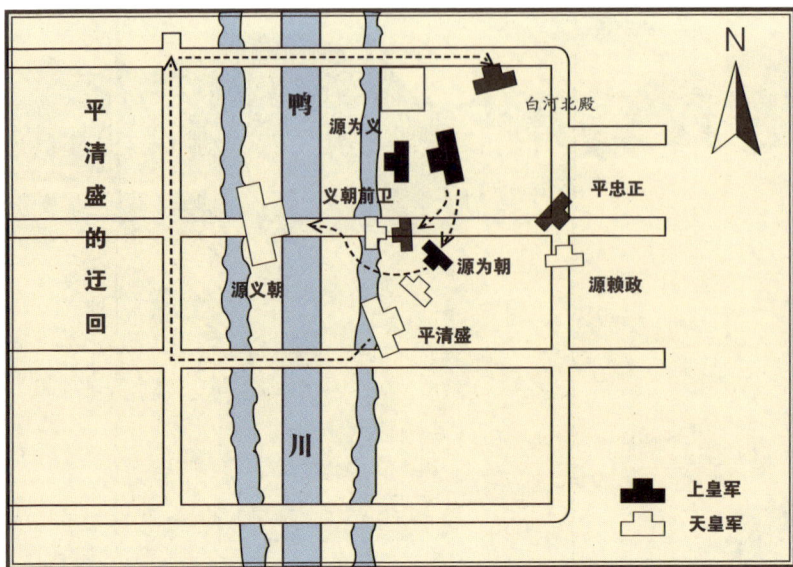

平清盛的迂回

鸭川

白河北殿

源为义

义朝前卫

源义朝

源为朝

平忠正

源赖政

平清盛

N

■ 上皇军
◻ 天皇军

◎ 保元之乱

就连皇室本身也难以维持了。决定日本政权的已不再是贵族们的宫廷权争，而是武士的武力。诚如僧侣慈园在《愚管抄》中所写："在发生动乱之后，日本已经成为武士的天下。"

即使地位已经如此衰落，皇室也还是要继续在内斗中消耗自己最后的力量。1158年八月十一日，后白河天皇让位给其子守仁亲王，即二条天皇，而后白河则成为上皇开始进行院政统治。不过16岁的天皇本人却并不愿接受这种二元政治。后白河此时任用了一位武藏守藤原信赖，此人

◎ 在四国武士簇拥下返回京都的平清盛

仁和寺

N

一条大路
土御门大路
中御门大路
二条
三条
四条
五条
六条
七条
八条
九条

大内里

三条殿

藤原信西宅邸

六波罗蜜寺

六波罗

平重盛宅邸

源义朝宅邸

莲华王院

西京极大路　木辻大路　道祖大路　西大宫大路　朱雀大路　大宫大路　西洞院大路　东洞院大路　东京极大路

◎ 平治之乱

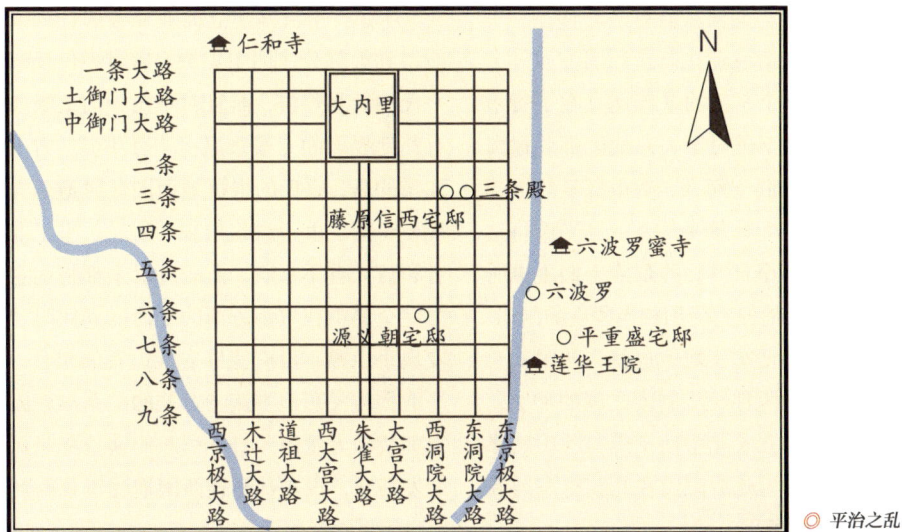

并不特别能干，但却颇具野心。在得到源义朝的武力支持后，藤原信赖在1159年十二月九日，趁平清盛前往四国参拜神社时发动政变，同时挟持了上皇和天皇。

政变发生时，平清盛手中除一族以外仅有15名随行护卫，但却在四国武士支持下迅速返回京都的六波罗宅邸，并在廿五日使源义朝受到奇袭，夺回了天皇和上皇。藤原信赖被捕后被送回京都斩首，源义朝也在经由尾张国逃往镰仓的途中被家臣刺杀。清和源氏至此几乎已经灭亡。不过平清盛却并没有将义朝的儿子全部斩杀，在后者的儿子中，源朝长自杀，源赖朝被捕后流放至伊豆，源义平在次年因再次潜入京都试图刺杀平清盛失败而被斩首，侧室常盘所生的三个儿子则在跟随常盘改嫁后相继被送往寺院，而这其中便包括日本武士历史上第一位真正的名将源义经。

由于在这场平治之乱前曾经十分器重

藤原信赖，后白河上皇逐渐受到了排挤，二条天皇的权势则日渐提升。这又几乎使平治之乱死灰复燃，院厅和天皇之间的对立不但没有因政变被压平而停止，反而愈演愈烈。平氏作为京都所剩下的唯一武士集团便成为双方均想拉拢的力量。到1160年八月十一日，平清盛被授予正三位参议官位，成为武士中第一位官位达到了公卿级别，可以参与国政讨论的人物。

到1167年二月，平清盛官位升至从一位太政大臣，成为所有朝臣中地位最高之人。日本事实上已被平氏所控制，皇室和公卿的威望已经一落千丈，武士第一次成为最高统治者。平清盛甚至开始劝说皇室将都城迁至摄津国西部紧邻濑户内海的福原，因为那里是完全由平氏建立和控制的。

与此同时，平清盛也开始推进日本历史上第一个建立货币经济的企图。在此之前，日本的一切经济都建立在以大米为标准的易货制上，金银只能算是奢侈品。平清盛却能够认清农业在制造利润方面过于低效，并将整个平氏的基础建立在了货币与贸易之上。不过对于关东地区那些远离西部贸易港的武士而言，货币贸易经济却是他们所完全无法接受的。一旦平氏将这种经济带到整个日本，关东武士们手中所拥有的大片耕地便将受到相当程度的削弱，他们的政治甚至军事地位也将为西国武士所压倒。而这两种经济制度之间的冲突，不仅在之前的几十年中使平氏与源氏始终对立，也更成为此后源氏在此获得东国武士支持的根本原因。

1179 年十一月，平清盛在与皇室发生矛盾后将后白河法皇软禁，直接以武力进行专制统治。六波罗取代了皇宫和院厅成为日本的政治中心，平氏族人也取代了藤原氏成为各地衙门的统辖者。朝廷只保留有国有土地的农业税收，而这项收入早在几百年前便已经所剩无几了。

不过，平清盛建立商业社会的计划没能得到大部分庄园主支持，后者不仅反对平氏的贸易经济，而且对平氏一门垄断所有朝廷要职的专横跋扈也十分不满。雪上加霜的是，平氏的根据地西国此时遭遇大规模干旱。由于歉收带来的饥荒，手工业者和商人食不果腹，而一直以来都将注意力完全集中在贸易方面的平清盛到此时才发现手中根本没有能够安抚饥荒的粮食。平清盛与关东地方武士家族的关系早就因宋朝货币大量流入日本引起的通货膨胀而愈发恶化，现在甚至连西国遭受饥荒的商人也不再支持他了。

1180 年四月七日，后白河法皇的第三子以仁王突然号召天下武士帮助皇室讨伐平氏，命运的骰子被投到了平氏和源氏之间！这第一场武士间的大战，燃遍了关东至长门的整个日本。而这场大战，最终却消灭了皇室最后的余威，使武士成为真正的统治者。

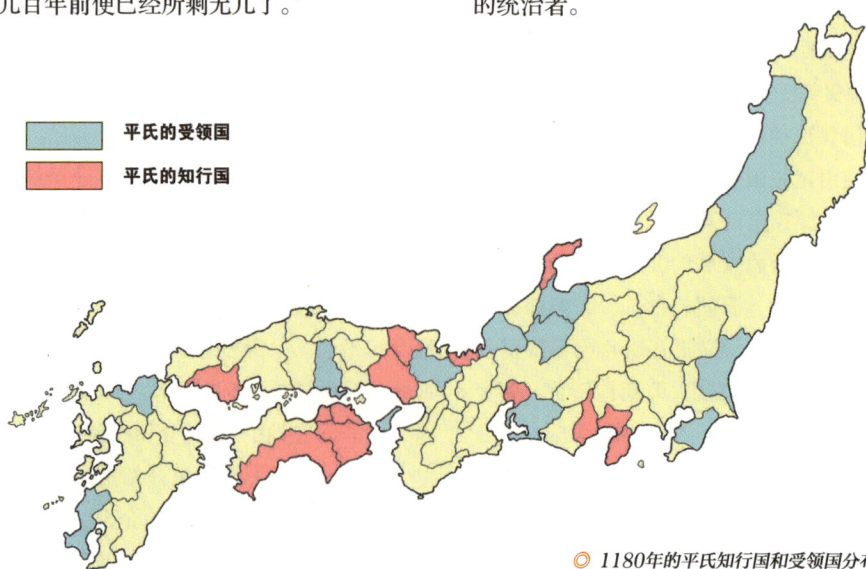

平氏的受领国

平氏的知行国

◎ 1180年的平氏知行国和受领国分布

第一章 一之谷会战与坛之浦海战

自平治之乱后，源氏一族几乎全部丧失了立足之地。但是，仍有唯一的例外，那就是在平治之乱时拥有 300 骑兵力却并没有加入任何一方的源赖政。1178 年，赖政被清盛推上正三位，成为源氏的第一位公卿。当时赖政已经 75 岁，谁也不会想到他还有举兵反对平氏的念头。然而，赖政暗中却接近后白河法皇的三皇子以仁王，鼓吹后者利用皇室权威，反对大权独揽的平氏。同时，赖政也召唤关东的源氏一族幸存者再次举兵。到 1180 年四月九日，以仁王终于下定决心，下旨推翻清盛一族，旨令则由源义朝最小的弟弟源义盛传达到全国。

源赖政在举兵之后的行动却极为混乱。最初他把以仁王安置在延历寺方面，但寺院却倒向了平氏，源赖政只好慌忙地去寻找更安全的地方。二人在此期间甚至根本没有计划离开京都，反而指望东国武士能够像平治之乱和保元之乱时那样，在战斗开始之前就能赶到京都——而这在源氏已经崩溃的情况下是根本不可能的。

虽然平清盛根本没有想到源赖政的行动，因而在很长一段时间之内都没能察觉举兵的主谋。但即使是平氏得知详情之后，源赖政也没有立刻将以仁王带离近畿，反而将其转移到京都东北的园城寺避难，他本人则放火烧了自己的宅邸，和一族郎党逃出京都。相反，平氏虽然在政治上受到了奇袭，却能够迅速取得延历寺、园城寺等的支持，在短短数日内便确保了京都附近的安全。到赖政终于在五月廿五日带领大约 1000 人与以仁王会合时，京都附近已

经普遍转为拥护平氏了，而后者更是已经集中了将近一万人的部队。甚至到了此时，源赖政也还是没有直接向关东撤退，反而南下宇治川，试图占据奈良继续等待关东援兵。

也许当时源赖政认为自己拥有近乎全部关东武士的支持，其数万人的实力足以在近畿进行一场巨大的会战。但事实上，在这些部队能够真正踏上战场之前，他们是根本不存在的。源赖政在京都附近的可动员兵力最多也只有 1000 至 1500 人，而对手却还可以再迅速集结两万以上的兵力。源赖政既没能在集结重兵之前确保平氏对此并不知情，又没有在事情败露后迅速赶往东国，等于亲手将头颅送到了平清盛的刀下。

而接下来的这个事实又证明了源赖政和以仁王是何等的无能。源氏军在离开园城寺到达京都以南的宇治川后，以仁王这位皇室贵族却因体力不支而需要休养。这位亲王虽然年仅三十岁，却在过度紧张之下精神不振，从园城寺向宇治川撤退的途中数次因为在马背上睡着而被摔到地上。由于以仁王身为起兵的号召者和源氏手中最有力的政治工具，源赖政也只好在军队跨过宇治桥后进入附近的庙宇平等院暂时休整。

对于平氏而言，如果让源赖政和以仁王逃到奈良甚至更远的纪伊国也将是十分麻烦的，皇室的影响力将如同灯火一般将所有反对平氏的武士聚集在自己身边。在以仁王南下后不久，平清盛便将已经集中在京都的大约一万人交给平知盛，由后者

率领着对以仁王进行追击。到源赖政军队停滞在宇治桥附近时，平氏军队也紧随着赶到了这里，并立刻决定直接过桥进攻平等院。

在渡桥前，进攻一方的军队通常会派遣小规模侦察部队进行试探性进攻，在确定桥梁本身状况良好，并建立一个足够主力部队展开的阵地后才会将全部兵力送到对岸。不过这位平知盛却也并非良将，在根本没有对宇治桥进行任何侦察的情况下，他只看到宇治桥外观仍然完好便命令部队前进。而事实上，源赖政早已拆除了一部分桥板，平氏军却直到登上宇治桥后才看到已被拆除的桥板。到了此时，在队列后方的人员挤压下，前面的人根本无法停下脚步，纷纷被挤落水中，拥挤在桥梁附近的部队也立刻失去了秩序。

说也奇怪，对于这样一座重要的桥梁，源赖政却并没有留下一支后卫来加以据守。直到平氏军开始过桥后，才有数十人的源氏军队从平等院赶到河边，而他们的任务似乎也只是迟滞对方前进，使源赖政能够整顿部队继续撤退。不过当这几十人开始弓箭射击之后，平氏军却几乎陷入了绝望。在一片混乱之中，数量庞大的平氏被挤压在桥头动弹不得，几十名源氏武士却得以在岸边自如地进行骑射，在短时间内射杀了不少平氏部队。

如果任由这种情况继续发展下去，如果源赖政能够从平等院赶到河边，平氏便永远无法过河了。不过就在此时，一位名叫足利忠纲的17岁年轻武士凭借个人的主动精神，开始率领着300名原先位于队列

后方的人马涉渡宇治川。忠纲首先指挥人马前往河流的上游，远离源氏部队的弓箭射程，其后便开始沿着河水流向斜向渡河。这种做法无论从哪方面来说都是正确的。特别是斜向渡河这一点，不仅能够避免部队因河水冲击而发生混乱，同时也可以让战马不至于因水流变化而惊惶不定。而源赖政对此却没有做出任何反应，没有派遣哪怕一人一卒前往河岸干扰对方过河，从而使对方从容渡过了宇治川。

忠纲指挥300人马的成功渡河决定了战斗胜负。在看到自己的侧翼遭到迂回后，赖政认清自己已经没有撤退的机会了，因此将所有位于河岸的部队全部撤回到平等院，以求保护以仁王。既然桥头已经没有

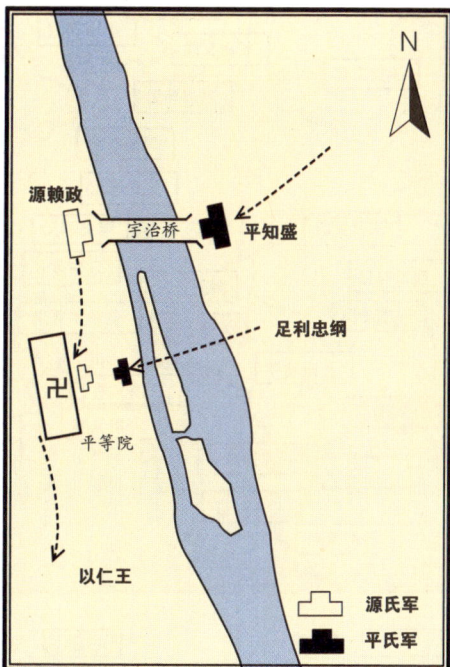

◎ 宇治合战

敌军干扰，平氏军主力也轻松修复了桥梁，并紧随源氏攻入平等院，很快即凭借重量压倒了源氏军。赖政身负重伤，在以仁王逃脱后自裁，首级被平氏军割下扔入宇治川。以仁王虽然骑马逃走，仅剩的30名左右骑马武士不久便被平氏追上，很快便全军覆没，以仁王本人也被杀害。

事虽至此，以仁王的诏书却终于促使全国反对平氏的武士聚集在一起，在源氏幸存者带领下公开宣布讨伐平氏。在源赖政之后，源赖朝和源氏的木曾义仲相继举兵。若从这个意义上来说，这场宇治川会战便如同一颗星火一样，而日本很快便将被这颗星火点燃的烈焰席卷。

虽然源赖政和以仁王已经被镇压，可事到如今，也很难确保其他源氏成员还能像平治之乱后那样平静了，若果真不能如此，源义朝之子源赖朝便将成为一切反对的核心。这使平清盛终于决心杀死源义朝的三儿子源赖朝。赖朝自14岁被流放到伊豆以来，终日在狭窄的房间里读书，无所作为地度过了20年时光。在此期间，赖朝与伊豆的伊东佑亲的女儿生下了孩子，但其儿子被佑亲杀死，最后与该女子分开。之后赖朝又与北条时政的女儿北条政子关系亲密，与伊东家不同，北条家选择亲近源赖朝，成为后者手中最重要的力量。在赖朝接到了以仁王的诏书后，他立刻认清

足利俊纲　小山朝政
新田义重　佐竹秀义
平贺义信
畠山重忠
河越重赖
足立远元
志田义广
安田义定　丰岛清元　葛西清重
武田信义　江户重长　千叶常胤
一条忠赖　梶原景时
佐佐木秀义
大庭景亲
土肥实平
上总广常
橘远茂　三浦义明
和田义盛
北条时政　山木兼隆
安西景益
伊东佑亲
狩野茂光

◎ 1180年的关东武士领地

赖朝方　　　　甲斐源氏
平氏（与赖朝敌对）　平氏（亲赖朝方）

了自己所处的局势，若不主动行动起来自己将会面临极大危险，于是立即着手准备举兵。

源赖朝在四月廿七日接获诏书，六月十九日获悉宇治川会战的结果。他立刻便认清了源氏在这一战的失败将为自己招致杀身之祸。5天后赖朝便开始召集地方武士，在不为平氏所知的情况下集中当地武士。而这一切行动又均依赖于北条时政，而非源赖朝自己的羽翼。

不过直到八月二日，赖朝才决定其举兵的首要目标应为距离北条宅邸不远的平氏伊豆目代（国守代理人）山木兼隆宅邸。如果不首先将其消灭，源氏在伊豆的行动很快便会为京都所知。《孙子兵法》有云："善战者胜于易胜者"，这句话正是验证了这场战斗。源赖朝把其重要的第一场战斗目标选择为山木兼隆是非常明智的。山木兼隆不仅是较弱的对手，同时从地理上说，山木馆距离北条宅邸距离较近这一点也非常合适。

赖朝明白自己必须在举兵之初便获得一场胜利，然后才能凭借击败山木的声望，进一步招募各地武士。而逐渐变得不得人心的平氏一旦声望发生动摇，其实力也无法控制全国武士暴乱。在与北条氏商议后，源赖朝定于八月十六日夜间行动。不过，恶劣的天气却使兵力集结变得十分缓慢，行动只得推迟了一天。

十七日夜，赖朝终于开始了行动。赖朝将本营安置在北条宅邸中，从那里指挥战斗。突袭成功后部队将以放火烧毁山木宅邸的方式通知赖朝。在赖朝坐镇后方的同时，北条时政负责前线指挥，后者还提议先把兼隆的监护人堤信远杀死。在堤信远被杀后，源氏的军队很快便冲到了山木宅邸。此时山木手下的大部分人都去参加三岛大社祭礼，驻守宅邸的仅有几十人。不过这些人却还是进行了卓越的抵抗，没有让源氏军轻易进入馆内。

一位统帅所拥有的能力大体可分为两方面：一是善于审时度势，制订战略计划；二是能够亲自在战术上将计划付诸实施。在第一个方面，源赖朝有着十分优越的能力，但在第二个方面，他却与一位庸才无异。一生几乎从未在前线参战的源赖朝更像一位出色的政治家和战略家，善于利用局势增加自己的实力，而并非一位能够在战场上被部下视若神祇的指挥官。与弟弟源义经相比，赖朝在战场上的才能十分平庸，因而他更愿意将前线指挥权交给手下将领，自己则在远离战场的地方坐观战况，而且他这种倾向在第一战中便表现了出来。

由于赖朝本人留在北条宅邸指挥战斗，在需要投入预备队的情况下，统帅距离战场距离过远，对战况的判断也会发生延迟，而时间上的延误往往是致命的。此外，赖朝也采取了一种极为拙劣的战况传递方法，即等待山木宅邸的大火，这只是白白浪费时间。

在双方激战很久之后，赖朝才因迟迟没有看到火光判断部队可能陷入了苦战，既而下令留在北条宅邸的加藤次景廉前去增援。若赖朝在离战场更近的地方，就能更快投入手中的预备兵力，更早将胜利握在手中。景廉队迅速赶到山木宅邸，毫不犹豫地加入到激战中。"会战的胜负只取决于一个恰当时间内的恰当决定,当决定性时刻到来时,哪怕是一支最小的预备队,也足以决定胜负",拿破仑的这句名言适用于所有战争。当双方兵力均已在缠斗中焦头烂额之时,生力军却往往能冷静地进行判断,施展出远比他人更高的战斗力,轻易找到对方防线的弱点进行攻击。山木宅邸的战斗正是这种情况的绝佳例证。景廉在抵达后很快便打开了突破口,一口气攻入了宅邸的核心地带。不久之后,佐佐木盛纲也被赖朝派来增援前线。

由于源氏有了新的增援,兼隆渐渐抵挡不住了,最后战死沙场,而那天夜里留在山木宅邸里的人全部都遭到了斩杀。直到黎明时分,赖朝总算看到了信号烽火。不久后,前线部队回到北条宅邸,检验首级。

在这一战后,源赖朝果不其然获得了巨大声望,伊豆以外的武士也终于开始陆续加入源氏旗下。

击败山木兼隆后,源赖朝公开举起讨伐平氏的大旗。1180 年八月廿三日,源赖朝亲自率领一部分人马前往石桥山一带,等待三浦氏 500 人自东北方前来会合。石桥山位于靠近今日小田原市的箱根,东临相模湾,西临箱根群山。源赖朝在石桥山所拥有的兵力很少,数量不超过 300 人,而且石桥山本身也只是一座海拔很低的小丘,对于防御作战而言价值并不大。在与三浦氏会合之前,他很容易在这一暴露的位置上遭到平氏打击。

相模国的平氏武士大庭景亲很快便察觉了源赖朝的行动,并迅速召集了 3000 余人的部队前往石桥山,计划抢在源氏两支

◎ 石桥山合战古战场纪念碑

部队会合之前插在源赖朝和三浦氏之间，顺次将二者击败。源赖朝在得知平氏接近后便命令其部队用石木建起阵地，但由于在兵力上有着极大差距，源氏部队很明显是完全无法抵挡得住景亲三千大军的。后者在从北方向到达山脚后也没有浪费过多时间便做好了进攻准备，并决定在傍晚时便展开攻击，尽快击败源赖朝。而其原因也是极为明显的——如果坐等时间流逝，三浦氏到来后便将面对着自己的背面。到那时，一旦自己在正面进攻中遭遇困难，即使三浦氏本身仅有 500 人，也还是足以对平氏军的足轻造成致命威胁。

景亲按照当时武士之间作战的礼仪，景亲军首先发射了镝箭，赖朝也回应了一支箭，宣布战斗开始。两军发射的镝箭隔着山谷发出响声交相飞上天空，接着，两军武士的喊叫声响彻山谷。此时三浦军已到达距离只有不足 20 公里的丸子川（即酒匂川），其行列甚至已经可以从附近的山顶上看到，景亲已经不能有一刻犹豫了。

天色渐黑之后，天空中突然下起了大雨。大雨导致山坡逐渐变得泥泞，给大庭军的进攻造成了相当大的困难，只是双方兵力上的巨大差距才使大庭能够不断向前推进其部队。但直到当天夜半时分，源赖朝仍然能够坚守石桥山顶。直到黎明时分，源氏军终于抵挡不住了。彻夜战斗使武士们已经疲惫不堪，源氏的抵抗也终于崩溃，随即演变成了溃败。就连源赖朝本人也面临生命危险，只得在数名武士保护下在一片漆黑之中四处逃窜，最后甚至躲入一棵枯木的树洞中。听到一位敌军脚步声接近

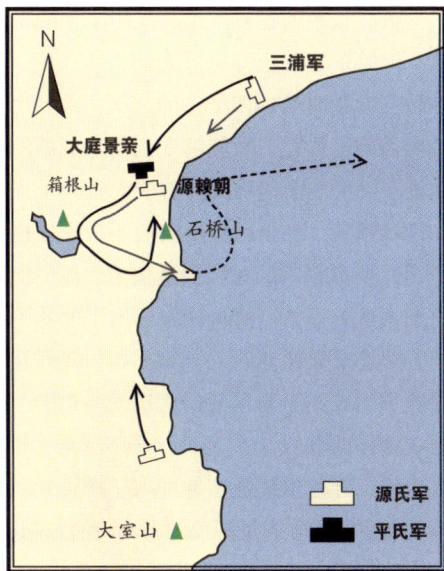
◎ 石桥山合战

时，源赖朝甚至已经准备自杀了。不过，那位武士看了看他的脸，说如果有朝一日源氏夺得了天下，请赖朝关照他梶原景时，随后便转身离去。

要知道，这位梶原景时本是大庭景亲的族人，甚至在一场胜利之中都出现了像梶原这样为平氏灭亡后寻找出路的人，即使平清盛本人亲临战场，恐怕也无法完全剿灭源氏一族了！

获悉石桥山会战的结果后，距离战场仅数公里远的三浦氏立刻向三浦半岛撤退。在那里，他们与平氏军队的追击部队发生了并无决定性的战斗，之后又撤退到了房总半岛。而源赖朝本人从箱根逃往真鹤，然后再乘小船出海逃亡到关东的房总半岛。北条时政也逃到了该地，一时间房总半岛成为源氏的集结地。

虽然源赖朝在石桥山损失掉了他的部队，但关东的武士却是普遍同情源氏的。在岳父北条时政的四处活动之下，逃到房总半岛的源赖朝依然能够受到当地豪族的欢迎。以甲斐国武田氏为首的大批武士加入源氏阵营，甚至远在信浓的不少豪族也表示只要源赖朝的军队到达信浓，他们便将加入源氏军队。源赖朝施展出了他的手腕，对赶来支援他的人一概不拒，就算是来路不明者或身份可疑的人也无一例外。在武藏国的豪族江户重长、丰岛清光、葛西清重、河越重赖等相继加入了源氏后，源赖朝重新建立起了源氏对于武藏的控制。按照《平家物语》和镰仓幕府的官方史料《吾妻镜》记载，其手下所统帅的人马一下子超过了十万人，虽然这一数字无疑是被夸大了的，但手中仅有300人马便起兵反对平氏的日子已经一去不复返了。作为源氏在保元之乱前对东国进行统治的中心，镰仓重新成为源赖朝的作战基地。此地三面环山，另一面则面向大海，在遭到攻击时是极好的防御阵地。而源氏重回镰仓也成为其威望上的另一个巨大胜利，促使越来越多的武士加入麾下。

得知源赖朝举兵一事后，平清盛为自己20年前留其一命后悔不已，震怒之下只从嘴里说出了"赖朝非人"几个字。不过事已至此，他也只能派兵镇压赖朝。平清盛命令嫡孙平维盛在清盛的弟弟平忠度辅佐下率军前往关东。饥荒已经使平氏在京都的权力受到动摇，如果再失去关东的耕地和粮食，即便不等源赖朝进关，近畿的武士们也要倒戈相向了。

但对于这样一直远征的大军，平清盛所任命的两位指挥官却无疑是致命的。无论是维盛还是忠度，均是在平氏天下长大的人物，根本没有作为野战部队指挥官的才干，充其量只能在清盛的威望下充任管理府衙的文官。而在军队从福原出发抵达京都后，平维盛和平忠度又为何时离开京都产生了意见分歧，事实上二人谁也不愿意离开近畿前往在他们眼中一片荒蛮的关东。

◎ 从起兵至富士川合战时源赖朝的进军路线

十月十三日，平维盛终于沿东海道进入了东海的骏河国，而源赖朝也从镰仓出发，沿东海道西进。据说赖朝的兵力有二十万之众，但事实上最多也不可能超过10万，而更现实的数字应为6万至7万左右，其中武士和郎党至多只能占到兵力总数的10%至15%，其余兵力只能算是乌合之众。源氏军首先在英濑川与甲斐源氏的武田信义等人会合，而后者在来到战场之前还曾与北条时政一同击败了先前在石桥山获胜的大庭景亲，士气得到了极大振奋。与此相对，平氏军由于地方豪族相继背离，本应会合的豪族也没有到来，这使平氏全军都感到十分不安。

无论平清盛下达了何种命令，平维盛也不应该将这支匆忙组建而成的大军推进

至如此远离京都的地方。由于在东海无法获得足够的补给，平氏军队远离近畿地区后士气便不断下降。在抵达骏河国富士川后，军队事实上已经失去了继续推进的能力，最终只好在富士川西岸停了下来，指望在这里与源赖朝打一场会战。事实上，由于兵力仅有源赖朝的一半左右，平维盛唯一的选择只有撤退到三河、尾张或美浓的隘口，缩短其过分延伸的交通线，寻求近畿方面的支援。倘若如此，源赖朝如果仍想与平氏决一雌雄，便不得不将自己从镰仓延伸出来的交通线向前延长。诚然关东的歉收程度要比关西更小很多，但源氏军队更多的人数，还是足以压垮这条交通线。

不过作为一位只能对平清盛言听计从的庸才，平维盛只是任由其军队在所能推

◎ 今日的富士川合战古战场

进到的终点骏河境内进退不得。至于其在富士川西岸选择的阵地，也与将自己完全暴露在平原上无异。富士川本身虽然在名义上能够构成一道防线，但事实上这条并不宽阔的河川根本无法起到任何屏障作用。到十月廿日源氏抵达富士川东岸后，双方便在河川两岸相隔一公里左右的距离对峙，而赖朝本人则将指挥所设在了距离战线不到两公里的后方。甚至直到此时，平维盛还是毫无战意，既不打算采取攻势，也没有采取任何措施来加固防线。

当天夜间，武田信义便试图从富士川上游渡河迂回平氏军的左翼，打击平维盛的侧翼和后方。不过当这支队伍渡河时，却惊动睡梦中的水鸟，首先有一只两只鸟飞上了天空，紧接着，整群水鸟习惯性地跟着飞了起来。水鸟振动翅膀的声音在四周响起，大群水鸟从平氏阵地上空飞过。这本应成为应对突袭的绝好警报，可平氏全军士气却已经是如此低落，一部分士兵立刻认为自己已经遭到了夜袭，在武田信义根本还没有完成渡河之前便逃出了营地。这些懦夫们的行动也影响了其他人，最后所有人员都开始逃窜了。甚至连平维盛和平忠度二人也与溃兵们一同逃向了京都。以至于当武田信义终于到达平氏营地时，其中仅剩下从附近聚集过来做生意的妓女和商人。源赖朝未损一兵一卒，就把平氏军赶出了富士川。即使源赖朝不对京都发动进攻，平氏也再无可能对其发动远征了。看到平氏威望近乎崩溃，政权也无法长远的平清盛在次年二月便因热病而亡，三子平宗盛继承其位置。

在富士川会战不战而胜之后，源赖朝并没有立刻率领源氏对京都发动进攻，而首先在北方进行了一场战役，确保了自己北方的安全。到了此时，讨伐平氏已经不再是源赖朝的行动目标。源赖朝早已从保元之乱和平治之乱中认清，武士若不能脱离朝廷和京都的影响，家族的盛衰起伏便将始终与皇室联系在一起。

在源赖朝心中，已经形成了建立独立武士政权的梦想，而这一政权核心又以远离京都的镰仓最为适宜。也因为这一原因，源赖朝在此后3年中并没有采取任何攻势，转而将精力完全放在了政治方面，建立了一套完全与朝廷无关的镰仓武士制度，加入源氏的豪族均被收编为赖朝的家臣。对后者而言，源赖朝是他们的绝对领导人，若无其命令，即使朝廷授予官位也不能接受。1183年二月，源赖朝消灭了拒不服从自己的源氏同族志田义广，迫使后者流亡，源赖朝的野心已经昭然若揭了。

不过就在这3年间，另一位源氏族人木曾义仲却抢先攻入了京都。与赖朝同时接受以仁王讨伐平氏命令的木曾义仲在1180年至1181年间取得了巨大胜利，几乎将整个北陆吞并。1182年，木曾义仲正式宣布拥护以仁王之子北陆宫，决心消灭平氏。由于源义朝曾经因刺杀了木曾义仲的父亲源义贤，因此义仲与镰仓的源赖朝之间一直互相敌视。志田义广投奔木曾义仲后，双方几乎剑拔弩张，最后木曾义仲不得不将儿子送往镰仓作为人质才将双方关系缓和下来。

1183年五月十一日，木曾义仲在越中

国又一次击败了平维盛的大军，并终于开始向京都进发。到六月十日，义仲在短时间内纠集了大批武士和民兵后进入越前国，3天后攻入近江。七月廿五日，平氏在一片惊恐之中放弃了京都，挟持着安德天皇逃往福原，后白河法皇逃往比睿山。两天后，木曾义仲率领5万人高举着源氏的白色旗帜进入了京都。《平家物语》中写道："二十余年未见的源氏白旗，今日第一次回到了京都。"除少数明眼人以外，京都百官都认为天下已经成为木曾义仲的囊中之物了。

八月十日，木曾义仲被授予从五位下的官位。不过从此开始，木曾义仲却开始走下坡路了。近畿地区连年饥荒使木曾义仲无法长时间在京都供养其军队，只得放任一路招募来的乱兵抢劫百姓。法皇命令义仲制止这些暴行，后者却以不如此便无法获得给养为名予以拒绝。但即使如此，这些乌合之众也开始逃散了。义仲不得不在九月接受法皇命令，率兵前往

◎ 今日矗立在坛之浦古战场海岸上的源义经塑像

西进播磨国征讨平氏，但他却在水岛被平氏击败，陷入进退不得的窘境。在后白河法皇决定拥立新帝，以消除平氏挟持安德天皇的影响时，法皇也没有选择义仲支持的北陆宫，而是立尊成亲王为后鸟羽天皇。

就在木曾义仲刚刚前往播磨国时，法皇突然在十月九日恢复了源赖朝在平治之乱前享有的官位，并在不到一周后又正式下令将东海和关东地区赐予赖朝，条件则为镰仓必须派兵上京保护法皇。义仲得到这一消息后立刻在闰十月十五日回到了京都，强迫法皇授予其征夷大将军头衔。这一职务原本是早年朝廷在与虾夷土著作战时设立的临时职位，不属于律令制文官体系内，但却拥有指挥全国军团的权力，并可以在前线设立被称为"幕府"的军事统帅机构。自公元940年叛乱被压平以来，大将军职位从未有人问津。木曾义仲此时夺得征夷大将军一职，原本是希

027

望能够借此重树威望，从而获得近畿武士的支持。但在其军队恶名的影响下，受封征夷大将军非但没有使其成为全国武士的首领，甚至连手下军队的溃散也还是无法阻止。

与此同时，源赖朝在进行了长达3年的政治重组后终于开始行动了。几乎在源范赖夺得大将军头衔同时，赖朝便派遣富士川会战后第二天投奔自己的弟弟源义经带领600名武士，以向法皇进献粮食为名前往近江国侦察近畿情况，紧接着又在新年后派出另一位弟弟源范赖率领多达6万人的大军前往京都。在近江方面与范赖的主力会合后，义经便获得了25000人马的指挥权，并与范赖的35000人分别开始从宇治川和濑田川逼近京都。

就这样，日本历史上第一位可以被称为名将的源义经终于走上了舞台。在整个日本武士战争史中，义经很可能是第一位能够明确作战目的和作战手段之间区别的将领。在此之前，武士们在作战时往往不顾全局，仅为争夺个人荣誉和封赏而战。但源义经却能够在行动中始终保持对作战目的的认识。他也认清了士气对于一支军队的重要性，纵使一支军队能够在人员上保持完整，但只要士气发生崩溃，那么它也会在很短时间内土崩瓦解。而当时日本军队中纪律性极差的足轻士气又十分脆弱，因此在源义经的所有会战中，他是从来不会以强攻或直接打击的方式来消灭对方有生力量，其打击的目标完全集中于对方的士气。此外，对于速度与奇袭对于敌军精神所能带来的震撼，义经也有着深刻的认识。凭借这些

表现，源义经也成为日本武士之中第一个懂得战略层面作战的将领。与源赖朝完全相反，义经在会战中从来都是在第一线进行指挥的。对于敌军的弱点，他几乎只要看一眼对方阵地便能了如指掌，随即如雷霆般实施打击。不过虽然义经在战场上拥有过人的天才，但他对于权术却一窍不通。这导致他虽然能够在战场上赢得部下信赖，却始终无法在厅堂上树立权威。除此以外，对于行政问题他似乎也并不擅长。

与数以万计的镰仓军不同，木曾义仲此时在京都仅剩下大约1000人。当源义经于1184年一月廿日抵达宇治川后，木曾义仲根本无力抵抗，源义经几乎毫无人员伤亡就到达了对岸。一旦义经军的武士渡过宇治川后，会战便成为定局，两军的交战也很快便告结束。木曾军根本没有进行抵抗的念头，在看到义经过河后便开始向后溃退。战斗无望的木曾义仲原本想把法皇劫持到自己的根据地北陆，但源义经在渡河后迅速北上进入京都，很快便将法皇保护起来，使义仲劫持法皇的计划破灭了。

事实上，虽然义仲在兵力上居于绝对劣势，但却并非完全不可能在河岸边暂时阻挡义经，争取时间劫持法皇。像源义经手下那样一支大军，在渡河时必定要花费一定时间，当时宇治川水量又大又急，再加上武士之间互相争功，很容易在受到打击时引发混乱。而且渡河中的人马战斗力几乎是可以忽略不计的，木曾军是否在士气上已经完全无法进行任何抵抗虽然不得而知，但如果木曾义仲能够振奋自己的部下，那么只要在对方渡河点上部署数百名

武士，便可利用弓箭火力迟滞对方行动。即使战斗的最终结果依然还是会被为对方兵力所压倒，但其争取到的时间已经足以使义仲挟持法皇逃亡，使义仲不致在军事力量崩溃后再失去唯一的政治筹码。

几乎与源义经同时，源范赖也从濑田川的浅滩渡过了河，之后便向濑田桥方向逆流而上，大举逼近木曾义仲。与宇治川方面相同，数量上的劣势又一次使木曾军很快便溃败了。源范赖军渡河后经由山科到达六条河原，最终在琵琶湖以南的大津追上了木曾义仲。就这样，这位将平氏赶出京都的枭雄迎来了自己的终结。自木曾遭到部下离弃之时起，胜败就已决定了。用一千左右的兵力去面对6万兵力的敌人，即使是天神下凡也不可能取得胜利。

当源氏的内部分裂终于在京都发展成战斗的时候，平氏则在不断重建自己的势力。由于木曾义仲及其部下为非作歹，近畿地区甚至已经有一部分豪族和百姓盼望重回平氏统治的时代了，这也给平氏创造了发动反攻的绝佳机会。

虽然此前山阳道、西海两地的地方武士中有一部分在木曾义仲的胜利刺激下向源氏倒戈。但在平氏从西国发动反攻后，这批人基本已经被肃清了。平氏一度被木曾义仲逐退到四国屋岛的主力部队也再次返回到摄津的福原，随时准备对京都发动反攻。到1184年木曾义仲败亡前，平氏事实上在近畿地区已经处于优势地位。由于手中握有一支强大的舰队，平氏控制着濑户内海和日本南部海域的制海权。在进攻时，他们可以利用这支舰队将兵力投送到濑户内海沿岸的任何地区，在防御时则可以攻击对方交通线。即使是地面战斗遭遇失败时，舰队的存在也使平氏能够不受干扰地撤出部队。只是由于近畿和西国地区的饥荒很难在短时间内得到改善，平氏才不敢贸然重返京都，重蹈木曾义仲的覆辙。

自镰仓军进京之后，法皇的态度也发生了微妙的变化，他的嘴里不再出现"追讨平氏"这句话，反而转为了观望态度。公卿之中也有人呼吁应该与平氏阵营和谈，与此相对，要求法皇下达平氏追讨令的公卿也并不在少数。后白河法皇在二者之间却并没有做出任何抉择，反而一面与平氏谈判，一面又允许源氏继续征讨平氏，他本人则准备坐收渔利，借机恢复皇室权威。

对镰仓的源赖朝而言，结束这一混乱局面，确立源氏绝对优势的唯一手段便是尽快将平氏重新赶出近畿地区。这样一来，法皇便不再可能利用平氏的力量来牵制镰仓。1184年一月廿六日，在留下了大约两万人来维持京都的治安后，镰仓的主力部队在击败木曾义仲仅仅6天后便出发了。与先前进入京都时相同，这一次镰仓军依旧分为两支部队，主力军为由源范赖领导的大约3万左右兵力，沿山阳道自京都直接向福原进击。而源义经则率领大约一万人向北进入丹波，准备迂回福原附近的平氏左翼，向对方背后发动奇袭。

平氏军当然已经察觉到源氏的动静。并为应对源氏进攻而在福原周围设置了三条防线。由于福原本身位于北部群山和濑户内海海岸之间，因此平氏便将主要将部队集中在了山谷的东西两端。其中西国街道和山阳道一线主力部队由平氏最能干的将领平知盛指挥，副将为平重衡，准备迎击源范赖的主力部队。西面的一之谷防线由平清盛的弟弟平忠度负责率军防御，以防备源义经在越过丹波后进入西国街道直接攻击平氏后方。由于福原以北的山之手山口有着名为鹎越的险要山地，平氏认为源氏军很可能不会在此处出现，北线便仅由平通盛和平教经率领少量部队军驻守。由于平氏退却线是经由海路通往四国的，因此这一方面倒不必担心遭到没有舰队的源氏切断。

对平氏而言，平知盛在生田之森布设的阵地正面根本无法突破，威胁便集中在了源义经的迂回部队方面。根据平氏将领们推测，义经在进入丹波后会先向西北行进至篠山，其后再向西南前往三草山，这一段线路是可以确定的。真正的问题在于义经在抵达三草山之后会如何行动。他们认为可能性最大的路线是越过三草山之后经由三木（今兵库县三木市）向南继续前进30公里，抵达福原以西17公里的明石海岸，在那里跃入西国街道，之后再向控制着福原西部的一之谷阵地发动进攻。对源义经而言，这也是唯一能供上万人同时行军的路线。此外，义经在到达三木后还可以直接沿东南方向前进16公里登上鹎越，由于这里距离福原仅有大约五公里距离，因此能够直接对一之谷阵地的侧翼和福原构成威胁。但这条路线地形十分险要，上万兵力是不可能全部通过的。

为预防所有可能出现的情况，平氏选择了最可靠的方法，既然无论源氏军从选择哪一条路线都必须经过三草山，那么他们便干脆在三草山挡住源义经，而这一任务将由平资盛率领的七千兵力来完成。不过事实上，既然平氏能够确定对方一部分前进路线，并建立阵地切断其作战线，那么便应将除山阳道守军以外的大部分军队都集结在三草山，只在其后方的西国街道和鹎越附近建立次要防线即可。如果平氏担心这个阵地距离海岸过远，在失败时难以撤退，那最佳的选择也是将所有人都撤回到一之谷附近，而不应将一个人数不及对方的支队推进到三草山这样一个孤立的阵地上。

在源氏方面，义经在二月四日抵达大江山附近后暂时停滞在了那里，等待源范赖发出两军同时发动总攻的信号。要知道，在没有钟表的时代，两支军队要做到协同是十分困难的。即使到了19世纪的拿破仑战争中，这位法国皇帝手下的诸元帅也还是时常出现协同失败贻误战机。由于源范赖只需在正面发动进攻，无须进行任何大范围机动，因此两军能否同时对平氏发动进攻的重任便完全落在了源义经身上。在收到范赖将在二月七日发动总攻的消息后，义经立即开始迅速行动，在一天内行军将近40公里，第二天傍晚便抵达了三草山脚下。

到达三草山东方的义经在亲自侦察了平氏军的阵地后，便召集土肥实平等主要将领商议如何展开攻击。由于源氏军兵力占优势，大部分将领认为应等到来日再展开昼间攻击。不过，义经自己的家臣田代信纲为了在对一之谷和福原发动进攻前尽可能减少兵力损失，主张采取夜袭作战。

而先前已经看到对方有着坚固阵地的义经也立即赞成了这个提案。

这一选择对义经而言无疑是一次巨大的赌博，刚刚抵达战场的源氏军对于进攻时应采取的前进路线和对方阵地还没有进行充分侦察。如果军队在前进时突然在山中迷失方向，便很可能会招致无可挽回的重大损失，而深入至此的义经早已孤立无援，一旦失败便可能全军覆没。

当天夜间，对胜利信心十足的源义经一马当先率领着部队发动了奇袭。不出所料，源氏军在己方不甚熟悉的地形上行军十分困难，花费了很长时间才勉强到达对方阵地。平氏军根本没有料想到昼间刚刚到达的敌军在当晚就会发动进攻，因此几乎是以完全没有警戒的状态来宿营过夜的。

正在这时，源氏的白旗突然出现了，平氏军像在富士川一样受到了完全的奇袭。由于武士们在昏暗的夜间无法使用弓箭作战，因此源氏军这一次便完全依靠白刃冲锋攻入了平氏阵地。平资盛根本来不及弄清眼前状况，源氏军的白刃就已经出现在眼前了。资盛立刻失去了从福原出发时的锐气，反而像富士川会战中的平维盛一样落荒而逃，紧接着其全军也跟着溃散了。

义经在肃清了三草山的敌军后立刻向三木推进。在这里，他将麾下的一万兵力一分为二，主力七千人交给土肥实平与田代信纲，二人向明石前进，沿西国街道从西方进攻一之谷。其任务是将对方主力钉死在正面阵地上；而他自己则率领三千人向鹈越进军，准备打击在平氏阵地的背面。

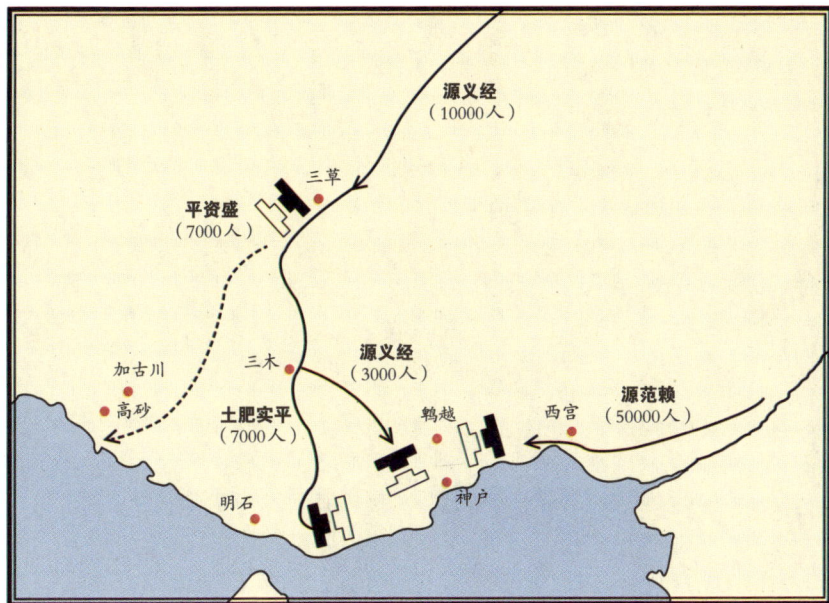

◎ 一之谷合战

◎ 源义经部队自鹎越绝壁向一之谷挺进的情境

守备山之手的平盛俊等人相信义经军定会从自己的阵地附近通过，于是尽可能地按照地形建立防线，希望阻止义经的前进。当义经抵达这里之后，发现对方阵地的坚强超乎了他的预料。若是同时代其他的武士将领，很可能便会一门心思一再发动强攻，那么手中的3000兵力很快就会被完全牵制在这里，无法取得任何决定性胜利。但源义经却能够意识到自己并非要与正面之敌做荣誉性的决斗，而是要迅速抵达一之谷敌军的后方。因此他再一次选择进行快速机动，在将3000人中的绝大部分交给多田行纲和安田义资继续发动正面进攻后，义经自己亲自率领仅仅70名骑马武士转向一之谷方面，准备从背后打击驻守在那里的平氏军，而后者此时正与土肥实平的7000人对峙，其注意力完全被吸引到了明石方向。义经在路上雇用当地的年轻人带路，没有多绕一条弯路便达到了一之谷附近。之后又雇来新的向导，并迅速到达铁拐山。

从这里，源义经已经可以清晰地看到海面上的数百艘平氏战舰，这一壮观的场面不禁使这70名骑马武士震撼不已。似乎只有源义经本人仍然能够保持镇静。在亲自进行了一番详细的侦察之后，立刻找到了平氏防御体系上存在的致命弱点——由于铁拐山有着一道近似断崖的天险，平氏军认为对方不可能从这里通过，因此没有在山顶上驻扎一兵一卒，既没有人发现义经的部队，更无人能阻挡其穿过断崖跃入一之谷。

二月七日凌晨，在克服巨大困难之后，

义经终于抵达了一之谷以北的高仓山，并决定在这里等待源范赖在山谷东侧发动进攻。清晨6时，东方天空泛白，范赖的3万人开始在生田之森对平经盛发动进攻。两小时后，明石方面的土肥实平也率领着部队对平氏发动进攻。一之谷会战的序幕逐渐拉起，而其结局却早已在一天前便决定了。

面对明石方面的平氏部队在西国街道隘口上挖掘了大量战壕，并设置了木栅，根本无法从正面加以突破，而这一方面的源氏军也出现了数目不小的死伤。早在攻击开始之前，源氏军中便曾有熊谷直实等五位武士因争功心切而冲入平氏阵地，到双方正式开始发生大规模交战时，这五人早已浑身羽箭，命丧黄泉了。随着源氏军逐渐丧失秩序，平氏军甚至展开了颇有成效的反击，在整个源平合战中，对西国街道的正面防御要算是平氏表现得最为卓越的一次战斗。

源义经在高仓山上完全能够清晰地判断战况，但他却并没有在源范赖和土肥实平发动进攻的同时便冲入一之谷，而平氏军也认为义经此时仍与其3000人被阻挡在山之手。到土肥实平的进攻开始一个小时后，随着平氏逐渐将所有驻守在一之谷的部队全部调到了西部战线上，谷地内几乎已经空无一人。直到此时，源义经才突然从高仓山冲入一之谷的平氏阵地背后，并将沿路所有平氏营帐和民宅全部焚烧。这支部队虽然仅有70名骑马武士，实力不堪一击，但义经的突然出现却给平氏军的神经造成了极大震惊，四处燃起的大火也使平氏误以为义经全军都已经攻入了自己背后。按照《平家物语》的说法："呐喊声在山壁间激荡回响，好似有十万余骑般……部下纵火焚烧平家营帐，正值风烈，火借风势，四处延烧。黑烟晦暝中，平家兵士大骇鼓噪，争先恐后逃往海边……"

我们必须记得，直到战国时代之前，日本战场上的足轻只是一群在胜利时斗志昂扬，失败时一哄而散的乌合之众。早上8时，平氏军的足轻士气高涨，在阵地掩护下阻止着土肥实平的攻势。但当义经的一支小队突然出现在背后时，这些足轻的精神立刻崩溃了。到10时左右，甚至在福原以东的平知盛部队也受到一之谷方面的影响而开始崩溃。失去足轻支持后，平氏武士也难以继续坚持战斗，平忠度、平敦盛、平通盛、平盛俊、平业盛等人相继战死，平重衡则被源氏生擒。

整个交战期间，平氏的栋梁平宗盛一直在海上的战船中观察战况。这位平清盛的三子完全没有其父的勇气和才智。当他看到平氏部队败局已定时，非但没有率领舰队从海上威胁源氏军的侧翼，反而自己先乘船逃往了四国的屋岛，只留下舰队将岸上部队的残部接走。平氏军的混乱也蔓延到了海上，当船只划到岸边时，逃兵们争先恐后地向船上拥挤，甚至不惜互相砍杀。如果《平家物语》中记载可信的话，甚至有三艘战船因超载而在离岸后倾覆沉入了大海！若非平氏舰队完全控制着濑户内海的制海权的话，源氏便足以将他们的胜利延伸到海上了。果真如此的话，无须等待坛之浦海战，平氏便将提前一年覆灭

于濑户内海了。

一之谷会战失利对平氏而言是毁灭性的，他们不仅丢掉了象征平氏权势的福原，刚刚重建的陆军也又一次被源氏摧毁，平氏的声望在受到这一打击后更是彻底无法挽回了，而声望的此消彼长又决定了地方豪族心向何方。一之谷会战之后，平氏完全丧失了对近畿地区的影响力。大获全胜的源氏军则在其后一段时间里努力扩大势力范围，源赖朝通过派遣使者、传送文书等手段，积极拉拢山阳道和四国的武士豪族。在那些有着很多对平氏不满的武士的地区，这一行动带来了巨大的效果，使源氏的势力居然能够进入到了平氏立足的西国。

不过话虽如此，但在获得制海权之前，源氏还是无法切断平氏以海上贸易为基础的经济生命线，以长门国和安艺国为首的本州岛西部地区仍然被牢牢地握在平氏手中，而位于四国屋岛的平氏陆军残部也仍然是源氏无法触及的。源氏之所以没能在一之谷会战中便彻底毁灭平氏，最主要的原因也在于自己手中没有舰队。因此在一之谷会战后不久，源赖朝便开始把目光转向这一方面。1184年六月，源赖朝下达了发动决战彻底铲除平氏的命令，与此同时，他也命令前线诸将必须"增备兵船"。

通常而言，夺取一片海域的控制权有两种方法，一是利用舰队直接击溃对方舰队，二则是可以利用地面部队攻克整条海岸线上所有重要港口，其中前者为直接手段，后者则为间接手段。对于没有舰队的源氏而言，其所能选择的也只有第二种更

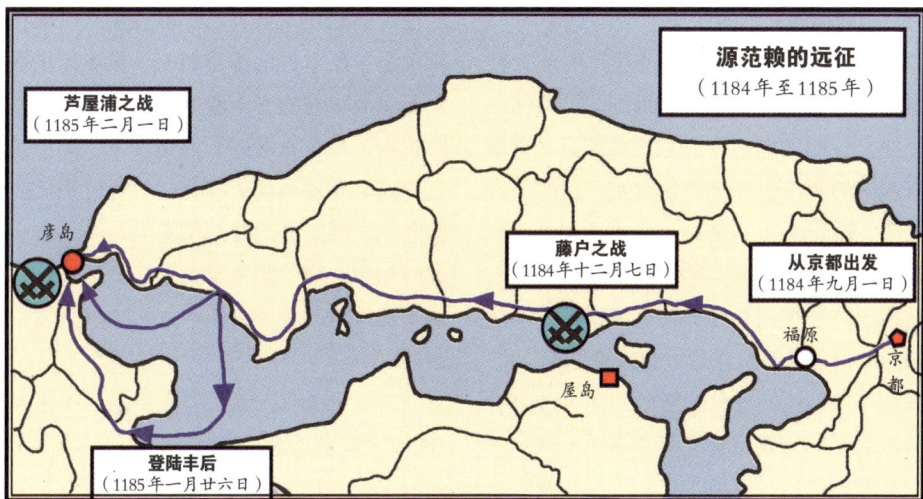

◎ 源范赖对西国的远征

为费时费力的间接手段了。而且在源赖朝眼中，由于攻略本州西部可以沿山阳道、山阴道等大路前进，因此这一方面的战斗是可以优先进行的。必须经过海路进入的四国，则只有在长时间准备，并将至少是一部分西国水军（水军即由海盗或沿海豪族演变而来的私人海军武装）拉入源氏阵营后才能进攻。

至于前线指挥官的人选，虽然源义经在镰仓军进京以及一之谷会战中的表现卓越，但源赖朝却开始忌惮义经在军队的巨大声望，担心他未来将会对自己的统治造成威胁。在一之谷会战中表现平庸的源范赖，便自然成为源氏军的指挥官。

1184 年九月一日，源范赖率领大军开始沿山阳道向西进发，最初其进军十分顺利，沿路豪族绝大部分望风归降。但数年来西国地区的饥荒使当地变得十分贫瘠，源氏部队难以在当地征发到太多粮食，只

能完全依靠从关东运到京都的粮食来维持军队给养。随着范赖的推进，从京都延伸至前线的补给线也越来越长，在补给困难的情况下，范赖军的推进逐渐缓慢。到范赖军终于穿过安艺国进入长门的时候，平氏发动反击了。后者的制海权立刻便显示出了巨大作用，平行盛率领舰队深入到备前国进行登陆，切断了山阳道交通线，使源范赖被孤立在了本州岛最西端。后者不得不赶紧派出五千人在佐佐木盛纲指挥下掉头向东，才勉强赶走了平行盛。

但是，虽然源氏再次取得了胜利，可由于没有船只，他们还是只能坐视对方从海上退往四国而无法进行追击。在这一番混乱之后，源氏军虽然恢复了山阳道交通线安全，但范赖还是陷入了困境，给养的运输情况每况愈下，军队的士气也一落千丈，甚至有可能重蹈木曾义仲的覆辙，一些将领甚至提出为节省粮食而应将部分兵

力从前线撤回京都的建议。

第二年新年到来时，范赖军的前卫甚至已经开始进入九州的丰后国。可即使已经完全控制了濑户内海东西两端，手中没有舰队的源氏也还是无法封锁四国的平氏舰队。镰仓的源赖朝终于失去了耐心，如果平氏再次利用舰队攻击源范赖的交通线，后者便将被彻底切断，其过于延长的军队到此时也难以再次在后方交通线上战斗了。如此一来，赖朝也只能暂时启用自一之谷会战后便一直在京都无所事事的义经。对于义经的使用，如果将其匆忙送往西国取代源范赖，那他的指挥艺术便将被淹没在重整军队秩序方面，可能需要很长时间才能派上用场。对此，源赖朝也做出了一个正确而重要的决定，命令义经直接自京都进攻四国屋岛，毁灭平氏对于濑户内海南岸的控制。

源义经首先要面临的问题便是船只的匮乏。如果没有船只，那源氏军是无论如何也无法登上四国的。因为近畿并没有建造、训练一支舰队的资源，义经只能选择拉拢当地水军。凭着一之谷会战的余威以及源氏的巨大威望，义经成功将河野通信率领的伊予水军拉到了自己的阵营，不久后纪伊水军也加入了。到此时为止，源氏终于在濑户内海东部获得了一定的海军力量，可以尝试跨越本州与四国之间的阿波海峡了。

屋岛在1185年整个二月中旬都被大雨和风暴笼罩着，通常情况下，这样的天气是根本无法渡海的。但在义经眼中，如果在晴朗的天气中前往四国，庞大的平氏舰队便能够轻松对其自己加以拦截。以现在源氏手中所掌握的少量船只，根本无法在正面海战中与拥有丰富航海经验的平氏舰队抗衡。只有在恶劣天候条件下，源氏才有可能利用昏暗的天色掩护，躲过平氏舰队登陆。源义经的计划事实上与一之谷会战时如出一辙，即率领少量兵力迅速渡海对平氏军发动突袭，使对方在士气上发生崩溃。

二月十七日，源义经在风暴之中率领150名骑马武士尝试渡海，但很快便因恶劣的海况而返回海岸。不过仅仅一天之后，义经和他的150人便成功在暴风掩护下登上了四国东端的胜浦海岸。由于源范赖在本州岛西部的行动，平氏对于四国岛的防御集中在北岸，面对着山阳道的范赖军交通线，而面对近畿方面的防线却十分薄弱，甚至连义经的150人都无法抵挡。在溃散之后，这些部队甚至都没能向平宗盛发出任何报告，屋岛的平氏主力也根本不知道义经已经登陆了。在击溃了支持平氏的当地豪族后，义经迅速带着部队向屋岛前进。当他接近屋岛之后，再次施展出了一之谷会战时的手段，开始焚烧当地的房屋，造成源氏大军到来的假象，而对后方毫无戒备的平氏看到大火和浓烟也又一次发生恐慌，纷纷上船驶离海岸，身为全军统帅的平宗盛也像一之谷会战时一样率先逃走了。如果他能够保持冷静，便能意识到显然源氏是不可能在如此恶劣的天气中将一支大军送上四国的，但平氏将领中居然无一人能够意识到这一问题，拱手将屋岛让给了义经。后者进入屋岛后立刻将安德天皇的行宫也一并点燃了，滚滚浓烟覆盖了整个屋岛，甚至一直延伸到海面上。

直到全部人马都已经上船离开海岸之后，平氏军才在浓烟之中看到海岸上的义经，并发现源氏军原来仅有百余名武士。义经本人甚至险些被一箭射死，幸亏后者的部下佐藤嗣信牺牲自己替义经挡了这一箭。即使到了此时，早已陷入惊慌之中的平宗盛却仍然坚持认为源氏军数量一定十分庞大，不敢下令重新登陆与对方交战。傍晚时分，阿波、赞岐两国部分武士也在源氏胜利的影响下率领一族郎党加入了义经的部队，使其部队人数增加到了300人。甚至在廿日至廿一日两天，两军仍然保持着对峙状态。平宗盛没有上岸进行决战的勇气，到廿二日，平氏终于接受了失败，向长门国西南端的彦岛撤退。

源氏取得屋岛会战的胜利，为自己在战略上带来重大优势。这一战之后，平氏终于被逐退到了濑户内海最西端。再加上一之谷会战以及屋岛会战使源氏获得的威望，对濑户内海沿岸的地方豪族以及武士们产生了非常大的影响。甚至连西至长门国的平氏根据地也发生了动摇。在此之后，西国武士和水军势力对平氏丧失了最后的信心，他们当中原本便有很多人以支持平氏的名义采取观望态度。由于源氏在两次会战中接连取得胜利，他们的态度也随之变得明朗，其中一部分开始转投源氏门下。而有了西国水军支持，源氏也终于可以在海上对平氏发起挑战。再加上源范赖此时已经进军到了九州北部，平氏事实上陷入了绝境，倘若再次遭到失败，他们便彻

底无路可退了。

不过源氏方面的状况也并非表面上那样风光，在西国和九州方面作战的源范赖仍然因补给问题而处于随时可能崩溃的状态中。这就迫使源义经必须尽快对平氏发动最后的决战，而没有足够时间去对刚刚加入自己的水军进行重组和训练。到三月三日时，源义经便带着自己的陆军和刚刚集结起来的水军抵达了周防国满珠岛附近，与平氏占据的彦岛之间由赤间关和下关海峡相隔，海峡最窄处则被称为坛之浦。源氏水军虽然在前进过程中也进行了一些训练，而且船只的数目也随着不少当地小水军陆续加入而逐渐变得庞大起来。但是，与平氏手中那些在战场上一触即溃的足轻相同，这些水军此时仍然只是一群乌合之众，在实际投入战斗之前，谁也无法肯定其战斗力优劣。而更为重要的是，在陆战中驰骋无阻的源义经本人对于与平氏舰队进行海战似乎也并无必胜信心，因而并不敢主动进攻。

以彦岛为根据地的平氏距离满珠岛仅有不到10公里。在海流恰当的情况下，90分钟之内便可抵达对方所在，因此平氏军对于源氏方面的动向也十分清楚。由于平宗盛两次临阵脱逃，平氏军的实际指挥权此时已经落入了平知盛手中。在平氏将领中，知盛要算是最能干的一位了。其才干虽然无法与源义经相比，但在当时的武士之中仍然相当杰出。在他眼中，源氏手中刚刚组建不久的水军在操船和协调能力上肯定不及在西国与海盗拼杀多年的平氏舰队，如果以海流较快的坛之浦作为战场，

平氏便可获得优势。此外坛之浦附近的海流情况对平氏也是有利的。每天上午至中午，海流会以很快的速度从彦岛向满珠岛方向涌去，如果能够抓住这一机会，海流所带给平氏舰队的速度和冲击力便足以将源氏舰队冲散。不过正午过后，海峡内又会呈现出完全相反的水文情况，海水流向会完全掉转过来，从满珠岛涌向彦岛，如果平氏在此之前无法完成决定性打击，那么后者便很容易反败为胜。

不过平知盛还是犯了一个致命错误，他并没有在源氏舰队抵达周防国后立刻对其发动进攻，反而因担心源义经故技重施再次对自己发动奇袭，一直等到了三月廿四日才展开行动。在这之间的20天时间里，不仅源氏舰队的规模还在不断因濑户内海的武士、水军加入而扩大，甚至已经大幅超过了平氏舰队。而且源义经本人和水军指挥官们也利用这一时间充分调查了附近水文情况，在一定程度上削弱了平氏在操船方面的优势。对义经而言，其取胜的决定性时机在于正午之后，为了使己方舰队能够抵挡那之前平氏的猛攻，他在由源氏占据的海峡两岸也部署了大批弓箭手以掩护舰队。

关于双方所投入的战船数量，《吾妻镜》中记载为源氏830艘，平氏500艘。《平家物语》中则记载为源氏3000艘，平氏1000艘。其中的数字必然是被极大地夸张了。整个下关海峡最宽处也只有不到3000米左右，再减去舰队两侧必须与海岸留出的距离，实际可用于交战的正面最多也不过2500米左右，而坛之浦附近则更是

仅有1000米左右的宽度。虽然此时体积较大的中国式"唐船"数量相对较少，日本战船通常只是四处征调而来的渔船或商船，体积都比较小，包括操船的舵手、橹手在内也只能容纳30至50人，但即使如此，要在如此狭窄的海峡里容纳数千艘战船互相交战也还是无法想象的。

三月廿四日凌晨6时，终于从彦岛出动的平氏舰队占据了门司和田之浦之间的海峡，不久之后源氏舰队也离岸迎击。就这样，日本武士史上最惊天动地的海战便揭开了大幕。早在战斗开始之前，平知盛便认定源氏舰队这支乌合之众的唯一核心就是源义经本人，如果能够在战斗中杀死义经，源氏舰队便很可能会如同一之谷中的平氏足轻一样迅速溃散。因此在海战开始后不久，抢先发动进攻的平氏舰队利用海流带来的优势，集中对源义经本人的座舰发动进攻。为了躲避平教经对他本人的猎杀，义经甚至被迫连跳了八船！

虽然源氏军兵力占优势，但是面对在占据水文优势且操船娴熟的平氏舰队时，他们却一直处于下风。不过必须注意的是，由于日本战船没有能够吸收撞击力道的龙骨，无法使用冲撞战术，只能利用弓箭互射或跳帮登上敌船进行白刃战，这就使战况的进展要比欧洲古代海战慢了很多，即使占据优势的一方，也很难在短时间内获胜。

在战斗开始后两个半小时左右的时候，海流速度逐渐加快，这也再次加强了平氏的攻势，源氏舰队甚至已经被逼退到了满珠岛周围，似乎已经就要溃散了。不过在源氏舰队后退的过程中，一部分战舰由于

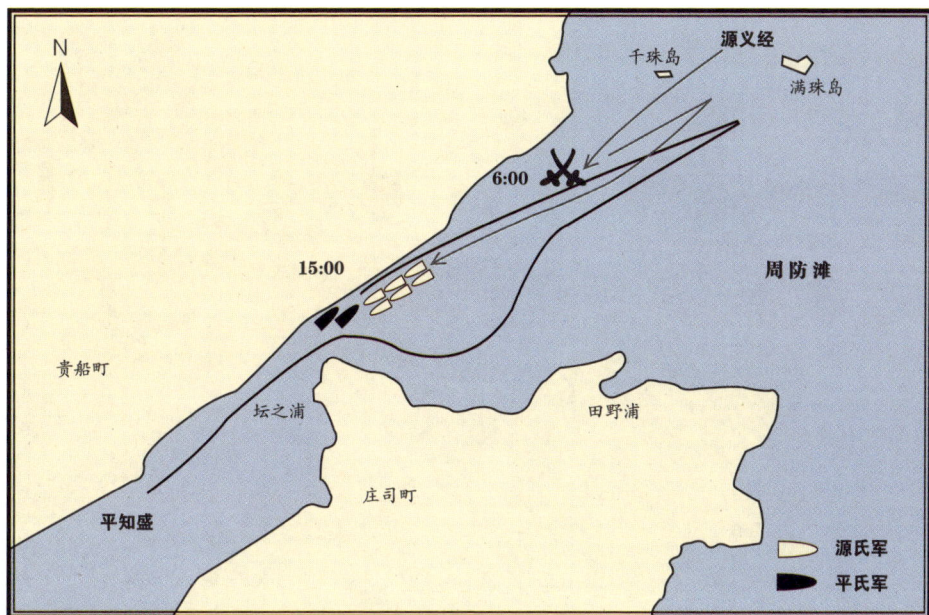

◎ 坛之浦海战

无法承受过于猛烈的攻击，自然而然地开始向海峡两岸靠拢寻求海岸线的保护，平氏两翼的船只在追逐它们时也跟着驶向了岸边，而这却使它们落入了两岸源氏弓箭手的射程之内。如果不是这些船只自动分散的话，平氏便可以利用义经逃避追杀而造成指挥混乱的时机，一鼓作气攻入源氏舰队中央，将对方的乌合之众彻底碾碎了。

就在平氏舰队正面的力量自行削弱的同时，源义经又突然下令集中射击对方的水手。由于当时日本军队在作战时讲求以武士对武士的决斗，而日本弓术又是以射杀特定目标为宗旨的，水手们往往不会受到太大威胁，战船上通常也不会为水手提供任何保护。因此在义经下令射杀水手之后，平氏舰队中的水手立刻伤亡惨重，其

进攻几乎完全停滞了下来，甚至很多船只都瘫痪在了水面上，双方也陷入了一片混战——平氏失去了取得决定性优势的最后机会。

正午过后，海流开始逆转，源氏舰队在撑过平氏的进攻后开始反攻，损失了大量水手的平氏舰队立刻便无法抵挡了。到了此时，源氏不仅在数量上占据优势，在动能上也赢得了上风。看到平氏大势已去，位于平氏舰队后方一直没有与源氏交战的阿波水军在阿波重能的领导下突然倒戈，将代表平氏的红旗抛入海中，挂出了源氏的白旗，并立即对平氏舰队发动进攻，使后者在腹背受敌的情况下迅速崩溃。

到了此时，为避免源氏偷袭彦岛而搭乘战船一同来到坛之浦的平氏亲族已经认

◎ 坛之浦海战

清自己输掉了这场海战。平清盛的正室妻子时子对眼前的情势感到绝望，投海自尽。在她之后，平知盛、平教经、平资盛等将领也纷纷投海自尽，甚至连安德天皇和绝大部分女眷也一起投入大海。反而只有平宗盛这位无能之徒，不仅毫无军事方面的才能，甚至在一族灭亡时连自杀的勇气也没有，最后成为源氏的俘虏。此外被俘的还有宗盛之子平清宗，以及安德天皇之母平德子。到当天夜幕降临时，除少数不愿跳海的幸存者以外，曾经权势遮天的伊势平氏一族已经消失在了坛之浦海底。

不过对源义经而言，坛之浦的胜利却使他走向了自己的灭亡。三月廿四日，源义经胜利回京。在短短 15 个月时间里，他不仅将木曾义仲赶出了京都，又在一之

谷会战和坛之浦海战中彻底消灭了平氏，使自己成为镰仓的英雄。欠缺军事才能的源赖朝嫉妒义经的战功，把义经看成是平氏灭亡后最大的敌人。后者在率军返回关东时甚至不被允许进入镰仓，即使义经亲自给赖朝写信澄清自己并无二心也无济于事。与此同时，赖朝还不断发出禁止任何武士成为义经家臣的通告。当镰仓决定查封义经从平氏手里没收的领地时，义经终于转而对镰仓采取敌视态度。后白河法皇又和以往一样，给予了义经讨伐赖朝的诏书。对他而言，武士内讧无疑是他最乐于看到的局面。

义经决定以自己声望较高的西国作为根据地与镰仓抗衡，因此率军离开了京都。就连反对宣旨源义经出征的九条兼实也在

其日记《玉叶》中对源义经离京时未挟持法皇（这一点在政治上无疑是愚蠢的）、未纵容部下掠夺奸淫，平静离开京都的行为表示赞叹："实堪称义士"。不过当他从摄津出海后，却遇到了极为恶劣的天气，险些遇难。而在这之后，源义经突然销声匿迹，源赖朝却借此机会，借追捕义经的名义得到了任命守护和地头的权力，统领当地武士，为后来镰仓幕府所推行的御家人制度奠定了基础。不久之后，几乎是单骑穿越日本的义经突然在陆奥平泉出现，寻求源平合战前曾保护过自己的藤原秀衡帮助，后者随即拒绝了镰仓方面交出义经的要求。

得知此事的源赖朝认清消灭陆奥藤原氏的绝佳机会到来了，因此立刻要求后白河法皇下旨讨伐保护义经的秀衡，但这一次法皇却出人意料地拒绝了赖朝。其原因很可能是在义经逃亡后，日本国内便再无能够向镰仓挑战的势力了，而赖朝又接连将守护和地头的任命纳入镰仓管辖范围，使后者将自己的统治从镰仓延伸到了全日本。此时唯一能够与赖朝抗衡的，便只剩下号称拥有 17 万骑（实际数字远小于此，其中有组织的部队人数可能连十分之一都不到）的陆奥藤原氏了。

不过在 1187 年十月廿九日，藤原秀衡却去世了，虽然他临终前曾留下遗言，要求自己的儿子们要保护义经，由后者来指挥军队以维持陆奥的自治局面。但秀衡的继承人藤原泰衡却逐渐与镰仓亲近，迫使义经离开平泉，逃往衣川避难。不久后，就连法皇也无法再抵抗镰仓方面日益强大的压力，正式宣布了追捕义经的命令。到 1189 年闰四月卅日，藤原泰衡终于出兵攻击源义经在衣川的宅邸。后者手下虽然仅有 20 名随从，但却十分顽强地抵挡了一段时间，僧兵出身的家臣武藏坊弁庆据称身中多箭，直到战死后也没有倒地。年仅 31 岁的义经本人则在对方冲入内宅前切腹自杀，这位日本第一流的名将迎来了如此悲惨的结局。

自平氏一族在坛之浦投海自尽之时起，日本终于站在了一个新时代的门槛之上。凭借着剿灭了整个平氏的威望，源赖朝成为自西海至关东所有武士的唯一首领。除了陆奥藤原氏以外，在整个日本范围内，已经不再有哪一个武士敢于不向镰仓称臣。以此巨大声望和实力为基础，再加上借追捕义经之机在全国各地设置的守护以及地头，源赖朝即将揭开整个日本武士史上最为重要的一页——彻底将武家政权与律令制国家朝廷剥离开来，建立以武士统治日本的全新政治。这一目标实现的标志，便是 1192 年镰仓幕府的建立。历史终于拉开了武士时代的大幕，而支撑起这个崭新舞台的擎天立柱，正是由一之谷的狼烟和坛之浦的船骸打造而成的。不仅如此，源平合战事实上也是农业经济和货币经济在日本所做的第一次搏斗，在平清盛所梦想的贸易经济为坛之浦海涛所淹没之后，以耕地和大米为基础的经济再一次统治了日本，直到近 500 年后，江户幕府所发行的统一货币才终于算是部分地实现了平清盛的梦想，而货币经济的完全实现，却还要一直推迟到 700 年后的明治维新时期。

大事记二

幕府政治的建立

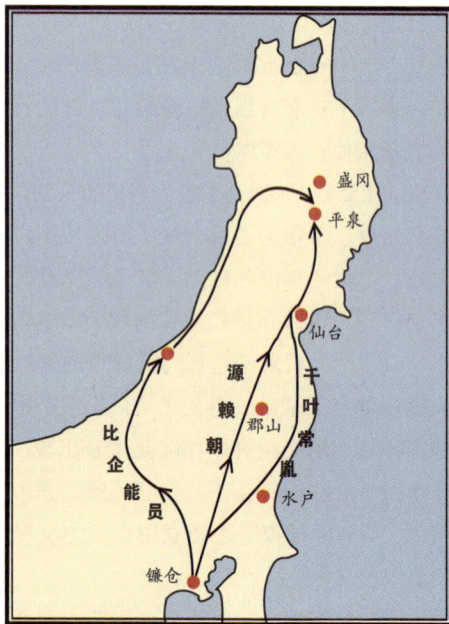

◎ 源赖朝对陆奥的征伐

虽然藤原泰衡对源赖朝采取了十分恭顺的态度，但赖朝对于陆奥的野心却并不会因此得到满足。作为他建立全国性武士政权的最后一个阻碍，陆奥藤原氏是他必须消灭的目标。而在义经死后的1189年六月廿六日，陆奥藤原氏又发生了内乱，泰衡甚至出兵攻击了一直反对自己的弟弟忠衡。看到这一情况的赖朝立刻便向朝廷要求下旨允许自己讨伐藤原泰衡，但法皇这一次还是没有允许赖朝。不过到了此时，既然赖朝早已通过任命守护和地头的方式将全国武士都掌握在了自己手中，他也不再顾及根本无法干预武家事务的法皇，在没有得到朝廷许可的情况下便开始集结军队。这支远征军兵源主要来自距离陆奥最近的关东地区，如果按照《吾妻镜》的说法，其总兵力居然高达28万人！这无疑是完全不现实的，而且要在陆奥供养这样一支大军也是根本不可能的，实际很可能连这个数字的五分之一都无法达到。

七月十九日，完成集结的远征军便开始进攻了。中央的源赖朝沿东山道进军，左翼的千叶常胤和八田知家沿太平洋沿岸推进，右翼的比企能员和宇佐美实政则位于日本海方面。八月八日，镰仓军与陆奥军爆发了一场并无决定性意义的前哨战，但两天后陆奥军便在阿津贺志山会战中被击溃。到廿二日，镰仓军已经进入了平泉，藤原泰衡则在一个月后被他的部下河田次郎刺杀，而此人后来也因背叛主人而被赖朝处死了。1190年二月，赖朝又平定了出羽方面的武士叛乱，并在同年三月任命伊泽家景为陆奥留守。至此，源赖朝已经消灭了日本国内所有反对自己的武士力量，

◎ 源赖朝画像

他终于可以将精力完全集中在与朝廷周旋的方面，并将自己的政权合法化了。

虽然已经权倾天下，但源赖朝还是清醒地认识到，如果自己不能从朝廷获得一个合适的武士官职，则镰仓的统治便无法在自己死后继续延续下去。如果源氏只是像平氏一样将自己的权力寄托于朝廷体系，那么最终还是会因受到皇室过多牵制而迅速瓦解。解决这一问题最好的办法便是要求朝廷授予自己征夷大将军之职，由于这一职务原本就并非律令制朝廷官位之一，而只是一个军事任命，得到大将军职务便等同于可以名正言顺地将武士与朝廷剥离了。此外，由于将军还拥有开设幕府的权力，只要能够将这一职位转变为世袭制，那么虽然将军在名义上仍属于天皇的臣子，但朝廷还是将永远失去涉足武家事务的机会。

1190 年十一月七日，源赖朝终于在平治之乱被放逐整整 30 年后首次回到了京都，而他来到这里的目的，便是希望朝廷能够任命他为征夷大将军，以使其能够在法理上也成为全国武士领袖。不过后白河法皇却只给了源赖朝右近卫大将以及权大纳言两个官位。到第二年十二月，源赖朝仍没有达到自己的目的。为了向朝廷施压，源赖朝在辞去了所有官位后返回镰仓。通过这一行动，源赖朝向朝廷昭示，既然现在全国所有武士几乎都已经成为镰仓的家臣，自己即使无法得到征夷大将军官位，也依然能够以镰仓之主的方式统御全国。如果这真的成为现实，朝廷便将彻底失去对武士的控制力。在如此巨大的压力下，后白河法皇却并不准备屈服，反而进一步采取措施加强院政影响力，试图与武士阶级进行最后的决斗。

但这一情况很快出现了翻天覆地的变化。1192 年三月十三日，后白河法皇驾崩了。而这位被源赖朝称为"日本第一大天狗"的政治鬼才也带走了皇室最后的声望。自此之后，亲镰仓的关白九条兼实成为朝廷的掌控者。仅仅 5 个月后，他便以允许原有皇室、贵族庄园土地依旧由朝廷节制为条件，将源赖朝推上了征夷大将军的宝座，后者随即在镰仓开设幕府，对武士的庄园赏罚、官位晋升则完全由幕府负责。到了此时，皇室的权威甚至已经被削弱到后鸟羽天皇立皇太子时都必须与幕府商议。皇室除在自己的皇家庄园以外，已经彻底失去了对日本的控制，新的国家体系在以幕府为核心的武家庄园制基础上诞生了。

◎ 后鸟羽天皇画像

幕府建立后，原先的镰仓家臣制度便被赖朝正式定为全幕府统御全日本武士的基础。而效忠于将军的武士则被称为御家人，即"将军的家臣"，并分封到了日本各地。这些御家人在平时要负担一定的兵役、贡税，西国御家人要在京都以3至6个月为一循环担任警卫，东国御家人则以1至2个月为循环担任镰仓警卫，幕府以这些兵役为基础承认他们对庄园的所有权。如果发生战争，御家人在得到幕府命令后便应带领一族郎党赶往指定地点集结，并在幕府统一指挥下进行作战，而其装备和一部分粮食是要由自己负担的。如果御家人在履行这些义务时有怠慢或抵触行为，幕府便将视情况对其施以削减、没收领地，剥夺御家人身份甚至处死的惩罚。

在普通御家人以上，追捕源义经时设立的守护和地头则成为幕府在各地的代理人。守护和地头也是由御家人任命而来，相比之下，地头统辖范围较小，通常只是负责对某一地区的庄园进行管理，而守护要管辖一国甚至多国，因此实力要更为强大一些。这些人在平时是当地行政官员，负责追捕当地案犯，处理武士争端，在战时则是当地御家人的最高指挥官。不过在镰仓早期，无论是守护还是地头，能够从当地税收中所获得的利润都是相对较少的，他们手中的权力也要时刻受到幕府设置的西国探题、九州探题等机构监视和管辖，而且他们也并不是御家人效忠的对象，而只是幕府在各地的代理人。在赖朝成为将军之前，这一制度原本只是镰仓武士之间的私人主从规定。直到1185年源赖朝因追捕义经而获得任命守护、地头的权力之后，才逐渐成为一项正式制度，形成了一套完整的武家统治体系，保证了武家政权的长久性和稳固性。

在军事方面，镰仓除了将平安时代武士动员方式制度化以外并没有做出太多改变。而武士们似乎也没有从源平合战中学到太多教训，其战斗方式、行军方式仍与先前无异，手中的武器也并没有什么变化。

就在源赖朝几乎已经取得了完全的政治胜利之后不久，九条兼实却被反对幕府的公卿土御门通亲赶下了政坛，后者的养女又为后鸟羽天皇生下了一位皇子，后鸟羽天皇也将皇位让给了这位皇子，尊号为土御门天皇。1199年一月，源赖朝又在一次外出中从马背上摔下而亡。自源赖朝成为征夷大将军仅仅7年时间，幕府便似乎面临着土崩瓦解的危险。

继承人源赖家对比企能员的重用也令御家人感到极为不满。1199年四月十二日，

13 名重臣通过合议而剥夺了源赖家的诉讼裁判权，削弱了将军的绝对权威，此后有实力的御家人对幕府领导权的争夺愈演愈烈。在幕府的混乱之中，1200 年九月，朝廷强令幕府处罚了三位四国的守护，而幕府对此虽然百般阻挠，却并没有成功。

面对幕府即将崩溃的局面，源赖朝的遗孀北条政子突然站了出来，并与其父北条时政一同迫使不得人心的儿子源赖家交出幕府控制权，并铲除了自赖朝时代便作为源氏亲信存在的梶原景时。1203 年八月，北条氏以源赖家生病为由迫使其退位，政子的另一个儿子源实朝成为将军，北条时政以执权的头衔统辖幕府。不久之后，比企能员一族也被北条氏屠杀。1204 年七月十八日，源赖家也被暗杀，北条氏在幕府内部确立了统治性地位。造成这一结果的根源，则正是源赖朝起兵反对平氏时，对于北条时政的依赖。

◎ 描绘源实朝遭到刺杀时场面的浮世绘

北条时政在 1215 年死后，其子北条义时仍在扩张北条氏的权势，源实朝在对将军权力绝望之余甚至希望逃往南宋。而北条义时为压制其他御家人，又试图将守护的终身制也改为交替制，最终因所受阻力过大而没能实现。1213 年，御家人之间终于爆发了反对北条氏的暴乱，但暴乱的结果非但没有让北条氏的权力受到削弱，却终于使北条氏得以铲除反对势力，并将执权一职世袭化。

1219 年一月廿七日，源实朝在被朝廷封为右大臣当天遭到刺杀。由于没有直系子嗣能够继位，北条氏最后只能在旁系血亲中选择摄关家的左大臣九条道家之子，年仅两岁的藤原赖经继承源氏宗家，但此人直到 1226 年才被授予将军头衔。在那之前，幕府的权力事实上被掌握在了早在源赖朝死后便出家成为尼姑的北条政子手中，后者也因此得名"尼将军"。

面对幕府愈发混乱的情况，朝廷终于在 1221 年五月正式开始了公开的军事倒幕行动，后鸟羽上皇试图以北面武士、西面武士两支近卫军为主力，再辅以僧兵以及皇室庄园的武士来消灭北条氏，并以此作为推翻幕府的第一部。不过这位上皇却忽略了一个事实——无论幕府内部发生了多么严重的混乱和内斗，那也只是武士内部的问题。无论如何，武士们也绝不愿意重新回到皇室和公卿总揽大权、武士只能作为其走狗的时代。在北条政子的鼓动下，就连皇室庄园的庄园主都纷纷投靠幕府，使幕府军人数达到了 19 万人之多（《吾妻镜》数字，明显有着夸大成分），而朝廷

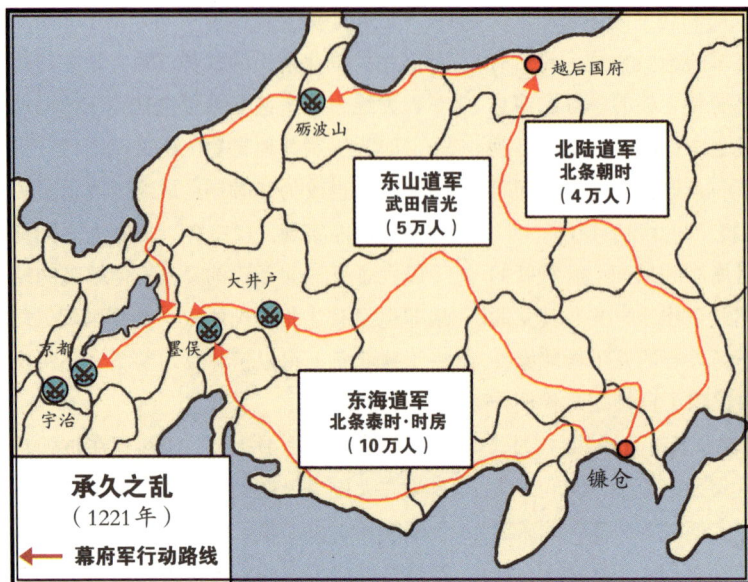

◎ 承久之乱

地图标注：

越后国府

北陆道军
北条朝时
（4万人）

砺波山

东山道军
武田信光
（5万人）

大井户

京都　墨俣

宇治

东海道军
北条泰时·时房
（10万人）

镰仓

承久之乱
（1221年）

← 幕府军行动路线

却只能集结起大约2万人。短短一个月后，幕府军于六月十五日攻入京都，朝廷被彻底肢解。自此之后，甚至皇位继承人的选择权也完全落入幕府手中，而不能再像先前那样只需征询幕府意见即可——朝廷在多番挣扎后终于被剥夺了一切对武士的控制权。此外，为避免因镰仓过于远离京都而再次出现无法控制朝廷和西国武士的情况，北条氏还取消了京都守护一职，改为在六波罗设置拥有更大权力的六波罗探题，并建立起了行政、诉讼、检察等各种机构，加强了幕府对于近畿和西国的控制力。

就在镰仓的内乱刚刚平息之后，日本却突然发现自己即将第一次面临来自海外的入侵威胁——已经征服了欧亚大陆的蒙古人终于要将自己的阴影投向日本了。1268年，忽必烈首次向日本递交国书之后，已经64岁高龄的执权北条政村自知无力应

对这场危机，只能将职权之位让给前任职权北条时赖之子北条时宗。

由于时宗笃信佛教，身边拥有不少禅师作为谋臣，而其中最负盛名者无疑便是自南宋而来的禅师无学祖元，后者在蒙古危机期间成为北条时宗的精神导师。无学祖元本人在忽必烈征服宋朝期间对于蒙古人的残暴早已恨之入骨。他的寺院曾被蒙古人袭击，寺院里很多僧人都惨遭蒙古人屠杀。在生命受到威胁的情况下，无学祖元泰然自若，从容以对，这使得蒙古人大为震惊，也对其非常敬佩，最终将其释放，没有杀害无学祖元。在日本，无学祖元仍然保持着自己坚韧不拔的性格，对北条时宗的哲学观念产生了极大影响。

据说在蒙古远征军抵达日本之前，无学祖元曾询问时宗准备如何面对蒙古大军。作为回应，时宗只是大喝了一声——"战！"

第二章

文永・弘安战役

公元 13 世纪，蒙古逐渐成为世界上幅员最为辽阔的帝国，它从西伯利亚草原上的游牧民族一跃成为世界统治者的过程，也是世界军事历史上最成功的征服行动之一。自成吉思汗将原先各自为政的蒙古游牧部落统一之后，蒙古人在马背上向西征服世界的过程中罕有败绩，整个欧亚大陆的版图都已经被蒙古人重新划分了。而日本作为一个岛国，却在蒙古帝国建立后的整整 70 年里并未受到影响。当时日本虽然在经济和文化方面与中国渊源颇深，但由于自平安时代便中断了与后者之间的

◎ 元世祖忽必烈

正式外交联系，直到蒙古人占领整个亚洲东亚大陆，并将矛头指向日本之后，日本这个相对封闭的岛国才被重新推向国际舞台。而举兵攻日之人，就是元朝创建者忽必烈。

1266 年，忽必烈首次派出两位使臣前往日本，向日本传达国书，要求与日本建立"友好邦交"，国书的字里行间饱含着对日本的武力威胁。忽必烈的使臣们在出发后首先前往朝鲜，并要求后者派出向导，帮助使臣横渡对马海峡。但朝鲜官吏们却劝阻元朝使臣，不要在此时穿过那片海况恶劣的海峡，而且即使船只能够抵达日本，那些"固执而坚强，完全不懂得礼节和规矩"的日本人也很可能让他们死无葬身之地。朝鲜人的这些描述无疑与先前几百年里中国人对日本的印象完全不同。

就是在这种情况下，忽必烈要求与日本建立"友好关系"的国书送到了日本人手中，很快就引起了日本公卿和武家两方面的激烈讨论。不过无论是公卿还是武家，均拒绝接收忽必烈的来信。这次外交挫败后来成为促使蒙古人远征日本的第一个导火索。

1269 年，由 70 名朝鲜人和蒙古人组成的使节团前往日本对马岛，再次要求日本政府对忽必烈的国书给予回应。这一次朝廷本打算做出正式回应，但却遭到幕府阻拦。使节团再次空手而归，只得绑架了两名对马岛民带往元大都。在为元大都的辉煌奢华所震惊后，二人没有受到任何伤害即被送回日本。作为一种外交手段，忽必烈希望二人在目击了蒙古的巨大实力后回

到日本宣扬自己的所见所闻，以日本人自己的亲眼所见来慑服日本政府。在此期间，幕府终于开始认真讨论应如何回应忽必烈的国书，并提出了一份回复草案，但最终还是没有送交给忽必烈。

1270 年年底，忽必烈又派出赵良弼前往日本。忽必烈本想为后者派遣 3000 人马作为护卫，对日本进行明确的军事威胁，但赵良弼选择只带 24 名随从人员出使。经历了一番漫长又危险的旅程后，赵良弼最终抵达了日本九州岛的行政中心太宰府。不过他并没有得到亲自觐见"日本国王"的许可，最后经过劝说只得将忽必烈的国书转交给太宰府的日本官员。在无法得到回复的情况下，赵良弼被迫回国。1273 年，赵良弼再次出使太宰府，等待幕府回复，最后仍然只能悻悻回国。虽然赵良弼满怀愤怒，但在面见大汗报告时却还是劝阻忽

必烈不要进攻日本："其地多山水，无耕桑之利，得其人不可役，得其地不加富。况舟师渡海，海风无期，祸害莫测。是谓以有用之民力，填无穷之巨壑也，臣谓勿击便。"不过到了此时，忽必烈早已下定决心，不容赵良弼劝阻了。

日本之所以三番五次拒绝回复忽必烈的国书，很有可能是因为当时的幕府并不认为蒙古人所威胁的进攻会成为事实。而无论是公卿还是武家，都在忽必烈的国书中找到了很多令他们不满之处。在日本人眼中，该国书虽然表面上语气温和，但却将天皇称为"日本国王"，显然是将日本视作了一个册封王国。此外，尽管与南宋之间没有建立过正式的外交关系，但日本对于双方在经济、文化方面的交流十分满意，因此没有任何理由为讨好蒙古而背弃正在抗击蒙古入侵的南宋。

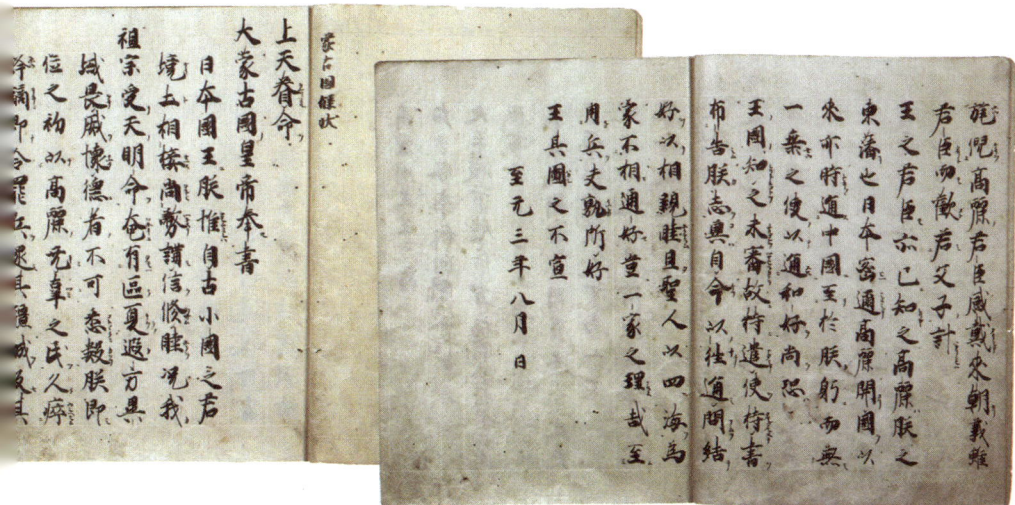

◎ 由日本僧人宗性抄写的忽必烈国书

1271年，忽必烈在北京建立元大都，登基成为元朝皇帝，使自己手下那些原先居住在蒙古包中的游牧部落逐渐定居到了汉族城市中。在元朝建立仅仅3年后，忽必烈就开始计划将日本纳入自己的统治之下。与西亚大草原上那种蒙古人熟悉的机动战争不同，这一仗将从朝鲜的港口和河流入海口展开。尽管蒙古人擅长马上作战，但想要进攻日本，他们就不得不将大部分战马丢在身后，乘船登上日本徒步作战。而对13世纪的日本武士们而言，他们也还未曾体验过大陆式的大规模战斗，对朝鲜和中国步兵所采用的密集队形以及弓箭齐射战术也一无所知。总体而言，双方均要投入一场自己并不擅长的战斗中。

直到1274年之前，幕府的动员令都仅限于九州地区，直到蒙古第一次远征后，才开始动员本州的武士前往九州加强防御。造成这一结果的原因有很多种可能。首先，幕府有可能低估了蒙古人的战斗力，或者在下达动员令时仍然没有足够认真地对待蒙古的威胁。另外一种可能就要简单得多，即幕府认为将东国地区的武士调往九州从后勤角度讲很难实现。如何在九州供养、驻扎一支集中全日本军事力量的大军对幕府而言本身就是一个问题，一旦战役演变成持久战，则问题会愈发严重。因此，当1274年蒙古远征军在九州登陆时，镇守在博多海岸的当地武士便成为全日本命运的决定者。

九州北部的博多之所以成为蒙古远征目的地，完全因为其地理位置最为便利。自710年起，九州的太宰府就成为日本对外贸易、交流的中心基地，作为太宰府出海口的博多商业发展也较为兴隆。现今的太宰府市位于福冈县，与博多毗邻，而当时的太宰府政厅即位于今天的太宰府市区以内。在710年至1274年之间的几个世纪间，太宰府附近的山丘上建有两座小型要塞，保护太宰府不受外敌侵略。此外，在太宰府与博多海岸之间还设置有被称为水城的防御工事，也能为抵抗外来者发挥一定作用。

1196年，武藤资赖以镇西奉行一职进驻太宰府，管理整个九州，确保当地能够按照幕府意愿行事。1221年，意图恢复皇权的承久之乱未遂而终之后，幕府为进一步压制朝廷在九州的势力，授予武藤资赖太宰少贰的官位。虽然太宰少贰在理论上并非太宰府的最高长官，但事实上由于官位更高的太宰大贰并不会亲自到太宰府上任，而只需留在京都，因此武藤资赖便成为太宰府的实际控制者，并在幕府授意下将全日本的外交事务握在了自己手中。武藤资赖担任少贰期间处理了很多外交危机，其中就包括日本海盗劫掠朝鲜沿海的事件。对于这一事件，武藤资赖毫不手软，在高丽使团前往日本交涉期间抓捕了90名海盗，并给予斩首的严惩，为日本正规武士与海盗划清了界限。

到武藤资赖之子资能担任镇西奉行时，"少贰"已经被武藤家用作姓氏。忽必烈的国书也由少贰资能送交给镰仓幕府。同时，资能的儿子少贰经资还是肥前、筑前、筑后以及对马和壹岐等地守护，不过他本人并没有直接参与到抵抗蒙古远征的战斗中。在前线指挥将士抵抗蒙古大军的是经资的弟弟少贰景资，他也因此成为日本历史上著名的英雄人物。在1274年蒙古第一次远征日本时，经资年仅12岁的儿子少贰资时便随叔父景资上阵杀敌。到1281年时，19岁的少贰资时也成为一员大将，也成为在壹岐岛抵抗蒙古最后远征的英雄，受到后世的日本武士所崇拜。

除少贰家统御的三国二岛以外，九州剩下的六国分别由大友氏和岛津氏担任守护，而这两个家族也在战争中贡献颇多。在1274年，岛津久经是萨摩、日向和大隅三国的守护。在1281年之后，岛津氏也在很多年里一直参与守博多的重任，以防蒙古再次远征日本。同时，在蒙古远征期间，丰后、丰前、肥后三国的守护由大友赖康担任。不过首当其冲面对蒙古大军的并不是少贰氏、大友氏或岛津氏的人马，而是对马岛的地头代（副地头）宗助国，紧接着则是壹岐岛的守护代平景隆，直到这两座岛屿被蒙古人荡平之后，才轮到九州三氏出场抗敌。

在征服亚洲大陆过程中，蒙古人与日本武士同样以骑射闻名，但装备要远比穿

◎ 蒙古重骑兵使用的甲胄。在1274年战役中，由于大部分兵员都来自于朝鲜，因此仅有少量蒙古人参加了战斗

戴大铠的日本武士更轻便，其大部分骑兵均为轻骑兵，并没有铠甲。蒙古弓由牛角和竹子黏合而成，弓弦则由牛筋制成，虽然蒙古弓的长度要比日本长弓短很多，但射程却要更远，而且其精确度作为一种骑射武器而言也十分优秀。每位骑射手均拥有两到三张弓，行军时保存在专门的弓袋中。在双方接近到白刃距离时，骑射手会将弓箭收进弓袋，拔出刀刃略带弧度的马刀，此时蒙古人通常在马腹或者后背携带的圆盾也能够为骑手和马匹提供一定保护。此外长矛或者战斧也是蒙古骑兵经常使用的近战武器。

除以骑射手为主的轻骑兵以外，蒙古人也有一些真正的重骑兵，其中地位较高者甚至连马匹也拥有皮质铠甲，但也有一部分蒙古重骑兵并不穿着专门铠甲，而是在皮袍表面缝上金属片加强防护。这些重骑兵在战场上并不依赖骑射技巧战斗，而是以短刀或短矛进行密集地冲锋。

除骑兵以外，忽必烈也得到了大批经过统一训练的步兵。相比于通常与民兵无异的日本足轻，这些步兵可以利用密集的

◎ 蒙古人在日本使用的震天雷

队形进行战斗，有时也会携带盾牌对自己加以保护（不过这些步兵也绝非希腊、罗马时代那样的欧洲精兵）。此外，弓箭手还能够在号令之下向对方进行弓箭齐射，以密集的箭雨击垮对方。

蒙古人在登陆日本时使用的所有武器中，对日军造成最大震撼的无疑便是名为"震天雷"的炸弹，这是整场战役中最引人瞩目但同时也是最神秘的新式武器。在蒙古人到来之前，日本战场从未见识过任何形式的爆炸性武器，这也导致大受震惊的日本人在后来很长一段时间中都认为蒙古人远征日本时在船上安装了火炮，并以蒙古人曾在13世纪下半页以火炮攻城为佐证。但事实上蒙古人并没有在战船上安装任何火炮，而是利用弩炮发射头部装有炸药的巨矢。

震天雷最早发明于北宋时期，但其实际投入使用的记录却要迟至1221年才首次出现。由于亚洲大陆上的步兵队形更为密集，因此震天雷爆炸时会造成大量人员伤亡，南宋就曾有一位将领被震天雷炸瞎。在1267年的襄阳围攻战开始阶段，蒙古人学会了震天雷的制造和使用方法，并将其应用到了围攻中，不过与此同时，由宋军步兵投掷的震天雷也给蒙古人带来了巨大伤亡。入侵日本时期，蒙古人使用了几种不同的震天雷，有些是采用金属外壳，有些则采用软质的纸制外壳。在《八幡愚童训》中，记载着蒙古人同时使用"铁弹"和"纸弹"的记录，并详细描述了蒙古人如何投掷除那些"可怕的铁弹"，以及它们如何"从山坡上隆隆滚下，发出惊雷一般的响声和闪电般的闪光"。

令人惊讶的是，现存关于蒙古远征军的文字记录非常少。明朝初年，宋濂、王濂在《元史》中仅记载有远征的大体内容。而在日本方面，关于远征军的记载主要集中在一本名为《八幡愚童训》的书中。虽然后者的主要内容着墨于战前日本人是如何向战神八幡菩萨祈祷，并最终获得战争胜利，但对于双方军队的战斗情况，也同样是重要的参考。此外，一位名叫竹崎季长的武士为彰显自己在抗击蒙古远征时的功绩，也曾专门请画师为自己创作了名为《蒙古袭来绘词》的绘卷。

世界各地所有关于中世纪战争的文献中，关于参战人数的记载往往都被惊人地夸大了，1274 年和 1281 年蒙古两次远征日本也不能例外。虽然现在日本仍保存有很多征调东国御家人前往九州的命令，但这些命令却对御家人或足轻的具体数量只字未提。《八幡愚童训》中记载的 102000 人无疑是过于夸大的，而且该书还声称蒙古大军十倍于己。相比之下，《元史》也记载日本军队总人数达到了并不现实的 10 万人，蒙古部队却仅有 25000 名蒙古、汉族士兵，8000 名朝鲜士兵以及 900 艘战船。《剑桥日本史》的作者石井进根据现存的行政文件估算，在 1275 年有 120 余位武士头领因文永战役中的功绩获得封赏，这些人手下分别拥有 5 至 100 名郎党。但任何文献中都无法找到这些将领手下部队的具体人数。如果这些将领平均每人拥有 30 名郎党，则日军总数就会在 3600 人左右，但如果平均每人拥有 50 名郎党，这一数字就会提高到 6000 人左右。再加上那些没有获得封赏的武士，在 1274 年战役期间，参战的武士数量应在 4000 至 6000 人之间，而足轻的数量要远大于此，使总数超过了入侵舰队。蒙古、朝鲜联军实际在博多登陆人数应为

32300 人左右，但其步兵所受的训练却远非日本足轻所能相比。

按照最初计划，蒙古舰队应在 1274 年七月起航前往日本，但却由于各种军备后勤等原因延迟了 3 个月之久。1274 年十月三日，蒙古远征军从朝鲜南部起航，其航程第一站是位于九州与朝鲜中间的对马岛。对马事实上由两个岛屿组成，中间由一条极为狭窄的海峡分隔。蒙古部队分四路在两岛的西侧同时登陆，其中两路指向北岛，规模较小的一路指向海峡，规模更大的一路直指南岛的佐须浦地区。佐须浦地区拥有对马岛最大的海湾，湾内海滩则是一片沙地。根据宗助国一族后人编写的《宗氏家谱》记载，蒙古人总计有 8000 名士兵参与了登陆行动。

十月五日夜间，驻守在对马岛西海岸的哨兵发现蒙古舰队来袭，并立刻将这一消息汇报给了时任对马地头代的宗助国，后者急忙拼凑出了一支防守部队。在蒙古人来袭之前，对马岛的八幡神社发生了一场小火灾，很快就被扑灭了。在当时的日本，神社着火原本应是凶兆，但火势不仅很快熄灭，而且在火灾之后，人们发现有一群白鸽聚集在神社屋顶，而在自古以来流传的日本神话中，白鸽正是八幡菩萨的信使。再加上不久之后便收到蒙古人来袭的报告，岛上的武士们认定神社着火不仅绝非凶兆，而且还是八幡菩萨自己在神社点燃烽火，警告地头代有敌军来袭。

五日至六日夜间，宗助国率领着 80 名骑马武士和一些足轻跨过一座小山，奔赴佐须浦海滩，并在次日凌晨做好了防御准

备。十月六日凌晨2时，蒙古登陆军开始上岸，两小时后双方爆发了激烈搏斗。战斗开始之前，宗助国的两位郎党驾着小艇出海，从遮天蔽日的蒙古舰队中间穿过，前往太宰府报告敌军来袭的消息。

为判明蒙古人来此是何意图，宗助国还特地带来了一位通晓外语的翻译，但蒙古人根本没有打算和日本人谈判，而是将猛烈的箭雨射向日军。第一批登陆对马的蒙古军人数超过1000人，十倍于宗助国带来的80骑人马，而且还能得到战船上搭载的弩炮掩护。蒙古军和日本人两种完全不同的战斗方式终于正面遭遇了，在蒙古人射出第一波箭矢之后，宗助国及其手下也立刻拉弓还击，利用高超的射术射杀了不少蒙古士兵，但自己的手下也相继为蒙军矢石所杀。由于佐须浦海滩上有一片较为茂密的树林，弓箭齐射的威力遂大为减弱，蒙古步兵也无法施展密集队形的威力，只能依靠数量优势压倒日军。在这种能够完全发挥武士个人战斗力的战斗中，宗助国得以给蒙古军造成一定打击，还射杀了至少一名蒙古将领。

可无论宗助国手下80勇士如何英勇，也还是无法抵抗在数量上占据压倒性优势的蒙古人。短短几分钟之内，便有20名武士阵亡，战斗力愈发薄弱。按照《宗氏家谱》记载，宗助国在马上拉弓放箭，射杀不下10名敌军，其子宗右马次郎还将一名蒙军大将射杀。见此情景，宗助国策马向前，鼓舞士卒拼死杀敌。仅剩的几十名手下，在其感召之下奋不顾身冲进蒙军阵线之中，但最后还是寡不敌众，全军覆没。

攻克对马之后，蒙古舰队于十月十四日凌晨起航，前往比对马要小很多的壹岐岛，并在壹岐岛北部登陆。与对马岛相同，少贰经资虽然名为当地守护，但身在九州的他并没有参与战斗，当地的实际军事权力则交给平氏后裔的守护代平景隆负责。自收到对马岛遭到攻击的消息之后，坐镇樋诘城的平景隆便派人向太宰府求援。樋诘城虽然名为城池，但与后来战国时代和江户时代的石筑大城相比，樋诘城只能算是一座军营，其四周仅设有木制围墙和瞭望塔，只有城门是经过特别加固的，但也同样由木材建造。不过对平景隆而言，樋诘城的存在并非用来抵御蒙古军的直接攻击，而是在他率领麾下武士前往滩头迎击敌军攻击时为妻儿提供避难所罢了。与在对马岛上发生的情况相同，壹岐岛上的日本武士在开战之初也遭到了弓箭齐射的打击，只得一边后退，一边尽可能进行还击。夜幕降临后，蒙古人退回到了自己的战舰上过夜。遭到沉重打击的平景隆也无法继续坚守海滩，转而率领残部返回樋诘城，试图守城等待九州本土的援兵。

第二天上午，大批举着红色旗帜的蒙古士兵将樋诘城团团包围了起来，樋诘城内人人披挂，就连女性都做好了上阵的准备。面对绝境，平景隆所能做的也仅有派出自己的女儿在一位武士保护下前往九州，向太宰府请求援助。在樋诘城门被攻破之后，平景隆决定率军发动决死突击，但很快他们就为蒙古军的人数优势所压倒，平景隆撤回城内，与其妻儿一同自杀。在此之后，壹岐岛全面落入蒙军手中。

攻陷壹岐岛后，继续前进的蒙古舰队在十五日至十六日夜间被松浦半岛和鹰岛的守军发现了。蒙古人对两地发动了突袭，斩杀了数百名日本军民。从松浦派出的求救使者很快就抵达了太宰府，而对马和壹岐的使者早已到此了。在三方面的警告之下，太宰府立刻下令九州御家人做好抵抗蒙古舰队登陆的准备。而且太宰府也正确意识到，如果蒙古大军的进攻目标是太宰府，那么他们便一定会在距离太宰府距离最近的博多湾登陆。只要蒙古人能够在博多湾建立滩头阵地，只需要向内陆前进一小段距离，即可攻抵太宰府了。

自源平合战和奥州征伐结束后，倚仗战功获得更多土地封赏的武士们已经有将近一百年时间没有获得大规模战争的机会了，而镰仓时代的日本农业技术又不足以使庄园主们通过开垦更多土地来获得令自己满意的收入，因此在听到蒙古人到来的消息后，武士们立刻展开了激昂的准备工作，《八幡愚童训》中写道：

"在九州各地，以少贰氏和大友氏为首，菊池氏、原田氏、松浦氏、儿玉党水军，甚至神社人员、马夫，都想要比他人更为努力。"

十月十九日蒙古一部分远征军首先在博多湾西侧的今津附近登陆，计划沿博多海岸向东前进，但却发现此处的地形狭窄，海滩也太过松软，不利于其密集步兵的行动。便于当夜回到了船上。直到第二天，蒙古人才重新在百道原和箱崎分别登陆，并开始向太宰府前进。而对于这些行动，日本人似乎并没有加以任何干扰。

虽然源平合战时日本也曾出现过源义经这样的卓越指挥官，但此时日军中却并没有这样的将领，武士们在博多海滩上仍然如一片散沙般毫无组织，因此也根本没有形成一条战线。根据所有现存史料记载，蒙古人在登陆后立刻便开始整队进攻，很快就使日本人陷入了一片混乱。蒙古步兵采取密集队形，由盾牌提供保护，以鼓点作为号令，进退自如的战术使日军很难应付。可真正起到决定性作用的却是战船上的弓箭和弩炮。若非这些火力的掩护，蒙古步兵无论如何也不可能获得足够时间完成登陆。按照《元史》记载，蒙古人首先占领了博多海岸附近的一些高地，并将船上的弩炮搬到岸上，才终于将守军逐退。

不过一旦蒙古步兵组成了密集队形，擅长于单打独斗的骑马武士在面对密集步兵时便束手无策了。以小队作战的武士如果贸然对其发动进攻，便会立刻成为弓箭齐射的打击对象。更重要的是，武士们倾向于挑选身份更高的敌军进行射杀，这一习惯也很难在博多湾发挥作用。武士们根本无法确定异族将领的位置和身份，因此最终射杀的对方将领数量大大低于通常比例。这要算是日本武士第一次领略并非个人性决斗的全面会战。

《八幡愚童训》对战斗过程的记载也十分相似：

"蒙古人从战舰上登陆，骑上马，举起战旗开始进攻。他们敲着战鼓和铜锣，而且还会不时掷出铁制或纸制的炸弹。日本马在巨大噪音的惊吓中无法控制。由于无法控制马匹，武士们也无法迎战敌军。

◎ 在博多海滩上驻防的少贰景资等武士。在1274年战役中，所有参与了战斗的日本武士均来自于九州当地

蒙古人在短箭的箭头上涂了毒药，很多人因此丧命。上万名敌军同时放箭，箭矢像大雨一样遮天蔽日。他们的步兵手持长矛，以密集队形前进。

"敌军大将在高地上指挥战斗，在部队需要撤退时敲响代表撤退的鼓点，在需要进攻时敲响铜锣，秩序十分严整。蒙古人在后退时便会掷出铁炸弹，其发出的巨大爆炸声，会使我方陷入混乱，武士们在一片惊恐中耳聋眼瞎，甚至分不清东西南北……"

很明显的是，虽然双方均以骑兵作为决定性兵种使用，但蒙古人的少量骑兵却可以得到有组织的步兵保护。而日本足轻本身却是需要武士保护的，导致骑马武士根本没有任何掩护可以依赖。这样一来，当蒙古重骑兵发动冲锋之后，一旦他们的秩序发生混乱，便可以退回到步兵阵线之后，整理行列之后再次发动冲锋，而骑马武士在遭到对方攻击时却寻求不到这种保护，只得任由对方驱散了。

不过在当天接下来的时间里，武士们虽然没有进行任何有组织的进攻，但却依然能够像蜂群一般与蒙古人进行激烈交战。百道原方向的蒙古军在相当长的时间里都被少贰经资的少量武士阻挡在那里。其所具有的弹性和机动性又使蒙古人无法对其加以决定性的打击。只有当日本守军撤退到预先利用竹排或木栅栏建造的临时阵地时，蒙古步兵才能够找到可以进攻的目标。

直到在箱崎登陆的蒙古军击败当面的日本部队，并威胁到少贰经资后方时，后者才开始向太宰府败退。

到当天傍晚，日本人已经被迫向太宰府方向撤退了数公里距离，少贰景资决定依靠水城的防御工事抵挡蒙军进攻。水城本身并非城堡，而是一道在664年修建起来的城墙。当时日本担心遭到中国或朝鲜攻击，便在博多东南修建了水城，以抵挡从博多而来的外国军队。其15米高的城墙在博多湾内陆的丘陵之间延伸，绵延达40公里。外墙以内还建有更高的内墙，在必要时可以将博多湾的河流引入两道城墙之间。由于外墙高度较低，在将空隙灌满之后河水便会向外溢出，阻挡进攻者的行动。

这也是这道防线被称为水城的原因。

600年来从未遭到过外国进攻的水城如今成为阻止蒙古军进入太宰府的最后一道防线。战斗在十月廿日傍晚达到了高潮，水城防御的指挥官少贰景资正带领着两名家臣指挥战斗，远远望见了身高超过两米的汉族蒙古军副将刘复亨。少贰景资立刻拉弓放箭，正中刘复亨胸口，将其射倒。后者手下士兵赶紧将其救走，景资率军追击，俘虏了刘复亨的坐骑。由于失去了重要指挥官，而战船上的弩炮也已经无法再为登陆部队进行支援，蒙古人没能攻破水城，太宰府也终于没有被攻陷。

对日军而言幸运的是，蒙古人并没有选择在岸上过夜。夜幕降临后，蒙古军便开始返回战舰，并在撤退途中烧毁了所有日本民房和箱崎的八幡神社。而在率领朝鲜步兵参战的将领中，甚至还爆发了争论。有人认为虽然高丽军人数不多，但战意高昂，应该继续向内陆推进。但大部分人还是认为军队已经疲乏不堪，而且人数也不多，贸然向对方内陆推进必然会被敌方大军击溃，最终决定将部队撤回船上。事实上，如果蒙古人在第二天继续发动进攻的话，水城以及太宰府几乎肯定就要陷落了。

由于刘复亨身负重伤，其部将已经将本部撤回到战舰上，相邻的蒙古部队也跟着撤回到了船上，这一撤退也宣告了战役的结束。《八幡愚童训》中仅记载着战斗第二天早上，日本平民惊讶地发现昨天还如同乌云一样压在头顶的蒙古大军已经完全不见了，仅剩下一艘战舰搁浅在海滩上。

按照《元史》记载，当夜舰队遭遇了暴风袭击，大量战舰触礁，非沉即伤，人员损失高达 13500 人，相当于军队总人数的三分之一。遭受如此惨重的打击，蒙古军只得撤回朝鲜。但真的是一场风暴袭击

◎ 博多海滩上的战斗

了蒙古舰队，就像后来 1281 年那样是"神风"拯救了日本么？按照现代历法，太平洋、日本海的台风季在阴历十月之前早应结束了。即使真的有风暴袭击了蒙古舰队，那也只能是由对流风引起的暴风雨，很难给舰队造成毁灭性打击。

值得注意的是，即使是十分注重"天佑神助"的日本人，也没有在《蒙古袭来绘词》和《八幡愚童训》中记载 1274 年战役中曾出现自然奇迹拯救日本的情况。仅有远在京都的公卿中纳言勘解由小路兼仲曾在日记中写道："听说当数以千计的敌舰出现在海上时，一阵逆风刮起，将他们吹回了本国，只有几艘被留在了海滩上。大友赖康抓到了 50 多名敌军，之后这些俘虏都将被送到京都。"

作为蒙古第一次进攻日本，1274 年战役持续时间非常短，双方均宣称自己获得了胜利。《元史》中不仅没有将 1274 年战役视作一场败仗，而且还在刘复亨将军的传记中写道他率军击败了 10 万名日军，而撤退只是因为大军已经耗尽了弓箭，无法继续施展弓箭齐射的威力。在这场被称为文永之战的战役中，蒙古远征军有三分之一的部队没能返回朝鲜。受史料限制，后世无法了解有多少蒙古士兵是死在了日本人的箭矢或刀枪之下。如果历史上并没有发生台风的话，那么武士们取得的战果要算是相当大了，而这些战果中大部分都应是在水城附近进行反击时取得的。若果真如此，无论蒙古军是否弹药殆尽，日军所取得的战果也足以迫使蒙古人上船撤退了。

无论此战是出于何种原因致使蒙古军

只战斗了一天便撤回朝鲜，忽必烈都并不认为是蒙古军失败了，甚至还有可能会满意地认为远征军已经完成了任务。1275 年年初，蒙古将领们返回元大都。

1275 年二月，忽必烈再次派出使团前往日本。使团担心刚刚与蒙古人进行了一次交战的日本人会对他们施以报复，因此花了整整 2 个月时间才抵达太宰府。此后这支使团出发前的担心便成为现实，日本人为了报复蒙古人在对马、壹岐两岛上的屠杀，将使团送到了镰仓附近的江之岛全部斩首示众。直到使臣们被杀一个月之后，幕府才将忽必烈的新国书送到了京都朝廷手中，其内容与之前的国书没有太多区别，幕府和皇室也都没有给予回应。

由于注意力一直被南宋方面吸引，直到 7 年之后，忽必烈才得知使节团被全体斩首的消息。在此期间，他从将领们的口中听说日本人在 1274 年战役中已经被震天雷和步兵方阵吓破了胆，因此沉浸在日本即将降服的美梦之中，但同时却也并不放松军备，很快就开始了第二次远征的准备。不久之后，由于征服南宋首都临安的战役进入白热化阶段，围攻襄阳时的苦战又使忽必烈认清了进攻南宋所面临的巨大困难，因此蒙古将全部人力物力都集中到了该战线上。1275 年临安陷落后，南宋依然抵抗了 4 年之久才彻底被蒙古征服。忽必烈及其谋臣们在战前即已经预料到了这一点，而且这位大汗还认为，只要经过一定时间的修养，中国南部地区的船只建造能力就可强力恢复，蒙古的海军力量也能够得到极大加强。

7 年的休战期也使日本得到了喘息之机。虽然日本国内一片狂喜，但北条时宗却能够认清，已经吞并了几乎整个亚洲大陆的蒙古人，迟早还会返回日本再做一次决斗。根据北条时宗的命令，全国所有六十五岁以下的男子都被编为预备役部队，甚至以往只负责保卫寺庙的僧兵都接到了随时准备前往博多的命令。在赏罚 1274 年战役中参战的武士时，所有在战斗中表现怯懦的御家人均受到了严厉的惩罚，另外则有 120 名左右的御家人因英勇战斗得到了封赏。九州专门组建了保卫海岸的部队，九州以外的御家人也开始逐渐被征调到博多附近。北条时宗的弟弟北条宗赖则被任命为本州最西端的长门国守护，负责保卫这块本州岛上最容易遭到攻击的地区。1277 年，日本首次得知南宋都城已被攻克之后，国内的紧张气氛再次升级，战备工作也开始加速。

　　1276 年，日本提出了一个大胆的计划，由守护少贰经资率军突袭朝鲜，毁灭对方的港口，以阻止那里的舰队再次驶向日本。按照计划，行动所需的士兵和战舰由九州本地负责，本州岛西部各国则为其提供物资和其他支援，九州地区甚至已经要求各家族武士上报手下拥有的足轻、武器和战船数量。不过这一胆大妄为的计划最终还是被取消了。

　　在商讨对朝鲜半岛进行突袭的同年，日军开始在博多湾海滩上修建一道石墙，希望借此先将蒙古军封锁在海滩上，再发动反击将其赶下大海。石墙与海岸线距离在 50 米左右，外侧面向大海，高 2 米，外侧石头垒成，内侧则为一道倾斜的土坡，骑马武士可以直接沿土坡骑马登上城墙。石墙建成后全长达 20 公里，能够把博多湾沿东西方向完全保护起来。日本原计划专凭武士之力，便可在 2 个月时间完成城墙的建设，但由于资金和人力的缺乏，其实际建造速度要远比计划更慢。不久之后，

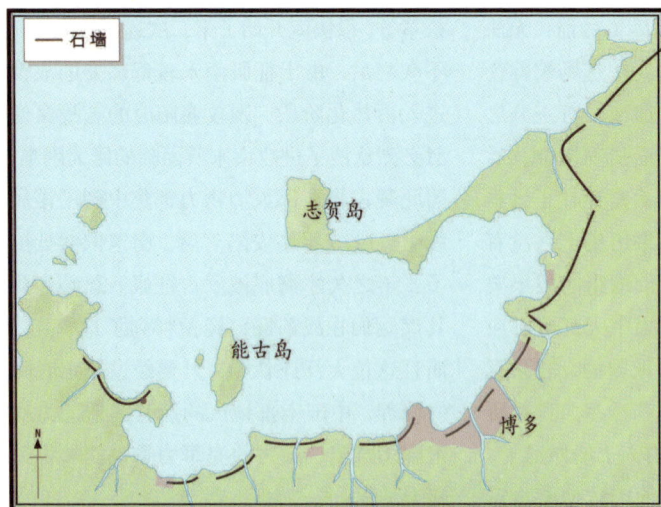

石墙

志贺岛

能古岛

博多

N

◎ 日军在博多海滩上修建的城墙

九州的其他庄园主们就接到命令，要求其提供资金和劳工。不过日本人忽略了一个事实——虽然博多湾无疑仍将是蒙古再次入侵时的首选登陆点，但由于蒙古人占据着绝对的制海权，石墙本身并非无法从东西两侧迂回。而若非一场大风暴摧毁了蒙古舰队，这一情况在1281年战役中几乎成为现实。

南宋的残余势力最终在1279年被蒙古消灭，不久之后，忽必烈即命令长江下游各州建造600艘战舰。他也开始与宋朝降将们拟定如何从中国起航进攻日本的计划。同时，忽必烈最后一次派出使团警告日本，如果还不臣服于蒙古，1274年的远征就将再次上演，并且规模还要更大。使团到达博多后很快就像之前的使者们一样被日本人处以斩首。一个月后，一位原宋朝的官员写信警告日本人，宋朝已经在蒙古人手中灭亡了，现在日本可能也要面临同样境况。

1280年秋，忽必烈在行宫中将帝国最高级官员们召集在一起，讨论如何对日本展开进一步攻击。与1274年的计划相同，忽必烈仍然希望在登陆博多之前彻底摧毁对马、壹岐两岛的防御力量，而且忽必烈也充分认清了日本人是要比他先前所想象得更为强大。新的远征与1274年战役相比规模扩大了很多，战舰上甚至还搭载了一些农具，证明蒙古人已经做好了永久占领日本的准备。此外，由于原南宋军队已经被完全掌握在了忽必烈手中，这位大汗能够从朝鲜半岛和中国两个方向上同时对日本发动进攻，他能够动员的人数、战舰数量也要远远超过1274年。

此外，忽必烈还向国内的死刑犯们宣布，只要他们愿意参加远征，便免去他们的死刑，而按照中国传统还在服丧中不能上战场的汉族士兵也被强行征召。

与此同时，日本人也已经认清对马岛和壹岐岛在蒙古舰队面前是根本无法防御的，因此将全部力量都集中在了博多湾，放弃了外海的两岛，并没有向这两处增添一兵一卒。

关于1281年的第二次远征，大部分说法认为朝鲜派出了900艘战舰和4万名士兵，而中国方向则派出了3500艘战舰和10万名士兵。这一数字肯定有所夸大。不过，由于收编了南宋军队，第二次远征人数肯定是要远大于1274年战役的。日本方面虽然完全没有任何资料记录其参战总人数，但由于很多九州以外的武士也被征调到了博多地区，其数量肯定也要比1274年大得多。

忽必烈在1281年一月下达了再次远征日本的命令。由朝鲜半岛出发的东路军进军路线与1274年相同，经由对马前往壹岐，之后再到博多。江南军则从中国东南沿海地区起航，跨过近800公里的海洋，直接驶向壹岐岛附近与东路军会合，其后两军一同登陆博多。蒙古大将阿剌罕作为两军的统帅随江南军出发，江南军本身则由汉将范文虎指挥。对蒙古人而言不幸的是，阿剌罕突然因病去世了，而在忽必烈任命的接任者阿塔海赶到之前，江南军便已经起航了。这一连串的不幸和延误遂使蒙古人两支部队失去了统一指挥，对于后来东路军和江南军在日本海的延误，这要算是一个主要原因。

1281年五月三日，东路军从朝鲜起航。可能是由于军队规模要比上一次远征更大，因此舰队前往对马所花费的时间要比1274年更多。舰队在五月廿一日和廿六日分别攻击了防御薄弱的对马、壹岐两岛。在对马岛上，宗助国之子宗重尚步其父亲的后尘，在与蒙古军作战时阵亡。《八幡愚童训》中对此仅记载了幸存下来的居民情况，而并没有记载蒙古军与日本守军的战斗。19岁的少贰资时率领大约100名郎党在壹岐海岸迎战蒙古军，但被后者战舰上搭载的弩炮所击退，少贰资时也在战斗中阵亡。

按照计划，东路军应在壹岐岛暂停行动，等待预计于六月中旬抵达的江南军与其会合后一同向博多湾发动进攻。但东路军指挥官忻都和洪茶丘却没有等待江南军抵达便先行率领舰队驶向九州，希望自行攻占博多。这是个非常鲁莽无谋的决定。也许蒙古此时并不知晓日军在博多海岸建起了城墙，但两次远征之间的7年间隔中，日本人也肯定已经向此处调集了大批增援军队，再加上1274年战役时日军所表现出的战斗力，任何明智的指挥官都会认清，只有集合起一支数倍于日军的大军，才能突破博多的防线。

东路军在六月六日即开始攻击日本，而且其攻击目标还不仅限于博多湾，同时还分派出300艘战舰越过下关海峡攻击本州岛最西端的长门国，以掩护自己的左侧翼，并使长门守军不敢对九州加以救援。这一行动虽然并未能给日军造成太大损失，但却在遥远的京都引发了一阵恐慌，一部

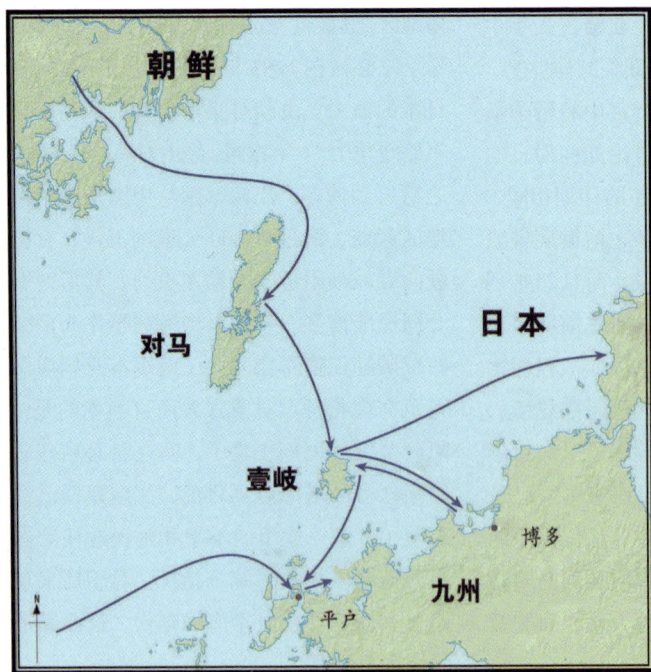

◎ 1281年蒙古舰队的航行路线

分人认为既然蒙古人已经出现在了本州，那么九州肯定早已落入敌手了。幸运的是，在流言扩散开来之前，长门守军便将蒙古人赶下了大海，后者只得撤回壹岐岛。

在长门受到攻击的同时，东路军主力则驶向了博多湾。日军对此早有准备，早在 1280 年四月，奈良的幕府首脑们就在一封写给大友赖康的信件中告知对方，博多在未来仍将是蒙古入侵的首要目标。信中同时还强调，如果蒙古人再次入侵，那么御家人之间必须协调一致，共同作战。

在博多海岸上修建的石墙在战斗中也被证明是非常有用的工事，一些蒙古战舰靠岸后，立刻就遭到了石墙上的弓箭射击，无论是城墙上的步行武士还是在土坡上作战的骑马武士均能发挥自己手中弓箭的威力。虽然蒙古人所受的伤亡不大，但石墙却使其根本找不到能够登陆立足的海滩，只能转而占领湾内的志贺岛和能古岛，准备以这两个岛为起点迂回城墙的侧翼。出乎蒙古人预料之外的是，日军没有坐等蒙古人发动进攻，而是主动向对方发动了攻击。志贺岛与博多湾海滩之间由一条宽度很窄的沙洲相连，日军便从此处突入志贺岛。夜幕降临之后，日军还会乘着小艇对蒙古战舰进行突袭，有些小艇将桅杆锯断，用作武士、足轻们登上蒙古战舰的跳板。有时日本人还会用铁钩钩住对方战舰，甚至那些找不到小艇的人，干脆脱掉铠甲，带着一把刀便跳下海游过去参战。

可惜的是，史料中并没有记载太多参加突袭的武士姓名。《八幡愚童训》中曾记载着一位名叫草野次郎的武士，率领手

下郎党在夜间驾船冒着对方弩炮的火力攻击一艘落单的蒙古战舰。草野用自己的桅杆当作跳板登上对方战舰，展开了激烈的白刃战，成功砍下了 21 颗头颅，并一把火烧毁了对方战舰。

第二天，濑户内海的水军头领、同时也是伊予国御家人的河野通有也不甘落后。其父河野通信在 1221 年的承久之乱中效力于幕府一方。在受命前往九州驻防后，通有为显示自己的英勇，居然大胆地带领手下站在了城墙外侧！之前在 1274 年战役时，通有率领着 500 人从濑户内海前往九州，但等他赶到之后发现蒙古人早已消失不见了。通有还曾前往大三岛的大山只神社祭拜，希望能够得到机会再战蒙古，按照佛教真言宗的规矩，祈祷者应将祈祷内容写在木片上，在祈祷完成后烧掉。河野通有则不然，他将愿望写在了纸上，烧掉之后将灰烬全部吞进了肚子里，现在他终于得偿所愿了。

河野通有在 1281 年参加了志贺岛的战斗，由于前一天晚上草野次郎的壮举已经传遍了全军上下，河野决定自己要更进一步超过草野。《八幡愚童训》中写道，一只苍鹭从河野部下的弓箭袋中叼起一支箭，扔到了蒙古舰队中间。河野认定这是对上天表现出的吉兆，因此他不顾恶劣的海况，在大白天就带着叔父河野通时以及两艘船出海冲向蒙古舰队。面对着两艘孤零零的小船，蒙古人非但没有提高警惕，反而认为河野是前来投降的，一直让他驶到了近前。直到河野放倒桅杆，登上蒙古战舰，对方才开始还击。河野通时当即被一箭射

死，通有也被箭矢先后射伤了肩膀和左臂。但由于拥有完备的铠甲保护，日本武士还是在接近的白刃战中占据着绝对优势，船上大批蒙古兵被杀，通有甚至还俘获了一名蒙古指挥官。由于河野通有的英勇表现，他在战后受到了十分优厚的封赏。

在日军激烈的反攻下，东路军似乎是在精神上受到了不小震撼，虽然日军也在两天的战斗中精疲力竭，但东路军最终还是被赶回了壹岐岛。如果不是东路军指挥官鲁莽进攻，这支军队本应在这里等待江南军会合再发动进攻。东路军最终在六月廿八日回到了壹岐岛。

1281年七月初，从扬子江出发的江南军抵达了日本海域。这支大军据称拥有多达3500艘战舰和10万名士兵。在与受挫的东路军取得联系之后，两军会合到了一起，开始进行战斗序列的重组。由于军队规模过大，两支舰队又并没有统一的指挥，重组工作耗费了将近半个月时间。直到当月月底，舰队才重新起航向日本本土推进。由于舰队已经获悉博多沿岸防御极为坚强，舰队目的地改航博多以西的鹰岛以避开石墙。

七月卅日，未等蒙古人登陆，鹰岛附近的日本守军再次先声夺人，对蒙古舰队发动了袭击，当夜整晚双方都在激烈战斗。这场战斗的情形与一个月前博多湾之战相似，日军分乘小船对蒙古舰队发动突袭。已经吃过日军突袭苦头的蒙古人采用了更为紧密的队形，以浮动的海城来迎战日军。虽然这种战术有效地遏制了日军突袭，但

◎ 日本武士乘坐小舟攻击蒙古战舰的情景

在后来"神风"的袭击中，密集舰队中船只的互相碰撞，却成为蒙古舰队覆没的重要原因之一。

到第二天破晓时分，日军退出了战场。他们已经无力阻止蒙古人从博多西侧登陆，绕过石墙进攻博多并直捣太宰府了。《元史》写道，蒙古舰队击败日军小船的攻击后，日本举国震惊，市集中甚至连大米都不卖了，天皇本人亲自前往八幡神社祈祷，愿意用自己的性命换取日本胜利。

就在日本人认为蒙古舰队攻陷博多和太宰府已经不可避免时，一场被日本人称为"神风"的台风却拯救了整个日本。马可·波罗的游记则使这一灾难性的事件成为第一件在欧洲家喻户晓的日本历史事件：

"正在此时，从北方刮起了一场大风暴，（蒙古）士兵们认为如果再不撤退，整个舰队就将毁于一旦。因此他们全体登舰，离开了该岛（鹰岛），驶向外海。这支舰队刚刚航行了四里，暴风便袭击了他们，由于编队十分密集，很多船撞在一起，沉入了海底。"

与1274年战役中颇受争议的所谓"逆风"不同，这次的台风得到了战斗双方所有资料的佐证。由于长时间挤在船舱中、进攻受挫、不断遭到日军骚扰，蒙古远征军在第二次进抵博多时的士气此时已经跌落到了出航以来的最低点。在东路军登陆志贺岛之后，舰队中还暴发过瘟疫。从五月起航以来，舰队已经在海上行动了2个月，时间每拖延一天，台风季就更为临近。《元史》则对此写道，当蒙古人在鹰岛附近看到海面上倒映的山影，便开始怀疑其附近

海域水下有大量暗礁，不敢过分靠近。之后他们又看到一条巨蛇一样的水怪浮出了水面，海水散发出浓重的硫黄气味。此外，还有不少诡异的凶兆发生，导致蒙古军士气大跌。

台风开始肆虐时，蒙古舰队仍然停泊在鹰岛和九州本土之间的海域。由于舰队中很多战舰都挤在一起，在狂风之中，战舰互相拉扯、相撞，士兵们很多被吹到大海里，船上的人完全无法救援落水者，只能眼睁睁地看着他们淹死。很多战舰被大风直接掀翻，倾覆沉没。其余战舰也大多撞上了暗礁，或者被吹到了岸边动弹不得。而早先已经驶到了外海的战舰则纷纷砍断锚绳，试图驶出风暴。

关于蒙古大军究竟有多少人死于暴风一直存在争议。有史料模糊记载了损失比例达到六到九成。而且除士兵的损失以外，由于装载辎重的船只停泊位置必然要更接近外海，因此损失肯定也要更大。无论实际数字到底是多少，这场风暴都使蒙古军立刻丧失了战斗力，一度落水的范文虎立刻集结起了全部仍可跨海航行的战舰开始撤退。在舰队撤退后，仍有成千上万的落水士兵要么抱着浮木在海上漂流，要么仍留在佐须浦和鹰岛海岸上。在岸上安然度过风暴的日军立刻冲到岸边对这些幸存者发动进攻，据称被杀者多达数万人，只有南宋士兵们幸免。

东路军由于在1274年远征中积累了一定经验，而且在台风袭来时的泊地位置距风暴中心较远，其损失比例要远小于南路军，这一点也得到了日本资料的佐证。不

◎ 风暴过后正在海面上收容蒙古军幸存者的日军

过按照日本史料记载，日军仅俘获了2000名左右的俘虏，可能这一数字并未包括被俘后遭到屠杀的士兵。

在那之后，虽然忽必烈在盛怒之下仍然希望再对日本发动第三次进攻，甚至下令江南重建舰队，但各地的起义使准备工作不断拖延了下去，到1291年忽必烈去世后，蒙古人统一整个东亚的野心也随之破灭了。

到此时为止，日本与亚洲大陆之间的第一次决斗落下帷幕。若专以战争而论，双方在战争中采取的战术都不高明。蒙古人在1281年两次对博多发动进攻，但直到在石墙面前头破血流之后才想到利用制海权对石墙左翼进行迂回，时间上的延误最终使舰队成为台风牺牲品。日本武士虽然精于个人决斗技巧，但却根本不足以弥补战术和秩序的缺乏。武士们第一次见识到了军队在经过统一训练后所能发挥出的巨大威力。自此之后，日本人才逐渐认清步兵和冲击力以及火器的重要性，到二百年后战国时代开始时，终于发展出了具有相当组织性的步兵部队，骑兵也开始以冲击力，而非火力作为主要作战手段。

不过与此同时，双方却在行政方面均有着卓越的表现，蒙古能够完全利用舰队将多达 10 万人的部队运过大海，其所花费的成本和行政组织的复杂性几乎是公元前 480 年薛西斯动员 30 万人远征希腊后再未曾出现过的。作为一个经济以及农业相对落后的国家，日本在博多海岸供养万余名武士和大批足轻，也必然是十分困难的。

对镰仓幕府而言，击败蒙古却并没有给它带来任何好处。与此相反，幕府却陷入了自建立以来最大的危机。在战斗结束之后，幕府必须对武士们进行合理的封赏，但神官和僧侣们却声称蒙古舰队因神风而灭亡是自己的功劳，武士只能位居其次。此外，佛教与神道教之间也发生了冲突，佛教信徒认定是八幡菩萨掀起了神风，神道教神官则声称是天照大神掀起了神风。幕府被夹在三方之间，而日本的庄园早在幕府建立后便被瓜分一空，可以用来封赏各方的土地很少，根本无法满足各方要求。而且在 1281 年战役结束后，镰仓仍然担心蒙古人会再次发动入侵，因此命令全国，尤其是九州的御家人必须轮番前往博多驻防，并负担一部分徭役来整修当地防御工事，使原本便因幕府无法给自己合理封赏而不满的武士们愈发愤怒，而寺院、神社却借神风之名复兴了声望，再加上皇室希望借幕府权威削弱之际恢复权力，导致了镰仓幕府的灭亡。镰仓的大门虽然并没有被蒙古人敲开，但砸在门上的重锤，终于还是带着整个幕府一起倒塌了。

不过对整个日本而言，1274 年和 1281 年两战无异于萨拉米斯海战和普拉蒂亚会战之于希腊。若蒙古军队成功征服日本，那么日本便将被纳入到亚洲大陆式的中央集权统治中，日本皇室有可能遭到毁灭，正在萌生的地方大名阶级也将被蒙古人彻底消灭。即使数十年或百余年后日本能够重新获得独立，其文化和政治体系届时也肯定已经再一次大陆化了。公家与武家分立的二元政治将不复存在，足利尊氏、楠木正成、织田信长、德川家康等人也将不为人所知。1281 年的最终胜利虽然是台风带给日本人的，但却也使大陆此后再也没有对进攻日本提起兴趣，保证了日本未来数百年内的历史和文化发展不受大陆影响。作为日本本土所受到的第一次入侵，直到 1853 年黑船来航事件前，日本也再没有受到外敌威胁。

一支像蒙古人那样强大的舰队，却在博多外海自行毁灭，这使日本人开始坚信自己的土地是有着神的保佑，而在这片土地上所居住的所有人，都是这些神祇的后代和子民。自此时起，民族国家的概念开始萌生于日本人心中，虽然日本在之后数个世纪中战乱不断，17 世纪至 19 世纪末又经历了 250 年的诸侯割据时期，不过其在明治维新时所爆发出的民族凝聚力却无疑是在这两场大战中铺下了第一块奠基石。昔日互相争斗的武士第一次为了同样的目的站在统一战线上抗击外国入侵，而上至天皇下至百姓的全体日本人也不停为战胜祈祷。随着与蒙古的战斗，日本彻底退出了以中国为中心的东亚大陆政治圈，并转而开始敌视大陆。尽管这一情况在室町幕府时期曾有所回潮，但其大势却无法逆转。

大事记三

从镰仓幕府的瓦解到战国时代的开始

日本虽然成功抗击了元军的攻势，但自建立之日起便内乱不断的幕府又迎来了新的危机。武士、寺院、神社没有哪一方满足于幕府所给予他们的封赏，而北条时宗也借着战争胜利的契机继续蚕食着幕府的一切权力。北条氏的直系家臣御内人成为决定性政治力量之一，使得大量普通御家人愈发不满。1284年十一月，新执权北条贞时的岳父安达泰盛便与御内人代表平赖纲发生了武装冲突，最终安达泰盛一门遭到铲除。不过平赖纲的势力却也没有长久，很快便在1293年被北条贞时本人下令灭门。

到1318年，皇室中又出现了一位以31岁壮年登基的后醍醐天皇，并终于在1324年发动了武装倒幕行动，但很快即被幕府剿平，后醍醐天皇被废，幕府另立其子为光严天皇。不过到了1332年，后醍醐天皇的另一位儿子护良亲王和一位恶党出身的武士首领楠木正成在近畿地区再次掀起倒幕行动。后醍醐也从流放地逃到了山阴道的出云国，大量招募自镰仓幕府建立以来便被排除在核心政治圈以外的西国武士。1333年四月，清和源

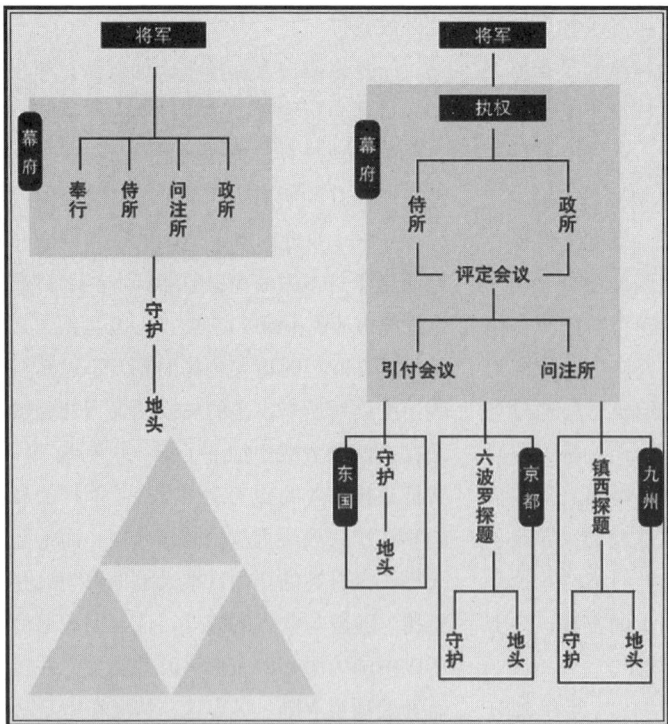

◎ 镰仓幕府前期（左）和后期（右）的政治体系

氏后裔足利高氏突然在受命讨伐后醍醐时背叛幕府，另一位幕府军将领新田义贞也在五月八日宣布反对幕府，并开始直接向镰仓进军，半个月后便攻陷镰仓，迫使执权北条高时自杀，为镰仓幕府的统治画上了句号。六月四日，后醍醐天皇在楠木正成的7000人沿路拜诘下重返京都，足利高氏受天皇赐予"尊"字而改名足利尊氏，光严天皇则被后醍醐下诏废除。

　　到了此时，后醍醐天皇似乎已经站在了恢复皇权统治的门槛上，但武士们对于皇权统治的厌恶却阻止着这一目的的达成。1335年七月，北条高时之子北条时行重新回到镰仓，斩杀了征夷大将军护良亲王。足利尊氏借用这一机会进入镰仓，很快便将北条氏击败，而他本人则取代北条氏成为武士领袖。

　　当年年底，后醍醐天皇拒绝了足利尊

氏重建幕府的要求，并命令新田义贞进攻镰仓。但武士们，尤其是关东地区的武士们却并不愿意看到皇权复辟，因而纷纷加入了足利尊氏一方，使后者很快便击溃了天皇军，并在1335年十二月十一日攻入京都，但却很快又被尊皇派赶出了京都，不得不一路逃到了九州，去寻求那里的源氏后裔保护。

　　不过到了1336年的五月，足利又重新进入了近畿，并在五月廿五日的凑川会战中击败楠木正成。足利尊氏回到京都，拥立丰仁亲王为光明天皇。不过直到当年十一月，后醍醐天皇才被迫退位。后者很快逃亡到奈良附近的吉野，建立了与京都朝廷对立的南部朝廷。京都朝廷和吉野朝廷之间的战争——也就是所谓的日本南北朝战争，一直持续了半个多世纪才告结束。

　　然而战争时间被拖得如此之长却并

◎ 凑川合战（之一）

◎ 凑川合战（之二）

不能证明后醍醐天皇试图建立集公卿与武士于一体的政治体系的可能性。武士们从来都不希望恢复皇室统治，一个由武士领导的日本才是保证自己利益的最好选择。1338年，后醍醐天皇本人去世。到了1343年，南部朝廷只剩下吉野附近的一小片地区以及陆奥和九州的少量土地。而在这一年，足利尊氏终于被北朝封为征夷大将军，并于同年十一月在京都的室町建立了幕府。

对于在战争之中建立的室町幕府而言，足利尊氏的政治体系存在着一个致命弱点。与源赖朝将所有武士都纳为自己的家臣不同，足利尊氏事实上只是各地武士的盟主，久久不能熄灭的战火又使将军无法削弱地方武士或守护的权力。因此几乎是从建立之日起，室町幕府对各地的影响力便远不如镰仓幕府，导致日本在整个14世纪至16世纪之间战乱不断。

更糟糕的是，室町幕府内部也发生了严重的分裂。在建立初期，虽然足利尊氏名为征夷大将军，但事实上弟弟足利直义也拥有着巨大的权力，二者之间的冲突甚至导致足利尊氏一度转投南朝以获得攻击直义的借口，击败直义后才回到北朝，并最终在1352年二月毒杀了直义。

1358年，足利尊氏也因病去世了，足利义诠成为新的将军，4年后任命足利一族的斯波义将为执事，事实上就是执权一职的翻版。不过这一任命却遭到了权力逐渐膨胀的守护们强烈反对，义诠只好收回成命。到第三代将军足利义满继任时，执事又变成了管领，担任这个职务的细川赖之却还是因守护们对幕府施加压力而被流放。

管领一职虽然依旧存在，但根本没有任何权力。

不过足利义满却是一位有着巨大决心的将军。细川赖之被流放后，义满开始了此前仅有源赖朝和足利尊氏实行过的将军亲政统治。到1392年，南北朝终于统一，战争的结束也使足利义满终于得以着手削弱守护的权力。其手段则是将管领制度一直扩展到全国各地，在关东、陆奥、九州等地分别设置管领，并给予管领制约守护的权力。在此期间，细川赖之重新成为幕府管领。到拥有多达11国守护头衔的山名氏发生内讧之时，足利义满巧妙地施展手腕削弱了山名氏，最终使其领国减少到了3个。在此之后，九州、关东等地的守护暴乱也终于逐渐平息了下来。

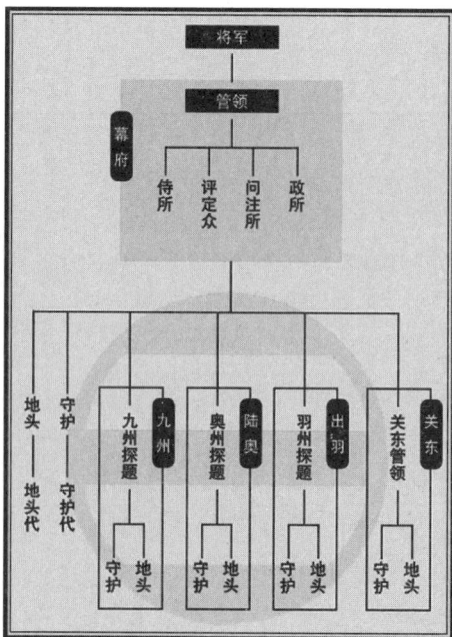

◎ 室町幕府的政治体系

◎ 出家后的足利义满

1394 年，足利义满被朝廷任命为太政大臣，同年十二月将将军职务让给了儿子足利义持，翌年又辞去了太政大臣，剃度出家。不过他并没有退出政治舞台，反而采取了与法皇相同的装束，凌驾于幕府和朝廷之上，甚至还在 1397 年接受了明朝册封的日本国王尊号。他的所作所为已经脱离了武士范畴，试图采取另立朝廷，以明朝属国之主，而非武士领袖的身份来统治全国。其原因也是显而易见的，即使到了此时，幕府本身在法理上也只能对武家进行统治，只有跳出这一模式，足利义满才能将公家和朝廷也完全掌握在手中。

1408 年，足利义满死后，足利义持无力将幕府的直接统治维持下去。到 20 年后，守护的势力甚至已经扩大到了足以影响将军继承人选的地步。而随着权力的扩大，守护也开始被称为大名，即拥有大片土地的领主。到了此时，守护已经不再是镰仓时代的地方军政官员，而成为真正的一方诸侯了，甚至连管领们自己也成了大名。

到足利义持死后，室町幕府又因断嗣再次爆发大规模动乱。最终由神社抽签选出的新将军足利义教和主持关东政务的镰仓公方足利持氏之间的战争一直持续到了1439 年才以后者自杀宣告结束。不久之后，足利义教又被刺杀，紧接着守护们拥立足利冬氏为将军，与幕府拥立的足利义胜发生战斗。最终足利冬氏族也在山名氏、细川氏等大名攻打下失败自杀。在这场战争之中，将军的权力已经丧失到了如此的地步，以至于在这些战争中，幕府已经无力先将失败者的土地收回后再封赏给家臣，只能任由胜利一方的大名自由占领失败者的土地。

1464 年十二月，无嗣的将军足利义政将弟弟足利义寻收作养子，并将其交给细川胜元辅佐。但不久之后，义政的夫人为其生下了足利义尚，义政取消了原先的成命，改立足利义尚为继承人。由于担心实力雄厚的细川家从中作梗，他又命令另一位大名山名宗全保护足利义尚。这最终在1467 年引发了应仁之乱，以细川氏为首的

◎ 应仁之乱

东部大名和以山名氏、大内氏为首的西部大名在京都爆发了长达11年的混战，双方各自拥立足利义寻和足利义政，如同南北朝时的两个朝廷一样分裂成了两个幕府。直到细川胜元和山明宗全双双去世后，双方才在1474年签订和约，统一由足利义尚担任将军。

不过到了此时，各地大名们对幕府权力的更迭也已不再关心了。将军对地方统治已经有名无实，幕府权力斗争无论如何激烈，其实际意义也仅限于近畿内部。1491年，骏河守护今川氏麾下的伊势宗瑞突然袭击了伊豆地区，迫使当地的幕府公方足利茶茶丸自杀，日本的战国时代正式拉开了帷幕。各大名之间开始互相攻打，原先由幕府任命的守护大名以及在暴乱和纠纷中自立的新兴战国大名把领地内的武士收为家臣，幕府和皇室一样被完全架空了。与此同时，各地被称为"一揆"的农民暴动又加重了这些混乱。到16世纪30年代，幕府甚至连近畿地区也已经控制不住了。幕府或者皇室的命令，已经完全沦为大名们玩弄权术的工具。

自从击败蒙古远征以来，日本的战场秩序也发生了变化。在那之前，武士是依靠骑射来射杀特定目标的，足轻的作用只是为其提供一定掩护。日本人在博多海滩上见识了蒙古步兵弓箭齐射的威力后，很快便学会了这一战术。不过这一工作并不由武士担任，而是被交给了数量庞大的足轻，使后者也成为战场上重要的一员。1348年高师直指挥部队向南朝发动进攻时，佐佐木道誉率领的2000名战斗人员中便拥有800名足轻弓箭手。大部分骑马武士则开始学习蒙古重骑兵使用的冲击战术，使用长枪等白刃武器以相对密集的队列向对方发动冲锋。对于此时军队秩序仍然比较差的步兵而言，这种冲锋往往是致命的。

不过到15世纪末为止，虽然足轻在战场上已经不再是完全的鼠辈，但大名及其家臣招募他们的方式却与先前没有什么两样。只有战争爆发时才会从农民之间招募足轻，战争结束后足轻便会自行散去，而除了弓箭以外，足轻们的武器依然要自行解决。直到日本进入16世纪之后，随着军队规模的扩大，冲击性战术越来越多地起

◎ 《川中岛合战屏风图》局部，虽然绝大部分日本合战屏风图都存在着过于夸张或过于简略的问题，但从这些屏风图中也可以看到此时日本军队在战场上已经拥有了极高度的组织和纪律

到决定性作用，以及火绳枪等新式武器的引入，军队的组织结构和招募方式才发生了根本性变化。

由于冲击性战术要求无论是进攻一方还是防守一方都要拥有更好的秩序，这就使大名们必须更长时间地将一部分足轻们留在自己身边进行训练，以便他们适应更为紧密的队形和更为复杂的战术，这也导致一些大名手中出现了小规模的常备足轻部队。失去土地的浪人、农民以及大领主手中的富余劳动力则为这些小规模常备部队提供了兵源。此外，即使是战时才从农民中大规模动员起来的足轻们，其手中的武器种类也不再像原先那样只是杂乱的农具或简易兵器，而是开始使用相对统一的武器，一些实力较强的大名甚至还会为他们配发统一的武器和盔甲，使足轻可以按照所使用武器的不同类型分别进行组织和

训练。这样一来，虽然大名仍会要求自己的武士家臣提供相应数量的足轻，但招募这些足轻的武士本人却不再亲自率领足轻作战了，取而代之的是将足轻交给专门的指挥官指挥。在经过训练之后，利用统一战术作战的足轻在战场上甚至能够比武士部队更具威力，再加上其庞大的数量，使日本的战场终于开始被足轻统治。

因各大名之间的领地、财力不同，足轻部队的结构也有着很大差别。以甲斐国的武田氏为例，按照《甲阳军鉴》记载，武田信玄时期的武田军中每30名足轻设置一名足轻小头，由足轻中挑选出的能力较强者担任。而一名职位更高的足轻组头则指挥五名小头，其单位被称为“组”，组头通常由武士担任。在通常情况下，一名足轻小头和足轻组头所指挥的部队会采用单一武器，以便在战场上统一行动，但某些

◎ 战国时代的铁炮足轻

情况下也会出现弓箭和火绳枪混编的情况。此外在组头之上，还会拥有直接听命于大名或部队指挥官侍大将的足轻大将，这些人通常由中等武士担任，分别指挥数个组。

在战国时期，对战场秩序产生了最大影响的无疑便是铁炮，即火绳枪的引进。自1543年一艘葡萄牙落难船只将铁炮带到了萨摩之后，当地的大名岛津氏立刻认清了其具有的巨大威力，并开始大规模仿制这种武器，第二年就将其投入到了战场之上。在此之后，铁炮开始被日本各地大名普遍采用。这些武器被统一配发给足轻，逐渐取代了长弓在投射武器中的地位。

通常情况下普通足轻使用的铁炮最大射程可以达到200米至400米，但实际有效射程则在50米至80米以内。在这一距离内，铁炮发射的弹丸可以击穿1毫米厚的钢板，而战国早期武士们穿戴的盔甲"具足"通常使用0.8毫米钢板制造，很容易被火绳枪击穿。这同时也意味着，即使是一位身无分文的足轻、农民，当他得到一支铁炮之后，也可以击毙身着厚重盔甲的武士甚至大名。这不仅加强了足轻在战场上的主力地位，而且也提高了他们的社会地位，不过火器在日本并没有像在西方那样带来民主的萌芽，而是使足轻在后来的德川江户幕府时代被列为正式的低级武士。

由于有着巨大的威力，铁炮的装备数量也自然呈现出快速增长的趋势。在1575年的长篠会战中，即使是整个日本最重视火器的大名之一，织田信长的3万人中也只有3500名铁炮足轻。但到了1592年丰臣秀吉入侵朝鲜时，岛津义弘率领的一万人中便拥有1500支铁炮，装备比例提高了将近30%（在丰臣氏和后来江户时代的军队中这个比例还要更高很多）。随着装备数量的增加以及运用经验的积累，在一部分大名的军队中也发展出了齐射战术。织田信长更是首先推行了小规模的三排横队，利用三排枪手轮流齐射的方式来弥补铁炮装填速度较慢的缺陷。要知道，这一战术在欧洲直到18世纪才会出现，在那之前，欧洲平原上仍然盛行着纵深在6至10排以上的长矛/火绳枪混合方阵，并不容易发扬火力。曾有部分学者认为日本人不可能先于欧洲发明三排横队之前两个世纪便创造出这一战术，并列举了腓特烈大帝对线形战术的使用作为例证。但他们的眼光或许过于狭隘了。早在希腊和罗马的时代，所有的步兵战术就都已被尽数发明，只不过士兵们手中的长矛、短剑、弓弩逐渐为火枪和此刀所取代，阵型的厚度也在不断变化而已。三排横队射击这种小战术层面的技艺，与罗马人在大战术方面的三线战术在意义上并无不同。腓特烈的斜形序列，不过是对伊巴密浓达发明的斜形序列的完善，而拿破仑的纵队进攻，也早在色诺芬的万人大撤退过程中便已出现。若认为日本人不可能在欧洲人之前应用三排横队，恐其算是对于战争艺术的发展所知甚少。

不过与此同时，铁炮也存在着很多十分不便的缺陷。火绳枪在射击前必须先点燃一根燃烧缓慢的导火索（即火绳），并将其固定在火门上方，在射手扣动扳机后，火绳便会插入到火门以内，点燃枪管中的火药。为避免过早击发，火门在扣动扳机

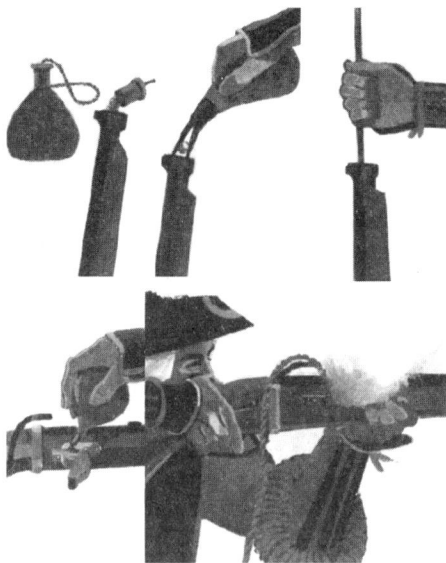

◎ 使用火绳枪射击时所需的几个主要步骤，分别为装药、装弹、捣实火药和弹丸、在火门撒上火药、射击

前会由铜盖盖住。整个装填过程十分复杂，即使是最优秀的射手，在战场环境下一分钟也仅能进行两至三次射击，而随着火药残渣在枪管内的积累，射击速度还会进一步下降到每分钟一发左右。由于此时刺刀还没有被发明出来，这些足轻至多配有一至两柄佩刀，铁炮足轻在面临对方长矛部队或骑兵的直接冲锋时也是十分脆弱的，铁炮缓慢的射速也加重了这一问题。因此射手附近必须由射速更快的弓箭手或者长矛兵提供保护，以免对方利用快速的冲锋击溃铁炮足轻。除此以外，进行齐射也要求足轻具有绝对的纪律性。如果射击发生混乱，其威力就会大幅下降，这就要求足轻所需的训练时间更加延长。再加上火绳本身是需要点火的，导致铁炮在雨天中完

全无法使用，各大名虽然曾费尽心思来试图解决这一问题，但收效依旧不大。

也正因为这些原因，传统弓箭虽然在火绳枪被引入日本后便急速衰落，但却仍在日本军队中保有一席之地。这些弓箭的射速更快，而且在任何环境下都可以使用，因此往往被部署在几个铁炮组之间，为铁炮部队提供掩护。一支部队中会有专门的仆役人员来为弓箭手提供备用箭支，其使用的箭筒通常可装载 100 支羽箭。不过自铁炮引进后，弓箭手的数量就变得越来越少了，到 16 世纪末时，其地位已经完全沦为了铁炮部队的辅助掩护力量。

作为步兵部队的核心，使用长枪或长矛的足轻在一支军队中所占比例是相当大的，有时甚至能够达到 70% 以上。早期足轻使用的长矛相对较短，通常不足 3 米，而战斗方式也更接近于个人性决斗。但从1530 年开始，足轻使用的长矛在长度上逐渐增加到 4 米以上，而各地大名也开始组建与欧洲类似的长矛方阵，但纵深并不像欧洲一样多达 8 排甚至 16 排，通常只有 3至 5 排，只有织田信长似乎曾在姊川会战中使用过多达 13 排的纵深。之所以会如此，是因为日本的长矛足轻并没有装备盾牌，无法像希腊人那样挤推对手，只能单纯依靠长矛刺杀，因此他们无法依靠大纵深所形成的势能来直接冲破对手，其纵深自然也以前后所有士兵都能将长矛伸到最前一排士兵的前方为限。另外，由于日本地形狭窄，他们也从不会组成数量多达千人甚至万人的大方阵，而只会以"组"为单位，将长矛足轻分开部署在阵线之中。在战场

◎ 以足轻组成的长矛方阵。虽然在战国时期日本很多大名都拥有了长矛方阵，但由于日本山地较多，因此规模并不像欧洲方阵那样巨大

上，长矛方阵在白刃战中有着绝对的优势，只要能够保持正面完整，其如同刺猬一般的正面便有着极强冲击力，只有依靠火力或另一个方阵才能在正面将其击败。

不过在日本，长矛方阵却面临了十分尴尬的地位。在早年足轻素质较低时，组建大规模长矛方阵在训练和兵员素质方面是不可能的。而当这两方面的缺点都得到弥补之后，铁炮的引进却又使抛射兵器的重要性再次提升，队形密集的方阵对于铁炮而言无疑是十分容易击碎的目标，而盾牌的缺乏也使其更容易被火力所伤。到了战国后期，一个长矛方阵若无弓箭或铁炮掩护，那简直是完全无法战斗了。

可是以此时铁炮的可靠性而言，一支部队若装备了太多铁炮，其局限也会变得无法克服，而这就使投射部队和长矛部队的混编变得普遍起来。与西班牙方阵那种将火绳枪兵部署在长矛兵四周的方式不同，这火力部队在日本的战场上要更为独立，通常是以组为单位采用与罗马军团早期阵型相似的方式交错部署在长矛部队前方，

当对方接近时，铁炮组便会从长矛组之间的空隙中后退到长矛兵保护之下。这种布置方法虽然在冲击力上要比完整的方阵有所差距，但在阵型的弹性上却要算是最好的，对于日本崎岖不平的地形也完全可以适宜。有时使用投射武器的足轻也会被部署在长矛兵的两翼，中央的部队仍会组成一个完整的方阵。

与武士相比，足轻的盔甲要简易许多，即使是由大名统一为他们配发的盔甲，通常也仅包括"阵笠""胴"和"草摺"。顾名思义，所谓阵笠便是一种形似斗笠的简易头盔，胴是一种简单的胸甲，草摺则是能够为腰部和大腿上部提供简单保护的战裙。这些盔甲上通常都会饰有所属武士的家纹。一部分足轻和低级武士背后还会背负着武士的"指物"，即识别旗帜。通常情况下旗帜上饰有所属侍大将的家纹或其他标志，因此在战场上各部队所属情况一目了然，而不至于出现混乱或自相残杀的情况。此外，武士高级将领在战场上还会拥有指示自己所在位置的马印，其形状虽

然各有不同，但均十分高大华丽，通常需要数名足轻共同背负。

与足轻的情况类似，在战国时期，除担任组头、大将或更高级别指挥官的中高级武士以外，一些低级武士们也开始被编为统一的部队进行作战。在这些不担任指挥角色的武士之中，能够负担马匹的武士们成为军队中的骑兵，无法负担马匹的则成为步兵。不过值得一提的是，由于日本马体型较小，奔跑速度也比较慢，因此冲击力并不像欧洲骑兵那样可怕。如果战况有所要求，骑马武士们也会下马步行战斗，另外，由于骑兵的缺乏，虽然日本大名总会拥有大量的密探、间谍，但在战场上却始终缺乏有效的侦察手段。

武士所属的基本单位同样为组，但人数要小于足轻组，通常仅有 10 人至 100 人左右，组头之上设有与足轻大将类似的指挥官。然而，即使武士们被编成了统一的作战部队，他们也并不会像足轻一样紧密协同作战，步行武士们仍会如蜂群一般猎杀对方身份地位较高的武士。因此在足轻手中的长矛长度越来越长同时，武士却仍在使用长度较短，更便于进行个人性打斗的长枪。虽然步行武士在装备和盔甲方面无疑要算是重步兵，但作战方式却是轻步兵式的。相反，足轻虽然在盔甲方面要算是轻步兵，但战斗方式却更接近重步兵。不过也正因为武士们即使解散行列也依然拥有较强的战斗力，因此在追击敌军时往往能够起到决定性作用，而一旦解散行列便难以战斗的足轻在这一方面并不擅长。

日本武士使用的长枪与欧洲骑士所用的长矛完全不同，其前端并非一个简单的尖锥，而是一种双刃枪头，制造成本要远高于欧洲长矛。同时，长枪的使用方法也不相同，除刺击以外，还可以砍杀对方。

除长枪以外，日本所有武士依然会在腰间佩戴赫赫有名的武士刀作为武士身份的象征。不过由于武士刀刃部较薄，很难对身着甲胄的敌人造成太大伤害，而是更适合用来攻击人体的血肉（值得一提的是，日本古剑术训练的精髓便是如何在搏斗中抓住对方甲胄的缝隙，将武士刀刺入其中），因此在战场上很少成为首选武器，往往只作为自卫或备用武器使用。

在手中武器从弓箭演变成长枪的同时，武士身上所穿着的盔甲也在发生着变化。到了战国时代，随着白刃战逐渐增多以及火绳枪的引进，武士身上的盔甲也发展成了更轻便的具足。由于大铠是为骑射手设计的，因此重量较大，不便于步行作战或者近身搏斗。相比之下，具足更为轻便，而且重量分配也更加合理，能够让武士以全身躯干承受铠甲重量，而不是像大铠一样仅依靠肩膀承重，使武士可以更为灵活地行动，同时对手臂、大腿等部位的保护也更加完善。早期具足在制造工艺方面与大铠类似，但将通常以小片皮革或者金属制成的小札简化成大片皮革或金属制的板札，再由皮革织带串联而成。在火绳枪被引进日本后，为更好地抵御这种火器发射的弹丸，具足的躯干部分被逐渐改为跳弹概率更大的整块钢板制造，工艺类似于欧洲的胸甲。不过为保持甲胄足够灵活，肩膀（"袖"）、大腿（"佩楯"）等活动部位依旧为日式多片结构。高级武士或将领通常都会在头盔上装饰上自己的家纹或鹿角、牛角等其他饰物，很多武士还会在作战时佩戴金属制的恐怖面具，将自己的血肉之躯完全覆盖在盔甲之下。

除上述这些战斗人员以外，当时日本军队中还有着"奉行"这样一个由高级武士担当的重要角色。根据具体职责的不同，奉行也分门别

◎ 一名手持长枪的日本武士，这名武士还在腰间佩戴着武士刀，肩膀上则披有防雨用的蓑衣。其身穿的具足仍然采用了"板扎"的形式制造，而非后来常见的整块钢板

类，其中"战奉行"作为军队的副帅，在统帅位于部队后方时负责一线战斗指挥。枪奉行、铁炮奉行则相当于各兵种的总监，负责统筹相关足轻的装备、训练以及补给问题。军目付是与奉行地位相当，但职责不同的另一种官职，即军监。这些人负责向上级汇报所在部队战斗是否英勇，上报的功绩是否真实，并监视部队指挥官是否存在异常举动。除此以外，由于当时日本军队中仍然是以一名武士在战斗中斩杀的敌军头颅数目以及斩杀对象的重要性来评估武士的功绩，因此军目付还负责在会战结束后清点士兵带回来申报功绩的敌军头颅，辨认士兵斩杀对手的身份或地位。

与得到了广泛应用的火绳枪相反，火炮在日本军队中使用范围却非常小。虽然自铁炮进入日本后，一些大名便制造了少量放大版的火绳枪，使其具备了轻型火炮的威力（有记录指出织田信长曾在 1575 年的长筱会战中使用过这种武器），但真正意义上的火炮却几乎从未在陆战中得到过实际应用。16 世纪末之前，火炮只有在一些围攻战中才少量使用。织田信长也只有在建造大型安宅船时才为每舰配备了三门火炮。火炮无法得到大规模应用除因成本较高以外，很可能也在于当时日本缺乏合适的炮架，无法灵活快速搬运，不少火炮甚至需要直接将炮身安置在用沙袋或石块临时搭起的炮台上发射。如果将其配属给部队，后者的机动性就会受到影响，再加上日本军队中几乎从未组建过专门的攻城纵列，

火炮的发展便被搁置了。

在野战军队发生了革命性变化的同时，日本的城堡也进入了全新时代。从平安时代到室町时代早期，日本城堡事实上只是利用山脉地形建造在山顶，用于控制谷地或交通线的木制设防据点。其规模往往很小，无法容纳太多军队。在战国时代开始后，随着大名之间攻伐频繁，对城堡的需求量也随之提升，很多战略要点甚至战术要点都建起了大大小小的城堡，建造位置也不再局限于山地。其中一些重要城堡的规模十分巨大，拥有数道高大的石墙，城内的道路也十分曲折，而且墙上设置的射击孔可以让弓箭手或火绳枪手充分发扬火力。1567 年，松永久秀首先在自己的多闻山城中建造了天守阁。这一高大的建筑位于城堡中央，可以俯瞰整个城堡及其周围地区，在战时是全城的指挥中心，此后很多大型城堡也纷纷建起了天守阁。最大的城堡有时能够容纳数万人生活，而大名们也会居住在这些城堡之中。

城堡大行其道使围攻战成为战国战争十分重要的部分，夺取一座重要城堡便等于夺取了附近整片地区，大名之间时常会为此进行数年的拉锯战。在另一些情况下，如果不能夺取特定的城堡，交通线便无法得到确保。作为围攻战的进攻一方，有时也会在目标城堡附近高地上建起对垒城堡。不过日本军队在攻城武器方面却没有得到太多发展，抛石机几乎从未出现过，火炮数量也十分稀少。即使守军只有少量部队，强攻大型城堡通常也还是会付出巨大伤亡，导致进攻者往往只能选择进行长时间围困，由饥饿来迫使对方投降。

作为上述军事改革的基础，战国时期的日本兵役制度也从原先的自发性向制度性进行转变。在此之前，武士在接到动员令后除御家人本人必须前去报到以外，随行郎党以及足轻数量便完全由武士自己的荣誉心和名利心来决定了。到了战国时代，诸大名开始以武士的封地或俸禄为标准做出规定，家臣们必须在战时按照规定为大名提供相应数量的骑马武士、步行武士、足轻以及仆役人员，大名自己也会从直辖地中征募军队。

到战国时期开始时，从平安时代一直沿用的庄园制基本已经解体了，很多武士也成为没有封地的职业士兵。大名们纷纷开始以新标准来衡量自己和属下家臣的领地粮食产量，并由此诞生出了石高制和贯高制两种俸禄制度，以此作为基础确定家臣武士所需负担的兵役人数，封地面积越大或俸禄越高的武士所需向大名提供的兵力自然就要更多。其中前者是直接以土地粮食产量为标准衡量封地经济情况，从理论上讲，当时日本的一石米相当于现在的 17 至 20 公斤大米。通常情况下，大名会按照每 100 石提供两至三名足轻为标准向武士下达动员令，不过这一数字也会根据大名所面临的战斗规模而上下浮动。在另一些大名的领地中，如占据着关东大片土地的后北条氏（与镰仓时期的北条氏并非同族）则采用了将土地粮食产量换算为金钱的方式，其单位为"贯文"或"贯"。在后北条氏中，大约每七、八贯需负担一人。

随着农业生产水平和人口基数的增长，

战国时期的军队规模也要比以往更大。但必须注意的是，由于仆役人员的征募也被算作兵役动员范畴之内，因此在统计人数时也会将非战斗人员计算在内，而这些仆役人员数量有时甚至要比战斗人员更多。日本在 1592 年入侵朝鲜时总共投入了 16 万人，但其中真正的战斗人员却只有 6 万人左右，其余均为劳工、苦役等仆从人员。以五岛纯玄为这次远征所征募的部队为例，其部队中拥有 11 名骑马武士、40 名步行武士、11 名幕僚人员、38 名随从、120 名足轻以及 280 名仆役。总计 500 人中仅有 220 名战斗人员，非战斗人员却达到了 280 人之多。

◎《尾州桶狭间合战之图》

在这些变革得到普及之后，日本的军队虽然在招募方式上仍然是封建式的，但组织结构方面已经颇具近代化雏形了。与镰仓时代的制度相比，一位指挥官现在所要直接指挥的不再是数量庞大且规模参差不齐的御家人队伍，而只要对次级指挥官下令即可。指挥结构上的系统和简化，再

加上士兵纪律性的提高，使一支部队可以遂行更为复杂的战术机动，纪律也更为严格，而不会再像蒙古入侵之前的军队那样在战场上各自为战。

在一些领地较大的大名中，大名会将不同地区动员而来的部队编组为"众""备"或者"队"，其指挥官被称为侍大将，人

数通常在 500 至 1000 人之间，包含有骑马武士、步行武士以及足轻等部队，拥有应付小规模作战的能力。另外由于大名本人无法直接统辖所有领地，因此会任命地位最高的家臣为掌握一座城堡及其周边地区的城主，或掌握多座城堡甚至整国土地的国主。其中一些人可以在领地上直接组建出足以独立作战的部队，并单独进行某一方面作战。即使在接受大名指挥作战时，这些部队通常也会保持独立的指挥体系，作为一个整体编制行动。大名亲自指挥的直辖部队则被称为"旗本"，通常会被作为预备队或近卫军使用，其中的足轻大将直接听命于大名本人。在大名直辖领地可动员兵力较多的情况下，大名会将从直辖领地上招募来的部队也交给家臣指挥，自己只留下其中一部分作为旗本。有时甚至连旗本也会交给一位家臣代理指挥（相当于近卫军或预备队指挥官）。

到 16 世纪中期时，幕府虽然在名义上依然存在，但实力却下降到了连一方小大名都不如的地步了，反而是有着征夷大将军任命权的皇室重新得到了大名们的重视，而京都又是整个日本最为重要的交通枢纽，因而争夺京都也成为各大名最重要的军事、政治目标。在全新的动员体系支持下，日本已经彻底演变成了诸侯割据的局面。九州南部守护大名岛津氏掌握着萨摩，逐渐收复了原先在镰仓和室町时代曾属于他们的大隅国和日向国，并以此为基础开始向北部扩张，而其面对的敌人则是九州东北的大友氏和西北的龙造寺氏；中国地区的守护大名大内氏被毛利氏取代，而且后者

的势力还在向东不断蚕食尼子氏等大名；东海地区则有着庞大的今川氏和武田氏，挡在他们进京道路上的则是尾张织田氏和美浓斋藤氏；北陆的加贺国几乎已经成为一揆起义的天下，若非越前朝仓氏阻挡，其势头甚至可能伸入近畿；在加贺国以东的越中和越后两国则是长尾景虎（即上杉谦信）的领地，而他也在不停地试图将势力延伸至东海和关东，并与武田氏、后北条氏多次爆发激战；更远的关东地区被后

北条氏占据了大半，而东北地区的伊达氏刚刚开始踏上雄踞陆奥之路；在近畿内部，名义上是细川氏家臣的三好氏是势力最强的大名，四国东北部也属于他们，后来在15世纪80年代初统一四国的长宗我部氏此时只是一个南部小大名。

在1560年之前，几乎没有人能预料到，自1551年继任织田家督，因幼年时期常与农家孩童一起玩耍而被戏称为"尾张大傻瓜"的织田信长会成为后来日本再次统一的奠基者。1560年五月十二日，骏河国守护大名今川义元率领着27000人试图沿东海道进入京都，其首先要跨过的障碍便是织田信长所在的清州城。当此之时，织田氏所掌握的仅有尾张西部半国，实力远不及手握三河、远江、骏河三国的今川氏，可动员兵力也仅有5000人左右。不过在十九日黎明，今川义元却突然在桶狭间隘口遭到织田信长不到2000人的奇袭，其本人遭到斩杀。失去主帅的今川军也只能向骏河撤退。

◎ 川中岛会战虽然在武士历史上已经成为传奇，但事实上却是武田信玄、上杉谦信两位大名缺乏远见的消耗战。这两位实力最强大名延绵不断地争雄，最终却使织田信长成为胜利者

在这场一之谷会战以来最为精彩的突袭表演落幕之后，一度雄霸东海的今川氏开始衰落，信长则逐渐步入舞台中央。从今川氏手中夺得尾张中南部并统一尾张后，信长又攻入三河，在 1562 年与那里的大名松平元康订立同盟（后者随即更名为德川家康），此后便由后者负责掩护织田氏的东南侧翼。

由于一位低级将领木下藤吉郎（即后来的丰臣秀吉）的出色表现，织田信长在 1566 年吞并了尾张以北的美浓国。织田信长进入稻叶山城后将其更名为岐阜城，并将自己的居城也移到了此处。对美浓的占领使信长领地扩大了一倍，可动员兵力也随之增加了一倍。1567 年十一月，织田信长颁布了自己新的印章，其内容为马蹄形的"天下布武"四字，向世人宣告他试图以武力统一日本的野望，这使他从一位地方大名成为全国性的争霸者。

到了此时，战国时代也走向了一个新的阶段。在此之前，大名之间的战争几乎已经彻底演变成了专为荣誉或为一城一地进行反复争夺的无休止搏斗。而信长却像将鸡蛋装入篮子中再一起摔碎一样，终于将所有战事统一成为一场最终征服整个日本的终极决斗。与其他那些以某城、某河或者某国为心理疆界的大名不同，在这位征服者心中，除了大海以外便再无其他疆界了。而这就驱使着他以比其余大名更高的层次来看待整个日本的战争，并始终贯彻其目的不变。

1568 年九月，借幕府将军继承纷争的机会，信长以支持足利义昭为名进入了京都，赶走了此前一直控制着京都的三好氏。一个月后，足利义昭如愿成为将军，不过他的权力却被织田信长提出的"五条事书"所完全架空了。在向将军提出的五个要求中，信长甚至明确规定了自己可以不经将军同意便处理天下事务。但义昭并不甘于成为某一大名的傀儡，因此在未经信长同意的情况下便开始将一些家臣奉为近畿各国名义上的守护，并在暗中联结近畿西部的本愿寺、北陆的朝仓义景以及东海的武田信玄等人攻击信长，希望以数量来压垮织田信长的内线地位。

两年后的 1570 年六月，信长在姊川会战中击败了朝仓、浅井联军，暂时解除了东北方面的威胁。又过了两年，甲斐和信浓的大名武田信玄才终于从与上杉谦信、北条氏政的拉锯战中抽身，率领 3 万人沿三河国向京都前进，并于十二月廿二日在三方原会战中击败德川家康。不过到了第二年四月，信玄却因为旧病复发而被迫撤兵，不久后就病死了。

到了此时，似乎已经没有谁能继续阻挡织田氏将近畿完全控制在手中的脚步了。但事实上，他在东西两条疆界上的地位却也并没有稳固下来。在东面的甲斐国，虽然武田信玄已死，但武田氏威震东海的军队依然完整，其子武田胜赖也从未放弃再次进攻京都的打算，武田氏仍然威胁着信长的东线。而在堺町以北的大坂，石山本愿寺在大量一向宗佛教信徒拥护下已经拥有了不亚于大名的实力，其所在位置如同一把利刃直指京都，将织田信长拖入了一场长达 10 年的围攻战之中。

第三章
石山本愿寺的围攻
与长筱会战

如果与源赖朝和源义经相比的话，织田信长既具有前者的行政能力，也具备后者的指挥技巧。虽然信长没能在有生之年重新将日本统一在一起，可是他却将中世的日本政治观念完全铲除了。若要在世界上找出一位与他相似的人物，那么马其顿的菲利普二世（亚历山大之父）也许要算是最合适的人选了。在他之后，丰臣秀吉和德川家康又循着他的脚步前进，终于完成了日本的统一，开创了日本的近世社会。

以信长所处的战略形势而论，他所统治的领土也许是十分幸运的。在织田氏仅拥有尾张西部半国时期，清州城控制着自东海、关东两地进入近畿最为重要的道路东海道，他自己却可以方便地进入京都，而他的敌人却被他挡在了近畿以外。这一优势在信长攻克岐阜城，控制了中山道之后又被两倍、三倍地放大了。今川氏、武田氏、上杉氏这三个最初实力远比织田氏更强的大名，不仅因为互相争斗而失去了跨过仍然十分弱小的织田氏进入京都夺取天下的机会，当信长在近畿壮大后，他们就被完全挡在了日本的政治核心地区之外。1574年，信长又再次下令整顿了领内的道路，从而使他能够更为方便地调动军队。

除交通线的优势以外，织田氏自信长成为家督之前便在尾张国拥有了出海口，而这便使信长得到了与葡萄牙商人接触的机会，可以从后者手中获得大笔商业利润以及欧洲火枪甚至火炮。为了刺激商业收入，他大规模地废除了中世贵族、寺院甚至幕府所建立的道路收费关卡以吸引商人

◎ 织田信长画像

来到自己领地。再加上一系列减税和优惠政策，使织田氏在经济能力上远远超过了领地规模类似的其他大名。以此为基础，信长才得以对自己的军队战术、装备以及动员制度进行改良。在这一方面，信长不仅是一位改革者，也是一位优秀的运用者。

凭借着大量现金，信长得以大量雇用无业的浪人，使他们成为自己的常备部队，进而在织田氏范围内推行了兵农分离制度。他将包括足轻在内的大部分兵员与农民区别开来，使自己的士兵不必再受到农务牵累，可以将大量时间投入到训练之中，而农民也可以不受军役干扰专心于农业生产。充裕的现金也使信长无须出售大米来增加财源，从商业发展中得到的大量现金使他可以为自己的足轻配发全副铠甲，并在他们中间大量装备铁炮，充足的训练时间则使这些足轻能够在战场上保持良好的纪律，利用齐射战术猛烈打击对方。除此以外，信长也在一部分士兵中配发了长达5.6米的长矛，让这些足轻以方阵进行战斗，而这所需的训练时间甚至要比使用铁炮进行齐射所需的训练时间更长。在整个织田军之中，只有骑兵受到了信长的忽视，这也许是信长对于纪律严明的步兵作用已经有了充分认识，使他认为仅凭步兵方阵和铁炮火力的威力已经足以应付一切情况。但更合理的解释也许还是由于尾张难以获得大批马匹所致的，这也是当时所有日本中西部大名所面临的一致问题。因而当他使用这样一支几乎完全由步兵组成的部队来对付武田氏、上杉氏那些拥有数千名骑兵的军队时，往往感到无所适从。

在信长早年的一系列战役中，信长往往只会在已经利用政治手段将对手削弱至难以抵抗自己的军事力量之后才发动进攻。当无法避免以劣势兵力进行决战时，他又会出乎对方意料地抢占主动，以少量兵力向对手进行突袭。无论是在尾张时期还是吞并美浓，尤其是在成功将五条大道交汇处的京都控制在手中后，他都在采取着对自己有利的内线作战，使他能够在几条战线上调动较少兵力来击败数条边境上的庞大敌人。

1575年之后，随着织田氏领地和战线的延长，他也开始发现仅凭自己一人已经无法继续应付所有方面的战事了。由于信长自早年起便对于凡是有能力之人不问出身一律委以重任，现在他就能够将前线附近大片土地交给这些能干的将领，并由后者全权负责这一条战线的经济生产、士兵动员以及实际作战。他自己则在疆域中央地带握有直辖领地和部队充任战略预备队。随着织田氏领地的扩大，这些边防部队也是不愁兵源不足的。不过这一措施却也使这些"方面军司令官"们变得权力过大了，除需要听令于信长调动并将信长的经济、军事政策延伸下去以外，他们已经与大名无异了。

作为他所遭遇的最为顽强的对手，织田信长最早与本愿寺有所接触是在信长护送足利义昭进入京都不久后的1568年十月。当时，信长以扶持幕府、重建将军权威为由要求在大坂的石山本愿寺缴纳被称为"矢钱"的五千贯军费，同时本愿寺以南的贸易重镇**堺**町也要缴纳两万贯。不过事实上，信长的这一行动目的只是为了测试对方是否愿意向自己屈服。

几乎是从佛教被引入日本的那一天起，不少寺院便开始供养着大批僧兵保护寺院所属的庄园、领地。这些僧兵的装备几乎与武士、足轻无异，只是相比之于长矛更倾向于使用薙刀。他们的行为也不受佛法准则约束，无论是吃荤还是娶妻均不受限制，很多寺院本身也有着城墙等防御设施。到战国时期，僧兵甚至还成为日本所有武装力量中较早使用铁炮的一批，而且在各地也建立了大大小小的城堡。

作为战国时期日本所有神社、寺院中实力、影响力最大的一支，本愿寺起源于13世纪，在日本佛教寺院中历史相对并不久远。至15世纪末第八代门主莲如时期在京都山科地区建立了寺院。其信奉的一向宗属于净土真宗一支，主张所谓"一念发起"，即只要念阿弥陀佛便可往生净土，再加上宣扬包括女性在内死后人人平等的信条，使一向宗在全日本均拥有大量信徒。在莲如建立山科本愿寺的同时，随着一揆起义在全国各地的爆发，一向宗门徒也利用教团组织发起了一向一揆暴动，其范围从北陆起延伸到各地。虽然莲如本人并不赞同信徒的暴力行为，但这却阻止不了后者不断与大名发生冲突甚至战争。

到战国时代时，一向一揆已经占据了几乎整个加贺国以及伊势国的长岛地区，而且在其余地区也有愈演愈烈之势。也正因为一向一揆暴动有着统一的宗教思想，远比普通一揆更具凝聚力，对几乎所有的大名统治都造成了不小威胁，因此大名们对本愿寺通常也并不抱有好感，武田信玄便曾专门颁布法令在自己的领内禁止有组织的一向宗信徒活动。而其巨大影响力甚至还招来了其余宗派寺院的嫉妒。

1532年，山科本愿寺被近畿大名之一的六角氏破坏，3年后又遭到比睿山延历寺的僧兵烧毁。第十代门主证如只得将本山转移到了在大坂地区建立的石山本愿寺。到1542年，本愿寺在此建立起了一座巨型城堡——石山御坊，并开始以此作为全国一向宗活动的中心。在此之后，围绕在石山本愿寺附近，摄津国、河内国的一向宗信徒也建立起了大量寺内町。这些寺内町事实上就是一些不接受大名管辖的寺占土地，名义上由当地领主向本愿寺授权建立，但事实上绝大部分还是因领主担心酿成一向一揆起义而被迫同意的。由于河内国、摄津国境内有着淀川、大和川等河道，而且两国又都毗邻濑户内海，寺内町内便聚集了大量船夫、渔夫、商人以及手工业者，经济要算是非常繁荣的，而这些居民在未来石山本愿寺与织田信长的大战中也成为本愿寺的最主要兵源。

◎ 石山御坊复原图

不过在 1568 年十月，由于信长在进京后迅速利用军队控制了近畿的大量寺内町，石山本愿寺根本无法动员军队，而且足利义昭本人的将军名义也使本愿寺一方难以拒绝，只得缴纳了军费。但与此同时，石山本愿寺也在尽可能地召集四国阿波国、赞岐国等地的信徒，并开始与三好氏联系。在近江国方面，一向宗信徒也开始与六角承祯和浅井长政来往，试图在东西两线同时向信长施压。

1570 年六月廿八日，信长在北近江的**姊**川会战中战胜了浅井长政与越前的朝仓义景盟军。在那之后一个月，三好氏才派出 13000 人从阿波经过淡路岛，在靠近本愿寺附近的森林中占据阵地，等待进攻京都的机会。在此期间，四国岛赞岐国的三好氏城主十河存保也在纪伊国杂贺地区登陆，并与当地信奉一向宗的杂贺众佣兵会合在了一起。到此时为止，信长在近畿的势力仍是以京都周边地区为基础的，濑户内海东岸除**堺**町以外几乎完全被三好氏和本愿寺控制，由四国通往近畿的海上交通线也被牢牢握在对方手中。

三好军在靠近淀川河口的野田与福岛建起了两座要塞。由于这里与本愿寺距离很近，如果要塞遭到信长进攻，石山本愿寺也将被迫加入战斗。而信长在得知对方再次登陆近畿之后，也立刻做出了反应，要求将军足利义昭下令出兵对其进行讨伐，之后不久，信长便率令大约 5 万到 6 万人进入了距本愿寺不远的中岛城。

作为一位卓越的统帅，信长自然也认清了本愿寺参战的可能性。为尽可能在开战前削弱对方实力，他首先占领了枚方的寺内町，并开始沿淀川流域向天王寺推进，以此作为主力部队的据点，前卫则一直推进到天满、川口、渡边、神崎、难波等地，以包围三好军据守的野田、福岛两座城堡。这样一来，本愿寺与野田和福岛的联系便被切断了，而且信长还成功地将其夹在了自己的主力与前卫之间，如果本愿寺敢于在此时起兵对抗信长，那么一旦面向野田、福岛的织田军前卫调转矛头，石山本愿寺便将同时面临与织田军前卫和信长主力的两方面战斗了。

由于将军足利义昭亲自到达了前线，织田军士气也十分高涨。到九月八日时，早已转投信长的松永久秀已经接近了野田城和福岛城，在淀川河口建起对垒线和箭楼，开始利用铁炮从箭楼向三好军的两座要塞射击，以破坏其土墙和箭楼。不过野田城和福岛城所在的河口有着大量沼泽，织田军在继续进攻时遭遇了一定困难，最终信长只好征用大量干草填埋了附近运河才得以完全包围两座城堡。

在看到对方将自己包围之后，三好军也认清自己无法再继续坚守了，因此向信长提出投降条件，希望以将两城主动让给信长的代价换取后者放行守军撤退。不过在信长眼中，野田城和福岛城的陷落只是时间问题，在他能够控制近畿西岸一部分地区或建立起一支强大舰队封锁濑户内海之前，进攻四国的三好氏领地又难以实现，他必须抓住一切机会在近畿消灭对方部队，因此拒绝了讲和。十二日，将军义昭把指挥所推进到了野田城和福岛城附近的海老江，信长也跟着一起前进到了那里，野田城和福岛城的失守已成定局。不过就在当日深夜，因信长推进而解除了两线作战危险的本愿寺却突然发动攻击，拉开了本愿寺与信长长达10年的战争大幕。

在举兵之前，本愿寺要求纪伊国信徒前往大坂。而且当时的本愿寺门主，年仅28岁的显如还亲笔写信请求近江、美浓等门徒前来本愿寺："为报效阿弥陀如来和祖师亲鸾，应不惜生命尽守忠节。"按照江户中期的《石山合战配阵图》中记载"石山御堂，当时门徒4万余人守城"，从中可知石山本愿寺内拥有可以让至少4万人左右生活的空间和物资储备，但在1570年举兵时所拥有的人数却并不明晰。此外，本愿寺还从加贺信徒中雇用了大批劳工，在御坊周围挖护城河、建造箭楼，在寺内町的外部也围起土墙并建造箭楼，使其成为一座十分坚强的巨型要塞。

与对**堺**町的态度相同，织田信长最初很可能并不希望在周边敌对大名林立的情况下再耗费过多精力对付拥有全国一向宗门徒拥护的本愿寺，其目的很可能只是希望能够控制住大坂的贸易港。不过在本愿寺举兵后，根据小濑甫庵的《甫庵信长记》和太甜牛一的《信长公记》记载，信长却并不认为仅凭一向宗信徒的乌合之众能够对自己造成太大威胁，反而认为本愿寺方面只是一个政治性问题，只要自己率领一支足够强大的部队前往大坂进行一次示威，对方便会放弃抵抗决心。即使之后还要发生战斗，对方也绝非自己手中这些训练有素部队的对手。不过不久之后，他便将知

道自己的判断实在是一个极大错误。

对本愿寺举兵一事，虽然信长十分镇定，但足利义昭却立刻陷入惊慌了。这位将军原本是希望信长能够剿灭曾暗杀足利义辉的三好氏才答应信长，拼凑出了两千人亲自出征。但到了此时，他却突然认清，信长要求将军亲征的目的并非仅仅是对付三好氏，同时也是希望在政治上获得攻击本愿寺的借口，因为后者在足利义辉时期事实上是得到了将军家的保护和认可的。

关于这一点，足利义昭也曾在一封信中写道："为了在讨伐三好氏的同时攻打本愿寺，（信长）需要将军亲征这一名目。如果在正亲町天皇下敕令进攻第十三代将军义辉认同的寺院时有将军家参与的话，那么（信长）就可以公开与本愿寺作战了……"

◎ 本愿寺显如画像

为避免将军家进一步遭到信长控制，本愿寺举兵两天后的十四日，足利义昭命同行的大纳言鸟丸光康迅速赶回京都，要求朝廷出面调解，希望双方能够达成停战。关于义昭的请求，信长是否干预并不明确。不过，值得注意的是，在此之后不久，双方便在十六日和十七日进行了两次停战谈判，虽然现在已经无法得知谈判要求是哪一方提出的，但这很可能是足利义昭和朝廷要求双方停战的结果。

不过双方最终未能达成协议。廿日，本愿寺军与信长军在春日江堤发生了首次正式战斗。被信长蔑视为乌合之众的本愿寺一方在这一战中证明了自己并非毫无战斗力。当天本愿寺从石山御坊派出了大约五千兵力，从位于天满船对岸的春日江堤向守口方面前进，其计划在于让对方误以为是自己要出城割稻，以此来引诱织田军小规模部队对自己发动进攻。得知本愿寺动向的织田军佐佐成政等人越过近江川，试图对本愿寺军进行截击，但在发动进攻不久之后，他们便遭到了本愿寺军的铁炮齐射，很快便立即陷入混乱，被迫撤退。

到九月廿四日，3个月前被信长击败的朝仓、浅井联军在加贺国一向一揆起义军支援下再次攻入近畿，向京都近郊的山科和醍醐进军。得知此事的信长只得迅速终止了大坂附近的战事撤回京都。而在其撤退过程中，以淀川沿岸船夫为首的本愿寺信徒还在不断对织田军进行骚扰，试图延缓信长回到京都的脚步，不过后者很快便击败了他们回到京都。

以此为开端，石山本愿寺逐渐成为整个反信长包围网的轴心。虽然在整个10年战争期间本愿寺几乎从未采取攻势，但他的存在却使全国信徒形成了大规模举兵，只要石山本愿寺仍然能够坚守住大坂，无论信长采取何种手段击败各地一向宗部队，这些信徒也还是会再次举兵。而且作为反信长势力在近畿最为重要的支点，在四国的三好氏（后来则换成了中国的毛利氏）支援下，本愿寺也在相当长的一段时间内成为信长继续向西扩张其疆界的绊脚石，所有沿山阳道西进的部队都要面临着石山本愿寺对自己后方的威胁。

到十一月时，伊势国木曾川、长良川、揖斐川等交汇出海口外的长岛地区一向宗信徒也响应石山本愿寺，掀起了举兵旗帜，与试图剿平暴乱的泷川一益发生了交战，并将其击退。在此之后，这支信徒从长岛越过木曾川，一路攻入了尾张，围攻小木江城，甚至迫使信长的弟弟织田信兴自杀。

直到1571年五月，信长才终于在近江方面安定下来之后开始对已经深入尾张的伊势长岛信徒们发动进攻。信长把军队分成三个纵队包围长岛，不过信徒们以显如曾祖父莲淳建立的愿证寺为核心，在长岛修建了大量防御工事以及城墙，兵力也达到了两万人（不过其中相当一部分是女性），甚至配备了为数不少的铁炮。由于长岛门徒的战斗处在了本愿寺与信长战斗的最前线，在伊势其余地区的信徒支援下，本愿寺也在努力维持着长岛的海上交通线，甚至还专门派出了僧官负责指挥，并从纪伊方面经由熊野滩送来给养，确保长岛方面的补给供应不会发生太大困难。最终信长屡攻不下，只好暂时撤退，而织田军在撤退时甚至还受到了猛烈反击，信长的家臣氏家直元被杀死，柴田胜家也受了伤。

在大坂方面，本愿寺虽然没有与织田军发生大规模战斗，不过显如仍与信长部署在摄津、河内的监视部队保持着对垒状态。利用信长疲于应付东线的朝仓、浅井联军以及伊势长岛信徒的时机，石山本愿寺也在尽可能向大坂方面集中部队。应显如的要求，北陆的一向一揆将不少人员和物资都运到了大坂。为了阻止北陆一向一揆的转移，信长甚至授权留在近江监视浅井长政的木下藤吉郎可以杀死一切可疑之人。但即使在这位织田家最能干的家臣阻挡下，也还是无法阻止一向宗信徒的行动。

1572年八月，三好义继的部队也来到了石山本愿寺。在得到这一支援后，显如立刻便派出了两万人进攻中岛城的细川信良，后者手中的兵力完全无法阻止对方进攻，只得在对方逼近前便选择了撤退。本愿寺方面总算是在开战将近两年后拔除了中岛城这个控制着大坂外围的要塞。

早在本愿寺举兵以来，显如与甲斐的武田信玄便达成了联盟，而二人的妻子又是亲姐妹。在另一方面，显如的儿子也与越前国大名朝仓义景的女儿订立了婚约，由此朝仓氏与本愿寺结成了同盟，近江信徒也开始协助与朝仓氏合作的浅井长政。再加上四国及近畿西岸的三好氏以及加贺国和伊势长岛的一向宗信徒，信长的所有疆界事实上都已经被敌对势力包围了。不过这些势力却并没有像1813年秋季战役的反法联盟那样同时发动进攻，以使信长顾此失彼。他们虽然在政策上达成了一致，但在战略上却并未如此，而距离京都最近的本愿寺甚至从未主动采取过战略攻势。这些不同时间的行动，最终使信长得以集中兵力将他们分别击败。

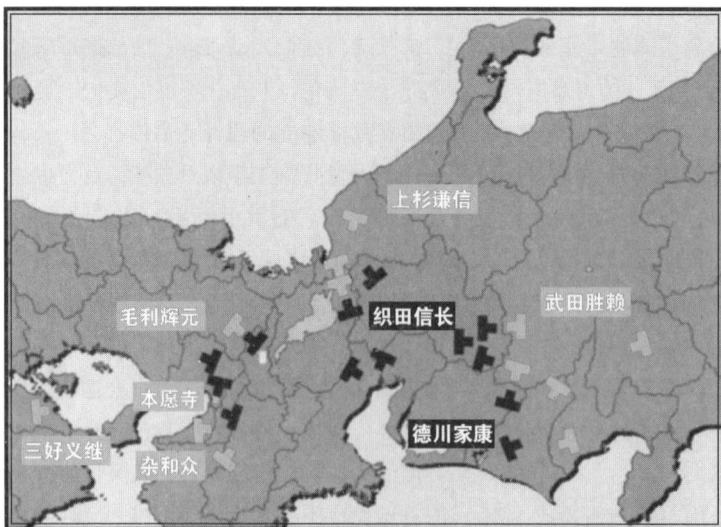

◎ 1572年时织田信长所占据的领地和敌对大名领地示意图

不过对本愿寺而言，这一优势并未延续太长时间。1573 年四月，武田信玄去世，一直对信长不满的足利义昭在得知这一消息之前便急忙举兵，因此这位孤立无援的将军很快便被信长击败并遭流放。至此，室町幕府甚至在名义上都已不复存在了。

在此之后，信长所需面临的敌人便暂时只剩下近江的浅井氏、越前的朝仓氏、伊势的长岛信徒以及大坂的石山本愿寺了。为了消灭浅井长政，信长首先在八月攻击了后者所在的小谷城。朝仓军从越前出兵救援，但信长却在一场暴风雨中再次向对方进行了精彩的奇袭，在很短时间内便击败了对方。紧接着，织田军又攻入了越前国，在得到了朝仓氏家臣内应的情况下很快便攻陷了朝仓义景的居城一乘谷城。义景逃到大野后在廿日自杀，其女儿逃到加贺后，

按照以前的约定嫁给显如的儿子教如。绝望的浅井长政则在九月一日自杀。

在攻克越前国之后，信长留在一乘谷城管理当地的是那些战前变节而来的朝仓氏家臣，此举招致了原先支持义景的越前一向宗强烈反感。仅仅 4 个月后，越前信徒们便在石山本愿寺的鼓动下起义杀死了当地官员，使越前国与加贺一样成为一向一揆的领地。到此时为止，随着朝仓、浅井两家的灭亡，信长已经完全解除了来自东北方向的威胁，但长岛和石山本愿寺却仍然存在。一旦继承了武田信玄的武田胜赖再度进攻东海，长岛很可能为其提供极为有力的支援。在东线威胁不能完全解除的情况下，信长便无法投入全部兵力围攻西线的石山本愿寺，更无法沿山阳道和濑户内海向西前进，入侵毛利氏土地。

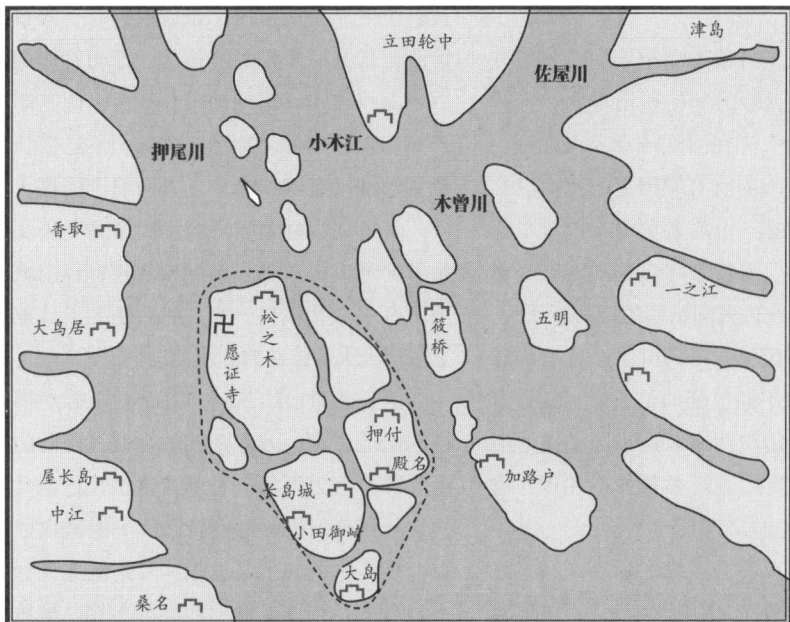

◎ 伊势国长岛地图

在这一考虑之下，信长在消灭朝仓、浅井一月后，便将自己的主力派到了伊势国。织田军之所以可以如此频繁地进行连续作战，无疑是凭借着兵农分离制度的效力，使他不必为自己的军队安排休整时间回乡务农，而只要一直留在前线即可。在进入伊势后，信长很快便平定了桑名地区，当地一向宗信徒与船夫们纷纷逃到了长岛。在那之后，信长便开始四处征集攻打长岛所需的船只，但他却没能集中足够船只，最终不得不将进攻长岛的计划推迟到了次年。而这也使他终于认清了控制海权的重要性，并在此后积极地建立起了一支舰队。足以令信长赶到耻辱的是，与上一次进攻长岛时相同，织田军在撤退时又一次遭到了一向宗信徒攻击，而这一次在暴雨中遭到奇袭的却是他本人，作为全军后卫的林秀贞之子林光时在战斗中阵亡，信长本人勉强退到了岐阜。

当信长决定将精力完全集中在长岛方向时，他对于大坂方向的石山本愿寺也并不坐视对方壮大。在回到岐阜不久之后，他便将河内国境内所有织田军的指挥权交给了佐久间信盛，由后者负责指挥对本愿寺的前线战斗。而投靠河内若江城三好义继的足利义昭在佐久间信盛的威胁下认为，在朝仓、浅井氏灭亡，武田信玄死后仍然能够对抗势力不断扩张的信长者，就只有掌握着山阳、山阴两道多达十国土地的毛利氏，于是放弃了在近畿抵抗的希望，逃往中国地区。

足利义昭离开若江城之后不久，三好义继便遭到了佐久间信盛的进攻，被迫自

杀。织田军此后席卷了整个河内，甚至连长曾根、大塚、富田林等地的寺内町也被织田军占领了。随着大量寺内町为信长所控制，石山本愿寺的势力也被压缩到了大坂附近。1573 年十一月，本愿寺与信长签订了一个停战协议，但这并不代表双方准备放弃敌对状态，而只是各自均希望能够得到一段喘息时机。

恰在此时，越前国发生了一向一揆起义攻克一乘谷城的暴乱，并将驻守在北之庄城的明智光秀赶出了越前。但不久之后，信徒们却因为本愿寺在越前要求的税收、徭役过重而纷纷背离了显如。信长在看到这一情况之后立刻认清一个事实——东线对手已经失去了在短时间内威胁自己的能力，而双方的停战协议事实上又因越前一向一揆起义遭到了破坏，这使他在时间和道义上均得以对本愿寺进行一次清算。信长很快便率大军镇压了奈良附近的一向宗信徒。石山本愿寺把信长这一行动看作是后者即将攻击大坂的前哨作战，因此立即开始加强石山御坊周围的防线。不过信长此后却并没有继续沿奈良方向前进围攻大坂，而是突然命令细川藤孝和筒井顺庆从北方的河内国攻陷了高屋城，并将石山城下所有农作物砍伐一光，随后便在当地放了一把大火后掉头回到了河内。

信长此时已经认清，对于石山御坊那样的坚固城池，若作正式的围攻，自己的绝大部分兵力便将被牵制在这里长达数月甚至一两年时间，而使自己既不能进攻他人，复不能抵御东线进攻。因此他选择利用附近一系列城堡做远距离的封锁，虽然

这将使本愿寺屈服的时间拖长数倍（尤其是在信长能够切断其海上交通线之前），但却只需相对少量的部队即可完全应付。如果本愿寺倾巢而出试图打破封锁，凭借着对内线的优势，他也有足够时间在对方威胁京都之前将部队调回西线，做一次巨大的会战来彻底解决本愿寺。

在成功将石山本愿寺赶回大坂附近后，信长便决定再次进攻长岛。与几乎从不踏出摄津国土地的石山本愿寺相比，曾一度攻入尾张国，并两次在织田军撤退时造成极大威胁的长岛一向宗信徒无疑更令信长感到棘手。只要这一方面无法肃清，他便永远也无法腾出手来对石山本愿寺发动全面进攻。1574年六月，信长亲自率领不少于3万人的兵力前进到了与长岛仅有一条海峡相隔的尾张国津岛。与先前两次进攻时直接跨海进攻长岛不同，这一次他计划先将长岛周围的所有河口封锁，切断其粮食和增援来源，使对方受到相当削弱后再跨过海峡进攻岛上的要塞。

自1573年的进攻失败之后，信长便开始在尾张热田至矢田川海岸之间的四十多个町外围修建了栅栏，以此来阻止更多一向宗信徒从尾张方向前往长岛。另外，在伊势的桑名方面，信长命泷川一益和羽柴秀吉（木下藤吉郎因消灭浅井氏时的战功而被信长亲自赐名羽柴秀吉）的弟弟羽柴秀长在西别所附近驻扎了将近一年时间，以截断长岛与大坂之间自近畿南部的陆上联系。不过与这些陆上交通线相比，长岛一向宗信徒更为重要的物资来源还是要依靠海路。在先前两次进攻时，信长便曾因

没有足够强大的舰队而无法切断对方补给。而这一点对于围攻石山本愿寺而言也同样重要，因为后者也在大量使用船只从淀川、大和川以及濑户内海上运送人员和物资。

为了封锁长岛水军的行动，信长除动员了尾张沿海几乎所有可以参与军事行动的船只以外，还命令泷川一益调动了伊势方面的船只，同时他也将志摩地区的水军领袖九鬼嘉隆招为家臣。信长为这次行动总计集中了大约600艘船只，并统一交给了次子织田信雄指挥，负责切断长岛南方的出海口，同时掩护其附近的河道。

信长的封锁行动不久后便取得了效果。由于长岛一向宗信徒早已因战火而失去了所有耕地，粮食只能完全依靠大坂或其余地区提供，长岛事实上自举兵以来便只是一个孤立据点，若无外界输入粮食、兵员，战斗力很快便会枯竭。

虽然长岛信徒们以愿证寺为中心，在整个岛上建立了多达16个设防营地，人数也在各地信徒汇集下达到了3万人左右。但在围攻开始之后不久，其士气便开始下降。柴田胜家甚至还曾利用一场暴雨的机会登上长岛斩杀近千名男女信徒。到2个月后，长岛信徒中终于开始大规模出现饿死者。信长随即向信徒们表示如果他们离开长岛便可饶过一命。但双方达成协议后，当信徒们从长岛的设防阵地中走出，乘船撤到对岸之后，信长却将几乎所有人都屠杀了，男女信徒相加，被屠杀者超过两万人。甚至秀吉手下的前野长康也在《武功夜话》中写道："岛内尸骸成山……"长岛一向宗起义至此终于被扑灭了。

在信长围攻长岛之时，石山本愿寺附近虽然仍不时爆发一些小规模战斗，但对显如而言，其情况并没有得到任何改观，本愿寺的势力依然被限制在了大坂以内。1575年四月，信长终于将矛头重新转向了西线，并在河内国集中了将近十万人马，这一数字对于信长的军事生涯而言要算是最大的一次了。不过虽然他集中了数量如此巨大的部队，但当他前进到天王寺附近之后却还是不敢对坚固的石山御坊直接发动进攻，只是像前一年一样割走了本愿寺附近的所有作物，继续采取远距离包围的策略消耗对方战斗力。在此之后，织田军的细川藤孝、筒井顺庆包围了三好康长的高屋城，并再次攻入摄津国、和泉国，不久便攻陷了新堀城，将三好氏大体上赶出了近畿。再加上土佐大名长宗我部元亲因招募大量雇佣兵而统一了四国西南部，三好氏势力范围便被限制在了四国东北部。石山本愿寺在近畿陷入了完全的孤立，其所剩的所有交通线便只有濑户内海。而在完成这一工作之后，信长也不急于攻克石山御坊，扬长返回京都。

不过到了此时，在东线上却又出现了新的威胁。武田胜赖终于率领着武田军重新走出了甲斐，并开始对德川家康手中的三河国发动进攻。事实上，对武田氏而言，这一交战时机可以说是不能再差了。倘若胜赖在一年前便发动这一攻势，并将作战线指向尾张而非三河，那么忙于围攻长岛的信长便将因面临两面作战而被迫放弃围攻了。再加上当时三好氏在近畿西部仍能够为石山本愿寺提供一定支援，只要本愿寺和三好氏能够在近畿采取一定程度的牵制行动，信长所要面临的困难便很可能使其应接不暇。但在长岛遭到攻陷，三好氏

◎ 在第四次川中岛会战中与上杉谦信交战的武田军（左方）

完全被逐出近畿，石山本愿寺也不敢再踏出摄津国之后，武田胜赖的进攻便显得孤立无援，而终于招致失败。

武田胜赖虽然继承了武田信玄，不过他在早年曾被过继给娘家的诹访氏，并继承了被信玄消灭的诹访赖重，因此当武田信玄的长子武田义信因谋反失败自杀，其余儿子又均被过继给别家作为养子之后，信玄便只能选择胜赖的儿子武田信胜作为继承人，而胜赖则重新改回武田姓，成为信胜的监护人。但这样一个身份却并不足以确保胜赖对武田氏的绝对领导权，从理论上讲他只是自武田信胜的一位家臣，与武田信玄的遗臣无异。直到 1573 年从德川家康手中攻克了远江国高天神城之后，其地位才暂时稳固下来，而如果想要强化自己对整个武田氏的控制力，胜赖所能依靠的便只有在战场上继续赢得胜利。

自信玄统治末期，武田氏在经济上所依赖的甲斐金矿便已经开始枯竭了，当地的农业又因为信玄常年征战而处于荒废边缘，仅依靠领内经济已经很难再继续维持武田氏庞大的军队，其唯一的选择只能是继续向三河、远江、骏河国发动进攻，谋求扩大自己的出海口，以商业取代金矿和农业来支撑军队。

至于武田胜赖为何要在这样一个时刻发动进攻，其原因很可能在于他终于在控制着整个三河国的重要城堡——冈崎城中拥有了一位内应。如果胜赖能够在这位内应帮助下迅速攻克冈崎，那么德川家康所在的远江国滨松城与其盟友织田信长之间的陆上联系便将被切断，而其对三河国的

控制也有可能会随之瓦解。1575 年四月十三日，武田胜赖在将大约一半武田氏军队留在川中岛的海津城监视上杉谦信后率领着大约 15000 人从踯躅崎馆出发了。

与信长那支步兵占据了绝对主导地位的军队不同，武田氏的骑兵相对要更多一些。在胜赖所领导的 15000 人（大约有 650 人左右是拥有铁炮的）中，骑兵人数在 3000 人左右（经常也作为骑马步兵使用）。此外，这些骑兵也不组成单独的部队，而是还要再加上这些骑兵的步行仆从和步兵，使步骑混合部队的总人数达到了 9000 人至 10000 人，单纯的步兵部队人数反而只有 5000 至 6000 人。相比而言，相对较大的马匹数量使武田军有着更胜于织田军的机动能力。而且在甲斐国金矿的供养下，这支军队虽然并非兵农分离的常备军，但在装备和组织上还是要好于绝大部分普通大名，其在战场上的冲击能力也要比织田信长先前面对的那些军队更强。这就使织田信长一直以来并不愿意在野战场上与武田军交战。

当武田胜赖到达三河境内的足助城附近时，他却突然获悉自己在冈崎城内的内应已经被居住在那里的家康长子德川信康发现，现在已经被抓了起来并处以极刑。胜赖立刻便意识到自己的行动事实上已经失败了，想要在没有内应的情况下攻陷冈崎城这样的重要城堡，其手中的兵力远远不足。不过胜赖却并不打算直接放弃攻势返回踯躅崎馆。我们必须注意的是，武田氏很大一部分兵员甚至武士在平时都是需要务农的，如果胜赖在动员了 15000 人后

却无法获得一定战果，那么其在经济方面的损失便完全无法抵偿了。

更为重要的是，武田胜赖这一次行动原本就受到了信玄遗老的强烈反对，如果无功而返的话，他对于武田氏的控制力又会再次受到打击。因此在听到内应失败的消息后，胜赖迅速放弃了从足助城向西南方推进前往冈崎的计划，转而采取向东南方前进的作战线，从作手城进攻三河国另一座沿海城堡吉田城。虽然吉田城对于家康的重要性远不如冈崎城，但如果此处被武田胜赖攻陷，那么三河与远江的联系也还是会被切断。

五月六日，武田军烧毁了吉田城北方五公里左右的两座小型城堡。但当他进抵吉田城下之后，却突然发现除了原先便驻扎在那里的酒井忠次1000人以外，德川家康也早在武田军到达之前便率领着5000人赶到了这里。在山县昌景指挥的武田军前卫与几十名出城迎战的德川军发生了一场规模很小但却十分激烈的交战后，家康便决定据守在城内，而不与数量上占据优势的武田军进行野战。在看到自己原先计划的一场短期战役即将演变成长期围攻战之后，武田胜赖也不敢再继续冒着自己通向甲斐的交通线过分暴露的危险坚持留在三河境内，他所携带的给养可能也并不足以支持武田军进行长期战役。因此胜赖终于决定承认战役失败，开始从吉田城下向北撤退。不过在撤回信浓之前，他希望能够在三河边境上的长篠城再尝试一下自己的运气。

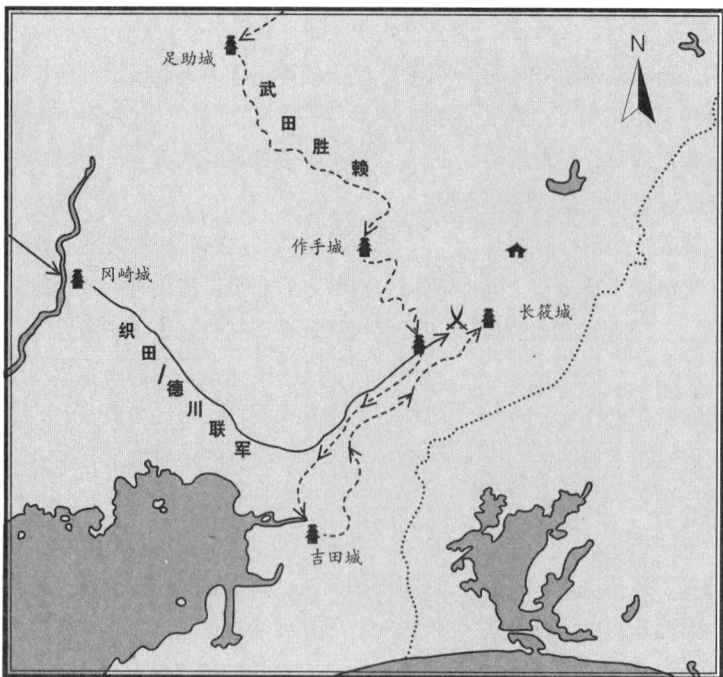

◎ 武田胜赖在长篠会战前的行动

由于长筱城在地理位置上要算是三河国的东北门户，因此武田信玄在为进京进行准备时曾于 1571 年攻克了这座城堡，不过在信玄去世同年德川家康便将其夺回了。1575 年三月，德川家康刚刚任命奥平贞昌为该城的指挥官。当武田胜赖开始围攻时，奥平贞昌手下仅有 500 人左右的守备部队，不过其中却包括了多达 200 名铁炮足轻，而且城堡上很可能还拥有一门火炮。虽然长筱城中的守军人数稀少，但该城所在的地理位置却十分利于防御。其南端位于小野川和泷川交汇处，而这两条河流的河堤又高达 50 米以上，故军是无法从南面对其加以攻击的。不过在长筱城的北方，却有着一座能够控制城堡外围的高地。

当武田胜赖在五月十日抵达长筱城下之后立刻便占领了这个高地，随后便将其部队分为八个部分，其中 8000 人被部署在了城堡周围 200 米范围之内负责对其进行攻击，包括武田胜赖本人在内的另外 7000 人则作为预备队留在了距离城堡大约 500 米的距离上。在十一日进行了小规模的试探性攻击之后，武田胜赖在十二日下令对城堡进行强攻，武田军随即开始在由竹捆制成的临时盾牌掩护下攻击城墙。由于战斗双方之间的人数差距多达 30 倍，在武田军所有人看来，这一围攻无疑是能够迅速取得成功的。但到当天夜间时为止，武田胜赖在守军火绳枪、弓箭的打击下已经损失了超过 800 人，却并没能在任何一点上突破对方城墙。

在接下来的 3 天时间里，武田军的所有强攻都遭到了失败。直到十三日夜间，

武田胜赖才得以利用当天昏暗的月光发动夜袭，在付出了不小的伤亡代价后占领了长筱城西北和东北方向的外墙"瓢丸"，迫使奥平贞昌撤回了城堡的三之丸。与此同时，武田胜赖还命令部下利用粗树干在城外建造一座固定的攻城塔，试图以此来监视城内行动，并利用弓箭或铁炮向城内射击。到十四日黎明时分，这座攻城塔在一夜之间便已经完工了。不过守军对此的回应却并非惊讶，而是利用手中那门火炮对其进行轰击。在被一枚炮弹直接命中后，攻城塔便倒塌了。

攻城塔被摧毁并没能阻止武田胜赖的进一步攻势。由于已经将瓢丸完全占领，武田军现在便开始对东北方向的第二道城墙发动进攻。而为了挫败对方攻势，山崎善七、奥平出云以及另外两位姓氏为生田、黑屋的武士带领着一小队士兵对武田军发动反攻，在付出了十几名士兵阵亡的代价后暂时逐退了对方。不过到了此时，如果没有援军赶来解围的话，长筱城陷落便已经无法避免了。

自围攻伊始，武田胜赖便从从甲斐的枯竭金矿中征调了大批矿工，利用这些矿工在城外挖掘地道破坏对方城墙。到十四日上午，长筱城本丸西侧的一段城墙终于在对方破坏下倒塌了。虽然城墙并没有完全倒塌，但武田军随之而来的激烈进攻却终于迫使奥平贞昌逐步放弃阵地。到夜幕降临之时，德川军已经放弃了除本丸和二之丸以外的所有阵地。更为致命的是，长筱城的粮仓被武田军摧毁掉了。

与奥平贞昌相比，虽然武田胜赖所面

临的情况要好得多，但此时他却犯了整场战役中最为重要的错误。按照武田胜赖最初的计划，这场战役原本只是一场大规模的突袭，无论是对冈崎城、吉田城还是长筱城的进攻都应完全寄托于行动的迅速，一旦战役时间被拖长，自己通往信浓甚至甲斐的交通线便将面临被切断的危险。如果武田胜赖继续进行强攻的话，长筱城是肯定可以在两到3天之内攻陷的。也许是由于长筱城位于三河边境，使武田胜赖认为自己已经不必再担心交通线问题，而他手中的兵力也足以应付德川家康的解围行动。几天的战斗中每天都会出现数百人伤亡的情况也让他感到不安，导致他在获悉德川军粮仓被毁的消息后立刻决定中止对长筱城的强攻，转而对其进行围困，而忽视了远比德川家康更为强大的织田信长前来支援的可能性。

不过无论如何，当武田胜赖决定放弃强攻之后，他便开始在城堡周围修建木制防御工事，以阻止德川军突围或出城逃亡。此外，武田军在小野川、泷川以及丰川上也拉起了绳索和渔网，切断长筱城通往南方的水道，一些绳索甚至还系上了铜铃作为预警措施。双方的交火则减少到了仅仅互相利用弓箭和火绳枪进行零星射击的程度。到了此时，武田胜赖所需的便仅仅是数天时间，而估算本丸内所存粮食只能支

◎ 在武田军押解下的鸟居强右卫门

撑 4 天的奥平贞昌需要的则是援兵。也许令武田胜赖大感吃惊，最终如愿的却是奥平贞昌。

早在围攻开始之前，奥平贞昌便曾向德川家康寻求援助，但后者由于需要将手中大部分兵力留在各地，以防止某一城堡被武田胜赖突袭，因此到长筱城遭到围攻时为止，其握有的机动兵力也就只有他带到吉田城的 5000 人。不过这一局势很快便发生了逆转，因为织田信长已经下定决心利用这一机会彻底毁灭武田氏再次发动进攻的能力。五月十四日，信长率领着多达 3 万人的部队从岐阜出发，而其中所包括的 3500 名铁炮足轻很快便将在战场上证明自己已经成为一支决定性力量。十五日，信长的军队已经抵达了冈崎城，与德川家康会合在了一起。

与此同时，长筱城中一位名叫鸟居强右卫门的低级武士在黑夜之中从城中突围而出，十五日下午便赶到了冈崎城，告知德川家康武田胜赖正在围攻长筱城，而城内的给养却只够守军食用几天了，如果无法在这一时间内得到援军的话，奥平贞昌已经决心在给养耗尽后以切腹自杀来换取胜赖放过守军的性命。

对织田信长和德川家康而言，由于自己手中的兵力已经达到了武田胜赖的两倍以上，如果能在长筱迫使对方与自己进行会战，织田、德川联军必定是能够居于不败的地位。因此信长和家康也很快便告知鸟居强右卫门，援军在第二天就会启程赶往长筱。强右卫门随即返回长筱，但却在城外被武田军截获，为了向守军传达援军

即将到达的消息，他向武田胜赖伪称自己会与武田氏合作，告诉城内援军不会来，以说服奥平贞昌投降。不过当强右卫门在武田军押解下来到城外时，却又高喊援军很快便会到来，愤怒的武田胜赖立刻便将他杀死了。

五月十六日清晨，在将守备冈崎城的部队数量从 7000 人减少到 4000 人之后，德川家康率领着 8000 人与织田信长的 30000 人一同出发了。途经野田城后，联军在十八日晚间时分抵达了长筱城以西大约 5 公里名为设乐园的一片平原。在到达此地之后，联军也并没有急于发动进攻，为长筱城解围，而是决定直接在设乐园展开。在这一条阵地上，联军的左翼可以得到植物茂密的山丘保护，而右翼外侧也可以得到丰川保护。最为重要的是，联军阵地正面还有着一条名为连吾川的小河保护，武田胜赖如果试图在这里利用自己冲击力更强的部队发动冲锋，就一定会在过河时发生混乱。为进一步预防自己的阵地遭到对方骑兵突破，信长还开始在自己的阵地前方构筑三道长度在 2100 米左右的木制工事，事实上就是一些栅栏。这些栅栏并非连接在一起的，其中间也留下了用于联军发动反击的缺口，而工事之间也挖掘了不少壕沟。

织田信长将自己的旗本部署在了左翼后方的极乐寺山，德川家康旗本则部署在右翼后方的高松山。在信长前方，位于联军左翼顶端的是水野信元，其次分别为佐久间信盛、丹羽长秀、羽柴秀吉、泷川一益，织田军的 3 万人构成了联军左翼。而在德

川家康前方，自北向南则分别为鸟居元忠、石川数正、本多忠胜、神原康政、大须贺康高、大久保忠世，其中最南端的大久保忠世阵地前方并没有设置工事。德川信康则与家康一同作为预备队位于高松山，这总计8000人的德川军在会战中作为联军右翼。此外，信长和家康还在廿日夜间决定，由酒井忠次率领一支包括500名铁炮足轻在内的3000人部队在会战当日对留在长筱城外的武田军进行突袭，在会战开始前，这支部队被部署在了右翼顶端的后方。

依照这一序列，信长事实上是将其大部分部队集中在了左翼，德川家康手中仅有8000人，却要防守与大约20000名织田军长度相当的正面。作为联军手中最为重要的力量之一，3000名铁炮足轻大部分被部署在了防御力量相对较弱的右翼前方，其余则被部署了左翼。不过根据《长筱日记》《信长公记》等著作所描述的战况，除正面没有工事的大久保忠世以外，联军也并没有将部队完全部署在工事后方，一些部队是被留在外面以保护木栅栏的。

既然一支远比自己更为强大的援军即将赶来，那么武田胜赖全身而退的唯一选择便是解围撤退。如果武田胜赖选择以自己的骑兵掩护撤退，缺乏骑兵的信长则难以对其进行有效追击。在胜赖当天召开的会议上，马场信春、内藤昌丰、山县昌景等信玄时期便征战沙场的宿老也持这一意见。不过武田胜赖却还是拒绝不经一战便放弃围攻长筱，其原因也是和整个战役的出发点相同，他担心自己空手而归会使战前便反对这次行动的宿老轻视自己。

如果放弃进攻拥有重兵防卫的冈崎城、吉田城在荣誉上还算可以接受的话，现在他要是连这样一座守军人数仅有自己三十分之一的城堡都无法攻克，无论事实上面对的是何种情况，当他回到甲斐后，他在武田氏的领导地位也还是会受到影响。即使无法在战斗中完全击败对方，他也希望在给予对方相当程度打击后再进行荣誉的撤退。

马场信春还建议说，如果胜赖无论如何都要在这里与对方交战的话，那武田军也应该先攻克长筱城，而按照他的估计，攻克长筱过程中的伤亡是可以被控制在1000人以内的。在攻陷城堡之后，武田军便应据守在城堡内与对方交战，而不应与对方进行力所不及的野战。不过胜赖却对此却还是加以拒绝，武田胜赖很可能过分高估了自己手中的骑兵力量。在1572年的三方原会战中，武田信玄曾经利用一次卓越的骑兵冲锋击败了德川家康，而武田胜赖当时也亲眼目睹了这一幕。不过在那时，武田信玄的兵力超过了对方两倍，而现在这一情况却完全被颠倒了过来。也许更重要的却是，战场上居于攻击一方的士气始终是要比防守一方更高些的，这点对于兵力居于劣势的武田胜赖而言尤为重要。

在十九日夜间武田胜赖下定与对方进行野战的决心后，马场信春、山县昌景、内藤昌丰、土屋昌次四位宿老便认定武田军很可能会遭到一场惨败，而他们自己所能做的却只有战死沙场，四人甚至以水代酒互相道别了。

自第二天清晨开始，武田军在留下了武田信实继续监视长筱城之后，其余所有部队全部开始向西前进，并在连吾川东岸展开。胜赖将自己的部队分成了四个人数在 3000 人左右的部分，除左翼、右翼、中央以外，他本人手中还握有一支预备队。

在两军阵地最为狭窄的地点，双方距离只有 200 米，这一距离甚至已经接近了日本长弓以及火绳枪的最大射程（当然，也是大大超过了有效射程的），即使最远处也只有大约 400 米左右。在这个距离上，只要武田胜赖能够顺利地发动冲锋，那么

他的骑兵只需要不到五分钟时间便能够抵达对方阵地。即使由于需要先突破对方防线，而先由一些以侍从人员组成的轻步兵发动进攻，步兵们也是可以在十钟内到达对方阵地上的。较短的冲锋距离对于保持骑兵以及方阵的秩序可以说是大有好处的。因为事实上无论是方阵还是骑兵，自推进开始那一刻起，每向前迈出一步，秩序就要下降一些，如果推进距离过长，那么方阵在与对方交战前便可能会自行解散了，

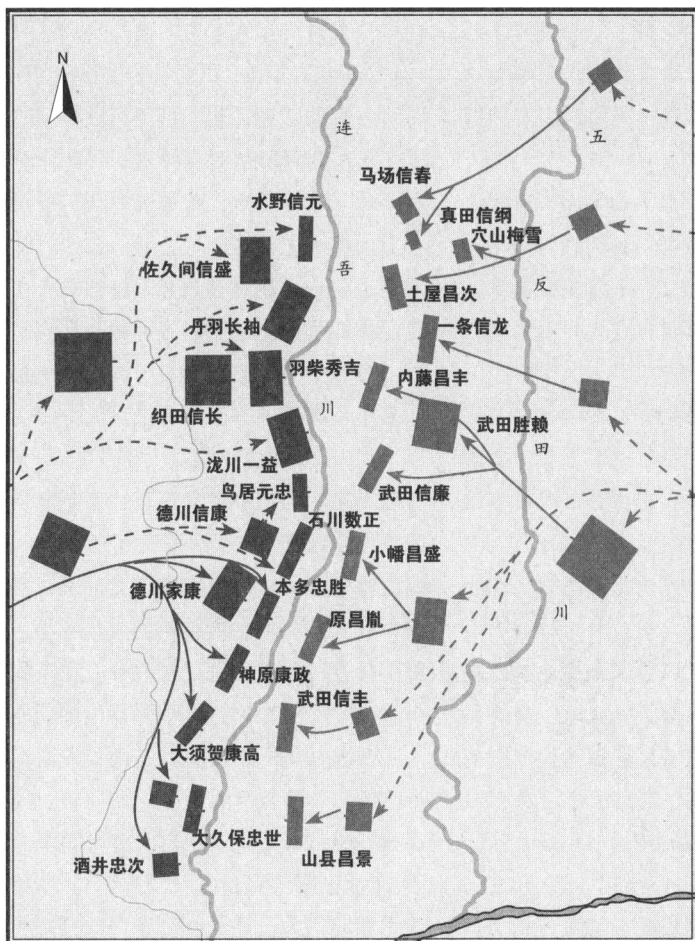

◎ **长筱会战**

而骑兵更是会因马匹精力的下降而变得难以驾驭。

不过，虽然武田胜赖看起来似乎是得到了自己所希望的阵地，但对于方阵或骑兵冲锋还需要的平整地形，设乐园战场便难以满足了。这里原本是十分适合发动大规模冲锋的平原，但在十九日和廿日连续两天的降雨却使连吾川两岸成为泽国。如果武田军主动进攻，那么就必须要穿过这一片沼泽，而这对于骑兵或方阵的秩序而言是具有毁灭性的。随着秩序的逐渐混乱，部队的推进速度也会下降，结果便是，己方越接近对方阵地，速度越慢，从而使对方大批铁炮足轻能够获得更多机会对其进行打击。

武田军右翼的3000人由穴山梅雪统一指挥，其手下拥有马场信春、真田信纲、真田昌辉、土屋昌次、一条信龙等部队，面对着织田军左翼顶端的佐久间信盛等部队。在穴山梅雪以南的武田军中央由武田信玄的弟弟武田信廉指挥，其前卫由内藤昌丰率领，其余部队还包括原昌胤、小幡昌盛等部队，这支部队面对着自织田军泷川一益到德川军神原康政之间的部分。由武田信丰指挥的左翼则由山县昌景、迹部胜资、小山田信茂等人组成，面对着德川军右翼的大久保忠世以及大须贺康高。武田胜赖亲自指挥的预备队除武田信友被部署在较为靠前的位置以掩护右翼和中央结合部以外，武田信光、望月信雄以及武田胜赖本人均位于中央后方。

虽然武田军人数只有联军的三分之一左右，但占据的阵地长度却与对方相当。

原本一支人数居于劣势的军队想要在进攻中获得成功，最好的办法便是对敌军一翼进行集中攻击，然而武田胜赖却并没有作此安排，这有可能是他已经意识到沼泽会对前进造成一定困难，因而不敢将部队完全集中在一翼，以便为各部队留下足够空间来克服地形上的困难。

虽然自20世纪90年代起，不断有学者认为武田军中骑兵数量可能很少甚至根本就不存在，而且屡次以当时日本马体型很小、冲击力不足作为论据。但事实上，即使抛开当时日本人本身的平均身高也只有150厘米左右不谈，只要看到信长在会战当时所占据的阵地，这一点便足以得到澄清了。其在拥有多达对方两倍的部队同时却并不敢于主动进攻，而是选择在一条河流背后的坡地上构筑阵地，唯一合理的解释便是担心一旦越过连吾川，自己便会在毫无保护的平原上遭遇对方冲锋，重演家康在三方原的失败。作为另一方面的例证，如果不是在某一方面有着绝对优势的情况下，武田胜赖也绝对不敢于向这样一支有着巨大优势的敌军发动进攻，那完全是将武田胜赖当作一位不懂得战争艺术的三流、四流将领看待了。但值得注意的是，由于信长在长筱战场上所构筑的大量工事，武田骑兵在对其发动进攻时很可能是以骑马步兵的方式在工事外围下马与对方战斗的。

在连吾川两岸对垒的这两支军队，在当时的日本都要算是最强的军队之一了。不过在这二者之间，织田、德川联军无疑要更为先进，因为在这支军队中，步兵的火力和冲击力已经结合到了一起，而武田军还完全是要依靠冲击力，像潮水一般反复打击在对方阵地上。对武田胜赖而言，由于对方的左右两翼分别以树林和河川为依托，他所能依靠的便只有正面攻击。而由于那里的工事又使胜赖的骑兵难以冲锋，因此只能先依靠步兵至少拆除一部分工事，之后再将骑兵投入到缺口中进行冲突。

五月廿一日上午大约 6 时左右，武田胜赖的进攻开始了。也许是他看到了对方右翼顶端并没有工事保护，而那里的地形又比较平坦。因此武田军这一次攻击也就对准了德川家康所指挥的联军右翼，而其领导者则是整个武田氏最为能干的将领之一山县昌景。由织田信长近臣太田牛一所著的《信长公记》对此写道：

"战斗打响了……武田军开始向敌阵突击。首次进攻由山县三郎兵卫（昌景）率领的精兵发起……他们在太鼓声中向联军阵地发起猛烈进攻。这时织田军阵地上铁炮声四起，大为惊讶的山县昌景立刻被打乱了阵形，并很快撤出战场。"

虽然太田牛一并没有告诉我们战斗的细节，而《甲阳军鉴》《长筱日记》等著作的记叙又存在不少冲突，但即使仅凭常识，我们也可以大致推测出战场上的情形了。当山县昌景推进到连吾川附近时，其部队便一定会因沼泽而发生混乱，导致他们在越过连吾川后已经变成了一群乌合之众。当山县昌景进入到联军阵地前方 50 米范围内之后，对方的铁炮足轻便开始向他们射出猛烈火力，以至于当他们接近到联军阵地附近时已经受到了相当大的损失，而三排横队的火力持续性可能也让他们在精神方面受到了一些震撼，因此很容易便被阵

◎ 长筱会战中以三排横队向武田军进行射击的铁炮足轻

地内的步兵所逐退了。

不过山县昌景在第一次进攻失败后并没有立刻溃散，而是在重新整理了部队秩序后再次发动进攻，在承受了巨大伤亡后终于推进到了对方阵线之中，并领导着武田军左翼与大久保忠世发生了长达数小时的激烈战斗。到了此时，铁炮足轻们已经无法再继续施展齐射威力了，战斗遂演变成了白刃战，大部分武田骑兵也下马作为步兵参与到混战之中。当武田军左翼其余部队也投入到战斗中之后，山县昌景又率领着自己的部队向本多忠胜所守卫的阵地进行了一次冲锋，但他本人却被对方铁炮击中身亡，所部也随之崩溃了。

在山县昌景对联军右翼的首次进攻失败之后，由武田信廉指挥的武田军中央也开始前进了。在看到山县昌景在铁炮面前所遭受的打击之后，小幡昌盛让骑兵的步行侍从举着由竹捆制成的简易盾牌列在骑兵前方，试图以此在骑兵能够发动冲锋前为后者提供一些保护，而且他也希望这些步兵至少在一定范围内突破对方工事，否则纵使自己的骑兵再怎么强大，也还是只能在对方阵地面前大吃其亏，要么就只能与步兵一样下马作战。不过这些步兵在突破对方工事前方的防线之后，却还是为木栅栏所阻挡，以至于当小幡昌盛的部队只得下马突破栅栏时也像山县昌景一样一再

◎《长筱合战屏风图》

遭到铁炮射击，而归于失败了。

　　与右翼和中央相比，联军所遭遇的真正威胁反而来自于兵力最密集的左翼。马场信春仅凭700人的兵力便成功地将佐久间信盛逐退到了栅栏后方。但在此之后，由于联军左翼有着一片浓密树林的掩护，他也无法对工事进行迂回，而只能继续像小幡昌盛一样直接向工事前进，并遭到对方铁炮打击，在后续的真田信纲、真田昌辉能够进攻之前，马场信春便损失了大约200人而不得不开始撤退了。

　　当真田部投入到进攻行动之后，由于一部分栅栏已经在马场信春努力下遭到拆除，真田部终于得以突破到联军防线以内

与对方进行白刃战斗，而不久后马场信春也再次前进，这使信长感到左翼已经面临着遭到突破的威胁。甚至马场信春的前卫曾一度推进到了原先由位于佐久间信盛后方的织田信雄所占据的一个山丘，并试图向信长的旗本发动进攻。不过当柴田胜家和羽柴秀吉手中的步兵打击在马场的侧翼和后方之后，后者立刻便发生了溃散，马场信春本人在撤退时手中仅剩下了大约80人。在此期间，真田信纲、真田昌辉也已经在进攻中丧命。从北到南的整条战线事实上已经演变成了激烈却并无进展的混战。

　　在看到前线部队已经精疲力竭却还是无法取得决定性突破之后，武田胜赖终于在大约10时左右决定将自己手中的预备队也投入战场。不过事实上他已经错过了会战的决定性时刻，如果在马场信春突破联军左翼时他便将自己手中的部队投入到突破口中，为己方右翼提供强有力的支援，那么柴田胜家和羽柴秀吉的侧面攻击便可能会被胜赖的预备队所阻挡，而佐久间信盛则会被挤压到背后的树林中自行分裂。虽然信长仍然可能利用庞大的数量将武田军击退，但这却是武田胜赖在这一天里唯一的机会。然而到了此时，联军已经重新夺回了所有被对方突破的阵地，而且武田胜赖也没有将自己的预备队投入到联军压力更大的侧翼方面，反而全部派到了联军最为稳固的中央，并将他们交给了武田信廉。在这样一个愚行之后，武田军这支最后的力量除了又将整条战线上的混战延长了几个小时以外，便再无任何作用了。

　　到13时，双方已经进行了长达7个小

时的激烈战斗。可以想象的是，即使是在人数和阵地上都占据着优势的织田、德川联军也已经混乱不堪并承受了大量人员损失。为整理部队秩序，织田信长下令将所有部队均后撤到木栅后方。武田胜赖在看到联军暂时后退之后，也终于决定放弃战斗并向甲斐方向撤退。

虽然信长刚刚命令后退重整，但当武田军开始撤退后，他立刻又改变了命令。早在会战开始之前，信长曾专门下令要求所有武士和自己为数不多的骑兵不得骑马战斗，以免这些骑兵会在混乱中破坏防线秩序，而现在他又下令所有拥有马匹的人都要上马，从阵地中冲出去追击武田军，步兵也紧跟其后。在联军的压力之下，原本还能够维持有秩序撤退的武田军逐渐开始溃散了。内藤昌丰在本多忠胜、大须贺康高、神原康政追击下战死沙场，马场信春也在掩护武田胜赖时被联军斩杀。不过由于联军手中骑兵数量很少，全军又已经处于精疲力竭的边缘，因此也并没有进行战略性的追击。而武田胜赖在带着3000余名残部退回甲斐后又得到了高坂昌信从海津城带来的大约8000名士兵掩护，返回到了跸躅崎馆。到五月廿五日，信长也带着自己的部队回到了岐阜城。

双方主力进行会战的同时，酒井忠次所率领的5000人解围部队自上午8时左右便抵达了长筱城附近。这支部队自丰川南岸绕过了武田军左翼，一直前进到了城堡东南方。在500名铁炮足轻的掩护下，酒井忠次很快便击败了留在小野川以南的1000名围城部队，杀死了对方的指挥官武

田信实。与此同时，长筱城内的奥平贞昌也开始向北突围，并使对方损失了超过200人，使长筱城在10时左右终于解除了围城。

按照旧日本帝国陆军参谋本部编纂的《大日本战史》估计，武田军在长筱会战中伤亡达到了10000人，而联军也达到了6000人，《长筱日记》则认为武田军伤亡应在7000人左右。如果这些数字是可以相信的，那么织田、德川联军便是在占据着极大人数优势，且拥有着坚固设防阵地的情况下却仍然付出了几乎与对方相当的伤亡，足以证明武田军进攻的激烈程度。

这一战之后，在整场战役中损失了超过一万人（包括逃亡人员）的武田氏事实上已经失去了再次挑战信长的能力，虽然武田胜赖在长筱会战失败后还曾试图对军团编制进行改革，但他手中所剩下的经济能力却无论如何都已经无法负担起这样一个重任了。而且在不久之后，武田氏便因胜赖声望大跌而发生了越来越多的内乱。再加上长岛一向宗信徒的毁灭，以及越后上杉氏交通线不畅难以对近畿发动长时间作战，因此信长的东疆事实上已经得到了完全保证，现在他终于可以腾出所有精力来对付石山本愿寺了，对于武田氏的最终清算，则一直要等到8年后才会进行。

这一战对日本军队带来的影响却远远要比信长平定东疆的意义更大。由于铁炮和足轻在长筱会战中所起到的巨大作用，使日本很多大名都开始认为骑兵已经无足轻重了。但事实上这却是完全错误的，也许织田信长自己对此是最为清楚不过。对方的骑兵驱使着他在长筱城即将陷落时仍

然不敢率领规模远大于对方的部队主动进攻，而不得不在设乐原平原西端地形略显破碎之处建立防御阵地。只是由于武田胜赖错误地运用了这支部队去进攻良好的设防阵地，才使他们暴露在了对方火力打击之下。

不过这些问题在当时却被大部分人忽略了。在这一战之后，各大名虽然加紧了铁炮的普及这一正确措施，对于另一种需要耗费大量现金供养的兵种——骑兵却被荒废掉了。这导致日本军队逐渐失去了对敌军进行决定性冲锋或追击的能力，若非此时士兵的士气仍然较为脆弱（虽然相比战国时代前要算是已经有了极大改善），一经战败便时常发生崩溃，否则缺乏骑兵的日本军队很可能永远无法击溃对方，因为一支军队真正的崩溃往往是在撤退中遭到对方有力追击导致的。所幸的是日本军队中也拥有着一些由武士组成的轻步兵（仅以战术而论，在装备上无疑是要属于重步兵的），在一定程度上弥补了缺乏骑兵所造成的追击困难。

击败武田军之后，信长立刻便将矛头重新指向了一向宗信徒。当年八月，信长率领3万人出现在越前的敦贺，在这支大军面前，不像长岛一样有着坚强阵地的一向宗信徒几乎完全没有抵抗能力。像长岛一样的屠杀也发生在了越前，被杀死的人达到了12000余人，加上被俘者，信徒的损失总共超过了3万人。此后信长又一直攻入了加贺国，攻陷了南部的能美、江沼两地。在此之后，他便留下了柴田胜家担任整个北陆道方面军的总指挥，负责继续

镇压一向宗信徒，并防止北陆越后方向的上杉军攻入近畿，自己则返回了岐阜。

在长岛、越前信徒相继被信长消灭之后，石山本愿寺所能依靠者便只剩下了纪伊国的杂贺众雇佣兵以及西国的毛利氏了。随着信长逐步将整个近畿握在了自己手中，毛利辉元也逐渐感到了织田氏带来的威胁，石山本愿寺则是最后一个能够阻挡织田氏进军西国的防线。只要石山本愿寺依然存在，织田军便无法在将山阳道交通线暴露给前者的情况下进攻毛利氏。本愿寺也请求统辖着安芸国和备后国一向宗信徒的毛利辉元能够派兵占据淡路岛的岩屋，将当地的船夫和水军控制在自己手中，以免信长征用这些船只切断石山本愿寺的海上交通线。

1576年二月，逃亡到了备后国的足利义昭给毛利辉元写信，要求后者"为幕府的再建尽力。"得知此事的信长立刻便认清本愿寺事实上已经成为毛利氏的前哨基地，如果不将其铲除，自己永远无法消灭毛利氏。于是他在四月便命令荒木村重、明智光秀、细川藤孝等人率军进攻石山御坊，很快便封锁了大坂附近所有的道路与河流。不过，本愿寺也动员了一万余人，击败了明智光秀，并将其包围在石山以外的天王寺。

信长获悉天王寺方面告急之后，立即从京都率领三千左右的士兵赶往大坂试图解除天王寺的包围圈。虽然本愿寺的部队此时也已经因动员规模扩大而增长到了一万五千人左右，但在信长本人的迅速行动以及明智光秀军的突围行动下终于无法

维持包围圈，在损失了 2700 人之后向大坂方面退却。织田军也在进抵大坂石山御坊城下后，停止了进攻，其兵力在天王寺会战之后已经受到了相当程度的削弱，没有继续向石山御坊发动进攻的能力了。在这一战结束后，天王寺也被完全控制在了织田军手中，可供石山本愿寺自由行动的空间只剩下宽度不超过 10 公里、纵深不超过五公里的狭长海岸了。

在此之后，信长又在距离大坂稍远的交通枢纽处建起或加固了多达 10 座城堡，分别是尼崎、吹田、花熊、能势、大和田、三田、多田、茨木、高槻、有冈。一方面这些城堡可以彻底压制石山本愿寺再次出城与自己进行野战的可能，同时也可以在织田军未来再次攻击石山御坊时作为前线支撑点和集中物资的兵站，而不需再像原先一样要以京都作为基地。与此相对，本愿寺也只能在守口、鸣野、野江、楼之岸、木津、难波等地修建了大量防御工事，形成一道对垒线来保护石山御坊。

从此时开始直到 1580 年八月为止，石山本愿寺战场正式进入了围攻状态。整个围攻时间长达 4 年之久，在此期间信长虽然坐拥日本最为强大的军事力量，但却从未敢于正面对石山御坊发动强攻。而本愿寺之所以能够在路上交通线完全被封锁的情况下仍能坚持数年时间，其背后除了有着巨大的财力、众多的信徒以外，毛利氏对于濑户内海的控制权才是最为至关重要的。

尽管信长已经调动了数百艘船只以近畿西部为基地对本愿寺进行海上封锁，但在 1576 年七月间，毛利水军还是凭借着多达 900 艘的船只以及更为灵活的战术突破了封锁线，将大批粮食运进了大坂。在杂贺众的支援下，毛利水军与约 300 船只组成的织田水军在木津川口爆发了海战。九鬼嘉隆率领的织田舰队虽然拥有数量不少的大型战舰安宅船，但毛水水军却利用舰型很小、航速极快的小早投掷燃烧物烧毁了大批织田船只。

在此之后，信长终于认识到自己如今所要面对的，不再是长岛一向宗信徒那样拼凑而来的水军，而是一支组织严密、战术娴熟的劲旅。早在 1573 年，织田信长便曾在琵琶湖中建造长达 55 米的大安宅船。在木津川口海战遭到失败后，为应对毛利氏的火攻战术，他又命令手下九鬼嘉隆建造了 6 艘长 30 至 50 米长的铁甲船，仅其上层建筑便有 24 米长、13 米宽。根据西班牙传教士路易斯·弗洛伊斯回忆，这些铁甲船分别搭载有三门火炮、24 支超大口径火绳枪和 68 支普通火绳枪，而其外侧敷设的铁板除可以起到保护木材不会起火的功效以外，甚至能够完全抵挡普通火绳枪的攻击，战斗力远远凌驾于当时的普通安宅船之上。

不过在新的舰队建造、训练完成之前，信长只能从陆路进一步封锁本愿寺。1577 年一月，信长开始在近江国修建一座名为安土城的巨型城堡，这座城堡位于岐阜城与京都之间的中山道上。一个月之后，他便率领着部队从安土出发前往纪伊国，对近畿西部除本愿寺以外的最后一个敌人杂贺众发动进攻。杂贺众虽然原本只是一个雇佣兵集团，但在本愿寺和信长交战的 10

◎ 正在与毛利水军战斗
的织田军铁甲船

年时间里，他们却因有着大量信徒而完全站在了本愿寺一方。这些雇佣兵大量使用铁炮作为武器，还拥有制造铁炮的锻制坊。

对于石山本愿寺而言，杂贺众已经是他们在近畿范围内仅剩的友军了，现在只有这一方面的力量可以在地面上稍微牵制信长的行动。为加强杂贺众的防御工事，本愿寺甚至将大坂极为稀少的火炮也送到了杂贺。在对杂贺进行了一个月围攻之后，信长没能取得决定性进展，最终只得选择撤退。

作为夺取濑户内海制海权的一种手段，从当年十月起，羽柴秀吉被任命为中国方面军指挥官，其居城也从近江的长滨城转移到了播磨国的姬路城，并准备从这里开始对毛利氏发动陆上攻势，试图将毛利氏从濑户内海东部逐出。这一行动的目的与一之谷会战后源范赖西进异曲同工，在扫除本愿寺外援以外，秀吉对播磨国西部、备中国等地的进攻也会成为未来织田氏对毛利氏发动总攻的跳板。

不过从次年二月起，秀吉却因遭到三木城主别所长治的背叛而陷入十分不利的局势。由于三木城控制着山阳道，因此姬路城和京都之间的陆上直接联系事实上被切断了。同时毛利辉元、小早川隆景等人也借机沿山阳道自西向东攻入播磨，秀吉已经陷入了两线作战，最后不得不放弃了西面的上月城全力围攻三木。不过即使如此，他却也像信长一样不敢于将手中那些训练有素的士兵投入损失巨大的强攻之中，只得花费了整整两年对其进行围困才终于攻克该城。由于这些变故，直到1580年之前，沿陆路逐退毛利氏部队，控制濑户内海东部的计划都没有真正得到实现。

1577年下半年，织田氏的大和国信贵山城城主松永久秀突然与本愿寺达成联盟，信长不得不派出自己的继承人织田信忠率军讨伐，最终在十月十日迫使后者自杀。到了1578年十月，摄津国有冈城城主荒木村又与本愿寺达成了同盟。由于荒木村重的变节，播磨的秀吉军不仅彻底陷入了孤立，摄津方面对本愿寺的包围圈也被撕裂了。信长在震动之下甚至一度决定与毛利氏以及本愿寺和解，以免对方从有冈城直接进入京都。

但就在荒木村重变节不到一个月后的十一月六日，自七月中旬便来到大坂沿海封锁本愿寺的九鬼嘉隆率领织田水军，在第二次木津川口海战中击败了拥有600艘船只、试图再次为本愿寺运送粮食的毛利水军。虽然从战术上讲织田氏并未在海战中取得压倒性优势，但这场胜利却是决定性的。它不仅使毛利氏放弃了濑户内海东部，而且也彻底切断了本愿寺最后的海上交通线。从此时起，大坂终于被完全孤立了。

胜利消息传来之后，信长立刻便认清自己已经获得了决定性优势，随即终止了和谈工作。虽然柴田胜家曾在1577年九月被上杉谦信击败，不过由于后者在第二年三月十三日便去世了，其两位养子又陷入了继承权争夺之中，因此信长便将原先派给柴田胜家的佐佐成政、前田利家、不破光春等人调入了尾张、美浓方面军的织田信忠手下，并由后者开始大规模围攻有冈城。到了九月，据守有冈城10个月之久的荒木村重只带几个随从，自己先逃出了城堡。又过了2个月，有冈城投降了。荒木村重的失败使本愿寺陷入了完全绝望之中，甚至连原先在第一次木津川口海战后派到大坂来的毛利援军也开始从本愿寺周边的防线撤回中国，本愿寺手中所能依靠者只剩下城内信徒和杂贺众了。

不过虽然如此，信长也还是不愿意对石山御坊进行强攻。他不仅担心自己的精锐士兵会因攻城战而损失惨重，也希望大坂的寺内町能够完整地落入自己手中，不愿意将其摧毁。因此他再一次向朝廷请求出面调停本愿寺与织田氏之间的战争，而后者也在十二月末向本愿寺送去正亲町天皇的调解书。在此之后不久的1580年二月，别所长治也终于因为无法继续坚守三木城而自杀，使秀吉终于解除了两线作战状态，随即开始准备沿山阳道西进。在此期间，备前大名宇喜多直家也向秀吉投降，成为织田家的从属者。与此同时，信长为了尽快使本愿寺坐上谈判桌，也加紧了逼迫本愿寺显如的脚步，他在三月故意开始散播自己将很快便将全力进攻石山御坊的谣言。

在这一错误情报的误导下，显如向各国信徒、寺院送去了求救信，近乎哀求般地通知各地信徒迅速把兵员、粮食、铁炮、弹药送至大坂，即使为此中止对于本愿寺来说重要的年忌、月忌等佛教活动也在所不惜。然而即使是如此急迫的请求，在大坂已经完全被织田军包围的情况下也已经无法实现了。对此毫不意外的信长借机将和约条件与自己保证大坂信徒性命的誓书交给公卿近卫前久等人，由后者负责进行调停。

按照信长所提出的条件，大坂本愿寺信徒可以在七月到来前撤往别处，南加贺国的能美、江沼两地也将归还给一向宗信徒。为显示自己的诚意，信长甚至还表示可以将自己的一个儿子作为人质交给本愿寺。为了让本愿寺信徒完全撤离，他还命令秀吉暂时停止播磨方面的战事，并允许显如等本愿寺一族转移到杂贺，保证显如等一行的海陆通行。

本愿寺内部对是否停战却发生了争议，门主显如主张接受和约，因为本愿寺到了此时事实上已经没有继续抵抗的能力了。而他的儿子教如却认定信长又会像围攻长岛时一样背信弃义，在信徒们放弃抵抗后推翻和约展开屠杀。后者的主张不仅获得寺内町居民支持，甚至连杂贺众也表示支持。对杂贺众而言，他们认为一旦显如和教如被转移到了杂贺，信长便会再次寻找借口进攻这里，他们宁愿在已被完全封锁的大坂作战，也不愿将战火引向自己的土地。

不久之后发生之事似乎印证了教如的观点。北陆方面的柴田胜家又越过了手取川进攻加贺国北部，打败本愿寺信徒一路攻入了能登与越中境内，甚至还对本愿寺在加贺国建立的金泽御坊发动了进攻。按照约定，信长应该将加贺南部交还本愿寺，但在此之前他却对加贺北部发动了进攻，这便使教如一派变得极为愤怒。教如甚至在写给杂贺众的信中告诉后者不必再听从父亲显如命令，只要听命于自己坚持战斗即可。而显如随后便表示除了自己以外无人能对信徒下令，甚至还表示如果杂贺众仍然帮助教如的话，自己便不再承认杂贺众的一向宗信徒身份。显如与教如父子矛盾对立，本愿寺从内部出现分裂，而其唯一的获利者便是织田信长。

在规定的七月期限之前，显如在四月九日便带着亲鸾像离开了大坂，赶赴纪州杂贺，准备在那里重新建立一座新的本愿寺。另一方面，教如却依然和寺内町军民留在大坂，并宣布只有石山本愿寺才能算是一向宗的本山。对于显如和教如，信长采取了两套完全不同的应对方法。在显如离城之前，信长命令尼崎方面的细川藤孝与中川清秀停止与大坂信徒们的战斗。与此同时，他也下令再次加强对大坂的包围线。信长甚至还在写给佐久间信盛的书信中表示自己无论如何都要占领石山御坊。

与此同时，教如通过逃亡到备后的足利义昭请求毛利氏再次向大坂派出援军。不过，现在织田信长手中最能干的将领之一羽柴秀吉已经腾出手来，开始沿山阳道进攻备前国，他的弟弟羽柴秀长也在山阴道方面从但马国对因幡发动了进攻，毛利氏已经完全无暇响应教如的请求了。信长没有让这个机会错过，他再次请近卫前久前往大坂，才终于说服教如撤离。不过就在教如离开后不久，石山御坊却在一场大火中被烧毁了。起火原因到今日已经不甚明了，不过无论是教如撤离后命人烧毁，还是信长为彻底埋葬石山本愿寺而烧毁御坊，抑或是当地居民在混乱中失火烧毁，信长将责任完全推给了自5年前起便担任石山本愿寺攻略作战前线指挥官的佐久间信盛，将后者及其儿子信荣一起流放到了偏远的熊野边境。

教如在离开大坂之后一度前往杂贺试图获得显如原谅，但后者却拒绝对其表示理解。此后教如几乎完全失去了立足之地，甚至一度希望投奔武田胜赖。直到后来丰臣秀吉时期，教如才在1593年显如去世一年后得以继承秀吉在京都为显如重建的本愿寺。到 1602 年，这座本愿寺又因继承权问题一分为二，分裂成了西本愿寺和东本愿寺，一向宗自此已经失去了所有政治影响力。

石山本愿寺的倒塌，不仅使信长的西疆终于得到了确保，而且也扑灭了所有试图在近畿威胁信长的希望。只要这一反信长势力的最后桥头堡仍在，如同松永久秀、荒木村重一样的叛变就仍将不断出现，而毛利氏也可以通过大坂继续对近畿施压，使京都永远无法完全安定下来。而这一战，也显示在战国日本这样一个攻城设备不周的国家中，想要攻克一个巨大的城堡是何等艰难。

这一战的结束同时也正式宣告着一个新时代的来临。在此之前，战国时代的大名们已经共同摧毁了庄园制经济体系，侵占了几乎所有皇室和贵族领地，架空了皇室以及公卿最后的实权，贯穿自镰仓时代至战国前期的整个日本中世社会体系已经摇摇欲坠。随着石山本愿寺举兵的失败，在中世社会秩序最后的遗孤寺院势力也衰落了，整个日本所剩下的唯一政治力量便只有武士了。

自进入近畿之后，信长便不断与各寺院进行着大量争斗，他甚至在 1571 年对参加反信长包围网的比睿山延历寺进行了屠杀，而后者却正是在平安末期白河法皇口中为数不多的令他无法驾驭之事之一（"贺茂川之水、双六之赌局与山法师，天下间唯此三事不如我意！"）。同样出于对寺院势力的控制意图，信长也屠杀了长岛一向宗信徒。当寺院也从日本政治版图上被抹去之后，完全由武士治世的时代便开始了。在此之前的镰仓、室町幕府，在理论上只有统治天下武士的权力，而在此之后的江

◎《本能寺烧讨图》，原本有希望统一日本的织田信长在 1582 年遭到家臣明智光秀谋害，死于京都的本能寺

114

户幕府，却毫无疑问地成为全日本所有人口的主宰。自石山本愿寺举兵的失败到江户幕府的建立，日本的近世社会拉开了帷幕，这一时代直到 19 世纪末明治维新后才宣告结束。

本愿寺妥协后，在整个日本范围内都已经没有谁能阻挡信长继续前进的脚步。大坂陷落同年，由于佐久间信盛的河内方面军已随着信盛本人被流放而解散，为确保近畿地区的安全，他又以明智光秀为首组建了新的近畿方面军，而羽柴秀吉的中国方面军也终于得以不受干扰地展开对毛利氏的进攻。

1581 年二月廿八日，信长将近畿方面军、柴田胜家的北陆方面军、织田信忠的东海方面军以及他本人的直辖部队等 13 万人集中在京都，在天皇注视之下进行了持续整整一天的阅兵。1582 年二月，他又借武田氏内乱的机会发动了他的最后一次战役。包括德川家康、北条氏直的同盟军在内，其动员兵力达到了 17 万人，到三月十一日，武田胜赖和武田信胜被迫自杀，曾在武田信玄时期威震东海的武田家被彻底抹杀掉了。

在此之后，信长在大坂又组建了新的四国方面军，指挥官为织田信孝，其任务即为占领四国岛。然后由于这一新军的存在，使专门用于维护近畿安全的明智光秀显得无足轻重了，信长也就决定将其转而安排到出云、石见两国，以便让其与秀吉一同对付毛利氏。不过由于出云、石见此时都仍在毛利氏控制下，这两国不仅土地远不及他现在所控制的丹波富饶，而且想要取得这块土地，还要先进行一场大规模

战役才行，这也就使明智光秀对信长感到十分不满。1582 年六月二日夜间，明智光秀突然率军进入了京都，袭击了正在本能寺与公卿会面的织田信长，后者以及在附近妙觉寺下榻的织田信忠都遭此横祸殒命。

当死亡突然结束了这位天下人（即掌控天下之人）长达 20 余年的胜利时，信长的军团事实上已经站在了统一日本的边缘。如果不是明智光秀背叛的话，信长统一日本的工作毫无疑问是能够在之后数年中完成的。信长失败的原因事实上与他成功的原因是一样的，那就是他给予了方面军指挥官们过大的权力。当某一方面的作战结束之后，信长希望解散这一方面军，将这些人力、财力以及土地挪作他用时，由于军队的动员制度将土地和兵源牢牢地拴在了一起，他就不得不剥夺或者转移指挥官的封地，从而引起后者不满。早在明智光秀之前，泷川一益便曾因被转封至经济落后的关东方面军而心怀不满，佐久间信盛的流放更是使织田氏几乎所有方面军指挥官都感到忧心忡忡，担心自己是否也会遭此命运，其最终恶果便是明智光秀的叛变。

由于织田信长和其指定的嗣子织田信忠均在本能寺之变中殒命，整个织田氏立刻陷入了一片混乱之中。统一日本的事业到此时似乎已经走进了死胡同，如果织田氏就此分裂灭亡，日本的战乱便又要持续多年，直到再次出现一位像信长一样占据天时地利的天才。不过幸运的是，此时一位织田家的大将站了出来，接下了统一日本的大业，并以丰臣秀吉之名成为日本历史上罕见的征服者之一。

大事记四

日本的再统一

与此同时，远在备中高松城与毛利军对垒的羽柴秀吉截获了明智光秀的使者。收到信长遭到刺杀的消息之后，秀吉立刻在毛利军尚不知此事时与其议和，并立刻开始准备返回近畿。在按照议和条件要求高松城主清水宗治切腹后自杀后，秀吉于六月六日率军回到了姬路城，随即在将自己的财产分发给手下军队后开始迅速返回近畿，并在途中取得了附近地区的织田众将支持，到十一日秀吉抵达尼崎城时，其军队人数已经达到了 4 万人。

六月十三日，明智光秀在大山崎被羽柴秀吉击得惨败。明智光秀在试图逃回坂本城途中被猎杀落难武士以向其对手邀功

由于在行动前缺乏广泛的支持，明智光秀虽然成功杀死了信长和信忠，并强迫朝廷册封自己为征夷大将军，其后又占领了山城国和近江国的几乎全部土地，但却难以取得更进一步的进展。与自己有着姻亲关系的细川氏拒绝合作后，驻扎在近畿以内的中川清秀、高山右近等原本隶属其指挥的部队也没有加入明智光秀，随着时间的推进，其地位也愈发危险。他本人也已经认清如果自己不能迅速获得原织田众将的支持，当柴田胜家或羽柴秀吉等人以讨伐叛徒的名义对自己发动进攻时，以明智军现有兵力很难在交战中获得胜利。因此在受封征夷大将军之后，光秀便向全天下发出檄文，要求各地大名与其合作，但这一行动却根本没有得到任何回应，最终他只能在留下明智秀满驻守安土城抵御柴田胜家后自行率军平定近畿。

◎ 丰臣秀吉

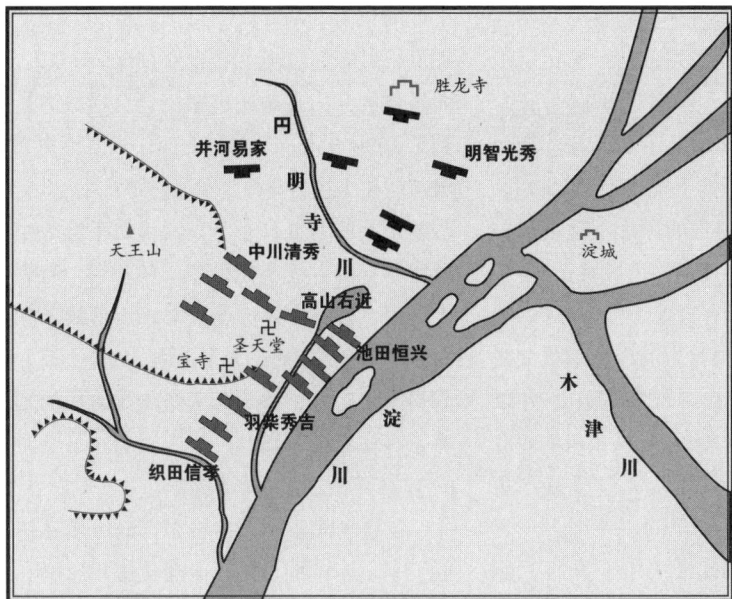

◎ 山崎会战

请赏的百姓杀死。从六月二日凌晨的本能寺之变到六月十四日被百姓杀死，光秀以征夷大将军之职自称天下人的时间仅延续了 12 天便宣告结束了。

在山崎会战中击败明智光秀后，羽柴秀吉在短时间内便扫清了明智光秀的全部残余力量，成功将近畿地区握在了自己手中，接下来其将要面对的则是一系列政治问题。由于信长和嫡子信忠均已丧命，织田家的命运便被握在了羽柴秀吉、柴田胜家等几位方面军司令手中。在这些重臣之中，刚刚击败明智光秀的羽柴秀吉无疑是声望最为显赫的一位。当柴田胜家、羽柴秀吉、丹羽长秀、池田恒兴在清州会面讨论织田家应由何人继承时，柴田胜家在会议上拥戴信长的三子织田信孝，秀吉则以信长早已决定将家督传给织田信忠为由决定拥立信忠之子，此时年仅三岁的织田秀

信。丹羽长秀和池田恒兴二人早在山崎会战时便已接受羽柴秀吉指挥，此时自然也站在了秀吉一边，使得秀吉最终成功压倒了胜家，以织田秀信监护人的名义成为织田氏的实际控制者。

不过在此之后，柴田胜家又与织田信孝以及东海地区的军团司令泷川一益结为同盟对抗秀吉，信长的妹妹阿市甚至还在信孝的主持下嫁给了柴田胜家。这样一来，织田家内部之间的冲突已经无法避免了。1582 年十二月至 1953 年七月间，羽柴秀吉进行了两次卓越的战役，分别击败了织田信孝、柴田胜家和泷川一益。在这些战役中，与织田信长一样，羽柴秀吉也是凭借着对京都的内线优势，才能以总数并不占优的兵力击败了东南的泷川一益、东北的柴田胜家以及东面的织田信孝三人。

柴田胜家战败自杀后，秀吉又逼迫织

田信孝切腹自裁，泷川一益则在七月初选择向秀吉投降。至此，秀吉已经平定了织田氏原有的全部领土，而其周围的土杉氏、德川氏、长宗我部氏以及毛利氏在此期间却并没有对其进行任何干扰。回到京都后，秀吉下令在石山本愿寺的原址上建筑起一座比安土城更加宏伟壮丽的大坂城。

不过秀吉却并没有享受太长的和平，到了1584年，原本支持秀吉的织田信雄又联结德川家康向秀吉宣战。如果家康在一年以前与泷川一益同时从东海起兵，很可能便会迫使秀吉无法在东海仅留下一支监视部队后将主力全部投入到与柴田胜家的决战中。到了1584年，德川家康和织田信雄便只能单独面对占有绝对优势的羽柴大军了。

与人数众多的秀吉相比，德川家康手中此时仅有35000人的可动员兵力，即使加上织田信孝，总兵力也仅有60000人左右。而秀吉的兵力在与所有家臣会合后兵力达到了125000人，是前者的两倍。但德川家康却能在小牧山与秀吉对垒达8个月之久，甚至还在四月九日至十日的长久手会战中取得了一场并无决定性意义的小胜。直到十一月，秀吉才终于设法与织田信雄单独媾和，使德川家康陷入了孤立。一个月后，德川家康将三子德川秀康送给秀吉成为其养子，与羽柴军媾和，为历时超过8个月的1584年战役画上了句号。

在整场战役中，虽然秀吉最终还是达成了平定东疆的目的，但却使德川家康在国内赢得了极大的声望，一跃成为除秀吉以外最具影响力的大名。为使家康臣服于

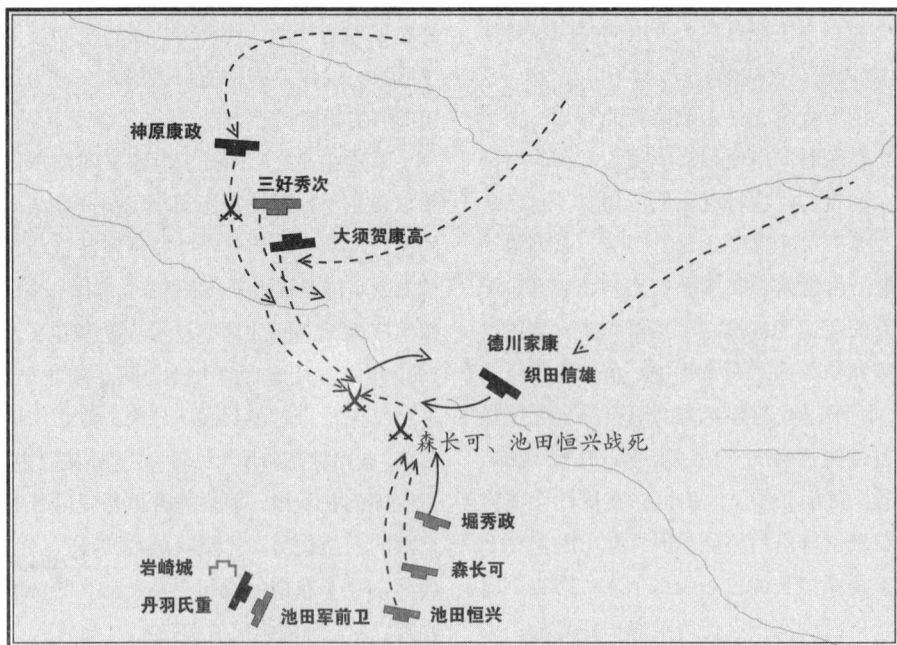

◎ 长久手会战

118

自己，秀吉在两年后主动提出让自己的妹妹与家康联姻，其后为促成家康上京觐见宣告臣服，秀吉甚至还暂时将自己的母亲交给家康作为人质，保证自己在家康上京时不会暗害后者，才终于使家康来到大坂宣告臣服。

在利用两年时间彻底解决了东疆危机之后，秀吉终于得以将目光转向西方，并在 1585 年和 1587 年分别击败了四国的长宗我部元亲和九州的岛津义久。

早在 1582 年击败明智光秀之后，秀吉便不断向朝廷示好，取得了后者的支持。与德川家康讲和之后，秀吉曾一度希望天皇加封自己为征夷大将军，以便自己开设幕府。虽然皇室曾在平安时代末期以源氏从未获封过此职为借口拒绝过木曾义仲，但现在这一职务却又因必须与镰仓幕府具有继承关系而变成非源氏不可了。由于出

身低贱，秀吉甚至无法像德川家康等人一样伪造家谱声称自己是源氏出身，最后只得拜公卿近卫前久为养父，成为藤原氏的一员，并终于在击败长宗我部之后被朝廷任命为代替天皇治理天下的关白，年底又得到了公卿的最高官位——太政大臣，并受天皇赐姓丰臣，成为除源氏、平氏、藤原氏、橘氏以外的第五个皇族姓氏。在那之后，丰臣秀吉向全国所有大名宣布《总无事令》，要求各大名之间未经关白许可，不能以武力解决争端。在经历了长达百年的战乱之后，武士的天下终于由一位农民之子统一了。

1590 年，丰臣秀吉调动 20 万大军，在一场巨大的围攻战中消灭了试图割据关东的后北条氏。小田原战役结束后，关东地区的原后北条氏领地被封给了德川家康，使后者的领地增加到了 250 万石，成为除

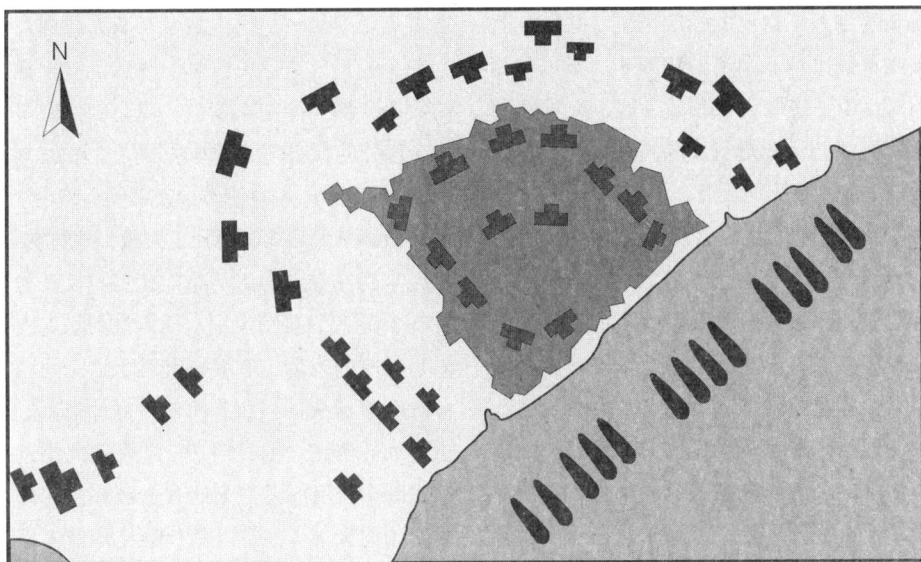

◎ 小田原的围攻

丰臣家以外日本最有实力的大名。德川原有的东海领地则纳入了丰臣家的直辖领。通过这一措施，秀吉终于使自己一直忌惮的家康远离了近畿地区，在军事上无法再对丰臣政权的核心地带构成直接威胁。伊达政宗则因为在小田原战役中迟到而被迫将会津交给了蒲生氏乡，后者在次年彻底压平了日本东北地区的一揆势力。

到 1591 年时，日本已经完全处于丰臣秀吉一人的统治之下，西起九州、北至虾夷的全国土地都已经恢复和平。但他很快就发现自己还有很多问题必须解决。早在大约 50 年前，来自西班牙和葡萄牙的传教士便从九州进入了日本。到 1587 年秀吉远征九州时，虽然基督教势力在秀吉的战略核心近畿并没有发展起来，但在九州却已经形成了一股巨大的力量，信徒已经达到了 20 万人之巨，而且手中还掌握着一座开放港长崎。九州征伐结束后不久，秀吉便将长崎划入了自己的控制范围，并宣布驱逐来自伊比利亚半岛的传教士。不过与此同时，为了赚取大量税收，他也允许欧洲商人继续与日本进行贸易，并鼓励日本人前往菲律宾等地经商。

为将全国的税收以及兵役制度精确化，秀吉从 1582 年起便开始在自己的领地内进行检地，即丈量农田面积，估算粮食产量。在征服整个日本后，又将这一政策推广到了其余大名的领地。在稳定了农业经济基础的同时，秀吉对于京都、堺町以及九州博多等地区的商业也采取了刺激和支持手段，将这些地区紧紧握在了自己手中，使其成为他的另一大经济来源。此外，全日本的主要金矿也被秀吉掌握了。

在这些巨资来源的支持下，秀吉重新修缮了天皇的宫殿以及公卿的宅邸、寺院以及神社，并经常向天皇进献金银珠宝，使朝廷对于自己的支持与日俱增，稳定了自己权力的基础。确立自己在皇室中影响力和地位的同时，丰臣政权也在致力于控制社会底层的农民力量。1588 年，秀吉颁布了刀狩令，宣布严格禁止农民保有刀剑、长弓、长矛或者铁炮等任何类型的武器。通过收缴农民武器的行动，秀吉事实上强化了信长所推行的兵农分离制度，并借此彻底毁灭了一向宗起义的军事基础。

到 1592 年时，丰臣秀吉已经建立了一个和平而秩序井然的日本，但国内大名们却并没有安定下来。在丰臣秀吉之前，织田信长为了避免大名依然占有自己的领土，不惜花费大量时间和鲜血来执行消灭政策，试图将日本所有土地全部划入织田氏名下，以避免日本统一后再生战乱。而秀吉却与之完全相反，这位关白对于愿意臣服于他的大名，都一律加以宽赦，使他们保留至少一部分的原有领地。但秀吉在过去 10 年中惊人的胜利，还是使不少大名领土缩小，而另一部分大名却又得到了大量土地封赏。若无丰臣氏在武力上的绝对优势，以及秀吉本人过人的政治风度，日本重新陷入内战只是时间问题。丰臣秀吉对于这一问题自然有着清醒的认识，而他所做的选择，也一如任何统一的岛国——入侵距离最近的大陆，利用后者的土地和资源来供养和封赏国内大名。而这一战，最终却使丰臣政权流尽了自己的鲜血。

第四章

文禄・庆长之役

早在织田信长于本能寺之变中遇害前，便曾萌生过在统一日本后对明朝发动进攻的野心，而实现这一野心的第一个步骤，便是将朝鲜纳为自己的属国，以此为跳板进攻大陆。秀吉确立了自己在日本的统治权后也继承了这一野心，同时他也希望能够打破明朝在对外贸易上的封闭政策。这就促使着秀吉在1587年调遣大军击败岛津氏后将包括加藤清正和小西行长在内的一批亲信将领分封到了九州，为出兵海外进行准备。日本的军队自大和政权在公元7世纪派兵支援朝鲜西南部的百济国抗击唐朝进攻以来，除倭寇海盗外便再没有迈出国门，而其上一次与外国发生大规模战争还要追溯到公元13世纪的元寇来袭时期。

对于朝鲜问题，秀吉事实上并不想要战争，而希望能够在外交方面达成和解，但和解的基础却必须是他自己想要的条件，即朝鲜成为自己的属国，并支援日军从朝鲜进入中国的计划。在蒲生氏乡刚刚平定陆奥和出羽的农民起义后，秀吉便命令诸大名做好渡海出兵的准备，而他自己也在九州北部建造了名护屋城作为大本营。

早在平定了九州之后，秀吉命令刚刚臣服的对马大名宗义调作为中间人要求朝鲜向自己纳贡称臣。1588年，宗义调命令自己的嫡子义智、僧人景辙玄苏以及博多

◎ 秀吉在九州北岸修建的名护屋城模型

豪商岛井宗室前往朝鲜。不过由于朝鲜历来与对马的宗氏关系紧张,交涉迟迟没有进展。直到夹在秀吉与朝鲜中间的宗义调终因过于焦虑苦闷而死,暂时回国的义智继承父位后的1590年三月,朝鲜才终于派通信使前往日本。

这支超过300人的大使节团虽然于七月便到达京都,秀吉却到十一月才予以接见,朝鲜使节在觐见秀吉后也只对他统一日本表示了祝贺,而没有在入明的问题上给予任何答复。此后一年中,秀吉依旧在进行外交努力,但最终却仍然无法获得自己想要的结果,朝鲜甚至向中国纳贡成为后者属国以寻求保护,日本历史上第一次对亚洲大陆的侵略已经无法避免了。而这一巨大的行动,也将耗尽丰臣政权的鲜血。

1592年一月五日,丰臣秀吉正式对全国所有大名下令进行临战动员,其动员的兵力达到了空前的三十万人。按照秀吉的计划,在进攻朝鲜时将使用日本西部大名手中的大约16万兵力,与此同时东国部队将集中在名护屋附近,占领朝鲜全境后再渡过对马海峡投入对明朝的进攻之中。在此过程中,由于诸大名的部队人数相差极为悬殊,从最小的数百人到最多的毛利军3万人,难以在海外协调作战。为此秀吉首次将16万西国大名的部队分别编成九个军,其人数在1万人至3万人之间,每个军均可单独进行一方面的战斗,而且由于各军均拥有数量庞大的仆役人员,因此也可以算是拥有了自己独立的后勤支援。但致命的是,这支大军却并没有一位最高前线指挥官,各军的将领事实上也根本没有

像秀吉那样统领超过一个军兵力的能力。在当时的日本,拥有这种能力的将领仅剩下丰臣秀吉和德川家康两人,前者由于无法在国内找到一位合适的代理人而无法前往战场,后者也因为秀吉担心其在战场上获得过大声望而不敢将他派上战场。

从1592年三月开始,以小西行长、宗义智为首的第一军18700人在对马完成了集结工作。由于秀吉的目的始终在于进攻明朝,宗义智和小西行长也一直在通过往来于朝日之间的商人进行着外交努力,因此这一工作直到双方开战后也没有停止。按照计划,第一军将首先登陆釜山,在朝鲜半岛南端开辟登陆场,并确保其周边阵地的安全。在此之后,加藤清正、锅岛直茂领导的第二军22800人和第三军11000人也将在朝鲜南岸登陆,并与第一军互相支援迅速向北推进,以最快速度攻克王都汉城,迫使朝鲜与日本讲和,加入日军进攻明朝的行动。在前三个军北进同时,第四、第五、第六、第七军的总计84700人也将相继登陆,镇压各地叛乱,确保前三个军后方交通线的安全。此外,第八军和第九军则作为总预备队驻扎在对马岛,随时做好进入朝鲜支援其余七个军的准备。

与秀吉集结的全日本大军相比,朝鲜部队虽然对外宣称拥有20万人,但却根本没有认清日本人已做好了进攻准备,因此在战前没有进行临战动员,至日本军踏上朝鲜半岛时仅有寥寥数万名正规部队,而且兵力也被分散在朝鲜各地,根本无法在短时间内应对日军的快速进攻。对于朝鲜潜在的动员能力,秀吉所仰仗者即为快速

◎ 在文禄·庆长之役中
率领第二军的加藤清正

的闪电攻势，只要自己的部队能够不断打击在更多重镇之上，对方便永远不能有效动员。

1592年四月十二日，第一军在700余艘战船的运载下登上了釜山海岸。日军在入侵前的消息封锁使朝鲜人受到了奇袭，当旌旗招展的日本武士在大批战舰掩护下到达朝鲜时，朝鲜守军便受到了极大震撼。仅仅一天之后，日军便凭借大批铁炮的火力优势攻陷了釜山城。十四日，东莱城也被日军攻陷，十五日，庆尚道左水营连同舰队一起落入日军手中。短短4天时间，第一军便攻克了庆尚道的大半地区，将釜山港及其周边地区握入了日军手中。在此之后，第一军并没有停下脚步，而是快速向北，在接下来的3天内相继攻克梁山城和密阳，其在登陆一周之内快速向前推进了将近100公里。朝鲜方面在日军快速打击下根本没能组织起有效防御，只能任由对方蹂躏自己的土地。

在釜山陷落后，加藤清正的第二军也在十七日登陆，并立刻取道向北，在次日即攻陷了彦阳城。四月廿日，加藤清正兵临庆州城下，从彦阳逃亡而来的溃兵与当地守军以及民兵会合在一起，出人意料地集结起了一支数千人的部队进行抵抗，不过很快即因为缺乏统一指挥而被日军击溃，庆州城也落入日军手中。

彦阳陷落当日，黑田长政、大友吉统的第三军在釜山以西的安骨港登陆。当日本舰队抵达时，朝鲜人试图将战船连接起来封锁安骨港入口，但却被日军舰队突破了。后者在控制港口后立刻便对其附近的金海城发动进攻，此地守军虽然进行了防御准备，但日军却很快便开始收割附近的麦子来填充城外壕沟，并利用铁炮压制朝鲜城墙上方的守军，很快便攻克了金海城。其后第三军向西攻入昌原，并开始经由昌宁、玄风、星州和金山等地越过秋风岭进入忠清道，向汉城进军。

在日军三个军的前卫部队攻击下，庆尚道此时已经彻底陷入了一片混乱。朝鲜虽然在此地驻扎有一万余人的正规部队，但均已在日军登陆后 10 天内即被击溃，只剩下对日军暴行不满的民兵力量仍在抵抗，但到此时为止的效果也十分微弱。朝鲜只得认命李镒为庆尚道巡边使负责重新组织半岛南部的防御，不过派给他的增援兵力却只有 300 人，其余部队只能从庆尚道本地征调。到廿日李镒抵达尚州时，其手下仅能集中一千余人，很快便被廿四日抵达城下的小西行长击败，阵亡人数超过 300 人。

不过在此之后，日军终于即将面对一支拥有较强实力的守军了。在李镒抵达尚州的第二天，朝鲜又任命申砬总领庆尚道、全罗道以及忠清道的全部兵力，并为其配备了多达 3000 名骑兵，这对于几乎完全以步兵组成的日军而言无疑是一个极大威胁。到日军击败李镒时，申砬手中已经集中了 8000 兵力，如果他将这支部队部署在李镒自尚州陷落后便据守的鸟岭隘口，日本方

面的第一军便将在前进时面临极大困难。不过申砬却并没有作此部署，反而命令李镒从鸟岭撤退，与自己一同据守忠州，而将通往此地的交通线完全让给了日军。

申砬此时已经认清，即使自己能够在鸟岭阻止第一军的前进，加藤清正和黑田长政也能够从第一军两翼进抵忠州，反而使自己被切断在鸟岭。自己手中的兵力又少于任何一支日军，难以利用内线优势将对方分别击败，只能尽可能在忠州以西的平原上充分发挥骑兵的威力击败对方。

四月廿七日，第一军通过鸟岭进抵忠州，申砬将全军部署在了汉江以南的弹琴台高地上，寄希望于趁日军从鸟岭跃出隘口后秩序发生混乱时对其进行攻击。其占据的阵地面对着一片平原，可以使骑兵的冲击力得到发挥。但致命的是，由于背靠河流，骑兵在发动冲锋后无法回到步兵背后进行重组。而且出乎他的意料，日军在隘路中的行军并没有遇到任何困难，至当天中午便完全展开在了忠州以西的平原上。这样一来，当朝鲜骑兵真正发动冲锋时，便迎面撞在了日军早已完成部署的方阵步兵面前。与任何试图攻击完整步兵队列的骑兵一样，朝鲜人也很快即被击退。可此时背后的己方步兵却阻挡了骑兵的后退重组，致使全军的秩序都发生了混乱，大量步兵被向后溃退的骑兵挤下了断崖，甚至连申砬本人也在会战中阵亡了。

尽管超过 4 万的敌军近在咫尺，汉城周边的朝鲜军队却还不到敌军的一半，而士兵们甚至还在不停逃亡。五月二日，第一军在登陆釜山仅仅 20 天后便在没有受到

小西攝津守
行長

父八泉州堺の商
と云小西清兵衛後
ち賣小西清兵衛後
に清と号し行長
始め弥九郎と云
蒲前
岡山の商人の
養子となる
其性富
搜那の辯
あるをもて澤田
直家京師お使者とし秀吉その
奇才を賞し讃て臣とき其後
朝鮮の役に清正と倶に
潮聲して其の功を伯仲せり

先驅して其功を伯仲せり

朝霞樓芳幾画

◎ 在文禄・庆长之役中率领第一军的小西行长

抵抗的情况下进入了汉城，朝鲜国王和全体朝臣则早在十九日便逃往了北方的平壤，希望能够在那里召集足够的兵力进行据守。但当他们于七日抵达平壤后，却发现各地军队均已在日军如闪电一般的推进中丧失了斗志。仅有李镒等人仍在率领各地的数千名士兵阻挡着日军渡过临津江的脚步。而在其阻碍下，日军直到五月中旬都没能跨江继续北上。在此期间，第四军至第九军已经全部登上了朝鲜土地，其中第三军、第四军和第八军已经进抵汉城，而第五军、第六军、第七军和第九军也开始在釜山登陆，掩护后方交通线的安全。就连秀吉本人都已经下令前线部队为其建造新的前线指挥所，准备与后续的东国部队一同渡海。

不过从此时开始，李舜臣和李亿祺所率领的朝鲜舰队却给日军海上交通线造成了严重打击。侵朝日军虽然可以通过在当地征发粮食来解决食物问题，但铁炮和弹药以及其余一些补给物资却还是必须经由海路从日本运来。秀吉为此专门下令组建护航舰队掩护来往于海峡两岸的运输船，但安宅船在舰体强度和火力方面均远不及朝鲜龟船，在交锋时落于下风，因而无法抑制朝鲜舰队的破交行动。

而更为严重的是，由于朝鲜民兵的干扰，日军利用朝鲜河道从釜山向前线运输物资的工作也受到了干扰，结果只能利用第一、第二、第三军三支部队在进攻汉城时所经过的三条陆上交通线为各部队运输补给，而随着越来越多的部队进入汉城，三条交通线被大量物资挤得水泄不通，运输能力趋近饱和，位于最北端的第一军和第二军所能获得的补给也越来越少。第五军、第六军、第七军和第九军原本在镇压了釜山至汉城之间的民兵后应前往汉城，但随着民兵数量越来越多，这四个军超过 8 万人的兵力便被长时间地牵制在了战线后方，无法迅速与前卫会合。

此外，秀吉本人最终由于并没有来到前线，在汉城陷落后便对战场局势产生了过度的信心，他按照朝鲜八道将战场分为八个战区，并命令各军分别对自己辖区内的民兵进行镇压。因此从汉城出发向平壤进攻的事实上仅有第一军和第三军不足 3 万人的兵力。而自五月中旬起，这支部队便被困在了临津江南岸，虽然朝鲜部队在五月十八日进行反攻失败后便从临津江北岸撤退了，但日军在船只不足的情况下却没能立刻渡河，而是一直等到了五月底才继续进军。

不过话虽如此，第一军还是在六月八日便到达了平壤，迫使朝鲜王室再一次逃亡。为掩护逃亡的准备工作，朝鲜方面向小西行长提出讲和。到十一日王室离开平壤向北逃去后又中断了讲和工作，并利用 400 名精锐士兵在十四日至十五日夜间对日军在大同江沿岸的阵地进行奇袭。这次奇袭虽然给宗义智造成了一定混乱，但由于时间上的延误，最终几乎全军覆没。一天之后，第一军进入了平壤，并夺得了当地保存的大批粮食，在相当程度上减缓了日军的后勤压力。

在第一军进攻平壤的同时，第二军则在从汉城出发后不久便将矛头转向了东方，沿咸镜道南端向东前进，而由毛利吉成和岛津义弘率领的第四军14000人也从南方进入江原道。通过这一系列行动，日军将整个朝鲜半岛切断为南北两部分，并将南部孤立在了日军控制范围内。在此之后，加藤清正开始率领第二军沿朝鲜半岛东海岸向北推进，对逃往咸镜道中朝边境的两位朝鲜王子进行追击，并在七月十七日的海汀仓一战中击败朝鲜军，最终于廿三日在会宁抓获了两位王子。日本人在朝鲜几乎已经取得了完全的胜利。

到七月下旬，整个朝鲜半岛都已经落入了日军手中。但此时16万日军却也已经过于分散了，第一军停留在了平壤，第二军远在整个朝鲜半岛的东北端，第三军和第四军正在江原道，其余各军还被民兵拖在汉城以南的地区，朝鲜朝廷也拒绝与日军和谈。而此时却出现了一个足以改变战争力量天平的因素——明朝军队进入了朝鲜。

虽然从1592年四月起明朝便被卷入了宁夏方面的叛乱之中，但在看到朝鲜在短短3个月内便被几乎被日军完全占领后，他们终于意识到，如果不将战火限制在朝鲜半岛内部，日军很快便会进入中国。因此也只得派出辽东副总兵祖承训率领3000名骑兵和2000名步兵入朝增援。

六月十四日，祖承训率军从辽阳出发前往义州。在抵达义州后，他却得到情报说第一军主力已经从补给不便的平壤撤退，因此在七月十四日便在400名朝鲜军的支援下前往平壤以北的安州，准备夺回平壤。朝鲜方面的将领一再劝说祖承训，告知后者日军作战素质要远比其先前一直讨伐的女真人或鞑靼人更强。但祖承训却并不听

从劝说，在十五日夜间与金命元的三千朝鲜军会合后便开始向平壤进军，并在十六日黎明攻入平壤城内。日军虽然在战斗开始阶段遭到了奇袭，但很快便恢复了秩序并开始利用铁炮的齐射大量杀伤在城内毫无用武之地的明军骑兵，使祖承训几乎全军覆没。第一军也随后便出城对其发动了猛烈追击，直到被金命元的朝鲜军队阻挡后才退回平壤。

相对于早已明了日军实际战斗力的朝鲜将领而言，明朝对于祖承训的惨败十分惊愕，立刻改组了整个辽东地区的指挥体系，改由兵部直接派出宗应昌担任经略大臣，并于十二月将在宁夏地区表现出了卓越指挥能力的李如松调到朝鲜方面担任提督，开始向朝鲜方面集中大规模部队。与此相对，从五月底开始，日军便由于缺乏给养而开始大规模向当地的百姓征发粮食，而在激起民兵反抗后又以残暴的手段进行镇压，从而又激发了更为强烈的抵抗。导致越来越多的日本部队被拖在交通线方面，甚至第二军进攻会宁时都被迫自行分兵确保后方安全。

在沿海的平安道和黄海道两地，由于日军无法切断朝鲜方面的海上交通线，在围攻朝鲜要塞时遭遇了极大困难。忠清道的西半部分与全罗道的全境也依然在朝鲜军的控制之下。忠清道与庆尚道西部的情况是最为严峻的，在晋州城攻略失败后，规模不断扩大的民兵与从全罗道方面对其进行支援的朝鲜正规军不断袭击日军营地，第四至第九军穷于应付，甚至被迫从本土再次征调了一万余人，与石田三成、大谷吉

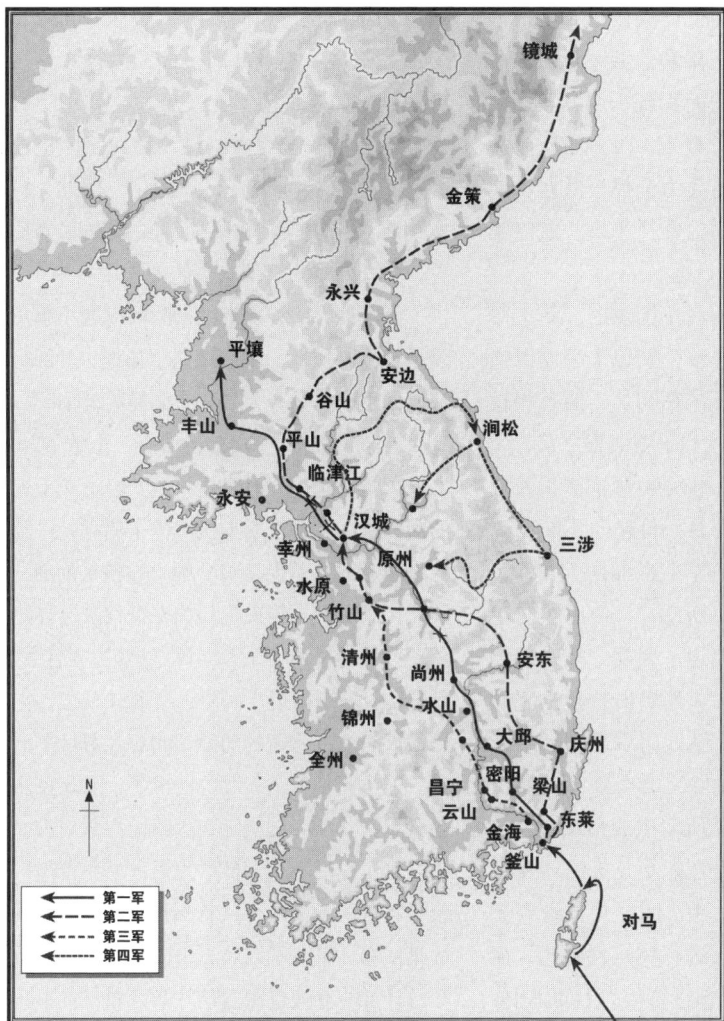

◎ *1592年战役中日军的行动路线*

继、吉川广家等人一同来到战场执行后方警戒任务，而这又进一步加重了原本便因朝鲜舰队袭击而严重下降的海上补给负担。

1593 年一月五日，李如松终于率领 4 万余人与李镒率领的 8000 名朝鲜士兵再次进攻平壤。这些部队拥有大批骑兵，同时也装备有一定数量的火炮。此时驻扎在平壤的第一军人数已经下降到了 15000 人左右，小西行长只得向附近的第三军和第五军求援。到一月六日，明军开始利用大炮轰击平壤城墙，很快将城墙破坏，并攻入城内，而日军只能退入内城。由于很多部队撤退的路线都被中朝联军切断，因此退入内城的部队人数已经减少到了 8000 人，其余残部则被赶过了封冻中的大同江。

不过到了此时，明军已遭到了一定程

度的损失，而且时间也已经接近黄昏，李如松担心会遭到第三军和第五军反攻，命令部队退出平壤。然而直到一月八日，第三军和第五军也没有赶来，两方面反而通知小西行长说自己的兵力全都分散在各地平乱，无法在短时间内前往平壤，最终第一军只得单独向汉城撤退。

在平壤遭到中朝联军围攻时，第三军的大友吉统和黑田长政分别位于平壤以南的凤山城和汉城以北的白川城，两者相距长达70公里。而在收到平壤败报之后，大友吉统立刻带着自己的3000人向黑田长政靠拢。不过由于自一月六日起便不断有从平壤溃散而来的第一军残部涌向大友军，后者很快便被其恐惧所感染，使原本有组织的撤退成为一场溃退。到第一军残部和大友军抵达白川城时，连黑田长政也感到自己无法坚守要塞，继续向后退却到了开城，与第六军的15700人会合在了一起。几乎与登陆时朝鲜军所发生的情况相同，位于黄海道的日军也在短短几天内便瓦解了。但在整个过程之中，明军却并没有利用这个机会对日本人进行决定性追击，而是坐视着对方向后退却进行兵力上的集中。

第三军、第六军以及第一军残部相加此时的兵力已经接近3万人，完全可以在汉城以北进行据守，但此时日军已经在国外连续作战超过8个月，第一军和第三军士气几乎崩溃，而第六军的安国寺惠琼此时也并不在开城。虽然小早川隆景最初还是计划在开城设防，并开始将安国寺惠琼和不属于九个军编制内的大谷吉继军向开城集中。但在十七日，开城的日军却又开

始感到难以坚守，向后退入坡州，廿一日又退入汉城。直到此时，日军诸将才终于意识到，如果自己不在汉城与明朝军队打一场会战，一旦对方跨过汉城，便再也没有什么能阻挡他们直抵釜山了。因此，日本诸将终于决定在汉城阻止中朝联军的反攻，并开始将附近所有军队向汉城集中。

而在联军方面，李如松的前卫在小早川隆景退出开城后一天便抵达该地，廿四日又派出了副总兵查大受和防御使高彦伯率领数百名骑兵前往汉城进行侦查，击败了40名日军哨戒骑兵。虽然这只是一场意义不大的前哨战，但却使李如松产生了错觉，认为汉城附近的日军也会与平壤一样轻易崩溃，因此在第二天不等火炮和攻城纵列渡过临津江便开始率领两万余人向汉城推进。到廿六日黎明，联军前卫已经进入了长4公里，但正面仅有430米宽的碧蹄馆山谷。对日军而言，这要算是一个天赐的良机了，因此在获悉联军行动后立刻决定在碧蹄馆拦截对方。在联军出发后不久，日军的第六军和吉川广家等将近两万人的部队首先自汉城出发，其后第三军、第八军以及石田三成、增田长益等总计21000人也跟着前往碧蹄馆，日军兵力达到了联军两倍。

上午7时左右，第六军的立花宗茂在一片大雾中与即将跃出碧蹄馆山谷的联军前卫遭遇，其500名骑兵前卫很快即被明军以2000名骑兵击败。不过在此之后，随着双方后续部队不断赶到，战斗便在山谷出口处形成了僵持局面，联军无法离开山谷前进到平原上发挥骑兵优势。而日军则在第三军、第八军赶到后立刻从两侧山谷

的外围迂回联军侧翼，并最终击溃了山谷中的联军。李如松遭到失败后精神似乎受到了巨大的震撼，在廿九日回到了开城后很快便放弃了进一步进攻汉城的打算，并于二月初撤回了平壤。

虽然碧蹄馆一战使日军恢复了威名，但这却并没有阻止朝鲜民兵的继续抵抗。二月上旬，汉城以西12公里的幸州山城便集中起了2000余名民兵，对日军的左翼形成了威胁。驻扎在汉城的日军在二月十二日投入了多达3万人围攻该城，但却在蒙受了巨大损失后没能攻克城池，石田三成、宇喜多秀家等将领也在战斗中受伤，而朝鲜守军则被舰队接走了。

进入三月份后，联军突袭了日军在龙山的粮库，烧毁了日军储存在汉城附近的绝大部分存粮，此时朝鲜境内出现的瘟疫又使征发当地给养变得十分困难。这样一来，留给日军的唯一选择便只能是撤退到釜山附近，尽可能缩短补给线长度。宗应昌也认清了减员达到40%的日军事实上已经失去了所有主动权，命令沈惟敬与日方进行和谈，希望利用联军战略上的优势迫使后者接受不利的停战条件。

在谈判中，日军接受了退出汉城的要求，但同时仍将两位朝鲜王子留在军队中作为人质。日军于四月十八日开始进行撤退，在庆尚道南部重新组织防线，在沿海地区构筑了一系列被称为倭城的日式城堡以将日军的登陆场彻底要塞化。而在此过程中，秀吉为了在谈判桌上挽回一定的主动权，下令前线诸将再次围攻晋州，最终在廿九日将其攻克，城内难民遭到了大规

模屠杀，数千名朝鲜守军也几乎无一幸存。

接下来的3年中，秀吉又重新开始与明朝、朝鲜开始进行外交交涉，而双方争论的核心便在于明朝是否同意与日本进行外交对等的贸易，而非像东亚其余国家一样使日本成为属国。为此，秀吉提出了七项并不现实的条件，除日明两国对等修好以外，还提出将万历皇帝之女嫁予日本天皇，同时必须重新开启自明朝锁国后便告中断的两国贸易，朝鲜也要将南部四道割让给日本。

作为使节来往于日本与明朝之间的小西行长、沈惟敬二人明知明朝不会答应这些条件，因此便对秀吉诈称明朝愿意答应这些条件，而同时又对明朝宣传秀吉愿意纳贡称臣。不过到了1595年，明朝在派出使者对秀吉的"臣服"表示祝贺时所使用的宗主言论使秀吉再次勃然大怒，决心再次进攻朝鲜。明朝方面也终于发现了沈惟敬的欺瞒行为，由驻朝明军将其拿处死。

1597年一月，总数达14万人的日军再次渡过对马海峡，并在日军一直没有退出的釜山附近重新展开。与1592年的第一次入侵不同，这一次秀吉已经丧失了进攻明朝的信心，甚至连吞并朝鲜全境都已不在其计划之内。其这一次出兵的主要意图是以武力夺取其向明朝要求得到的朝鲜南部四道。秀吉此时虽然已经行将就木，但还是能清醒地看到，若不如此，自己手中便没有土地来封赏先前远征中牺牲颇大的诸位大名，那丰臣政权简直要像击败蒙古入侵之后的镰仓一样摇摇欲坠了。由于攻击目标被局限在了朝鲜南部，日军这一次在

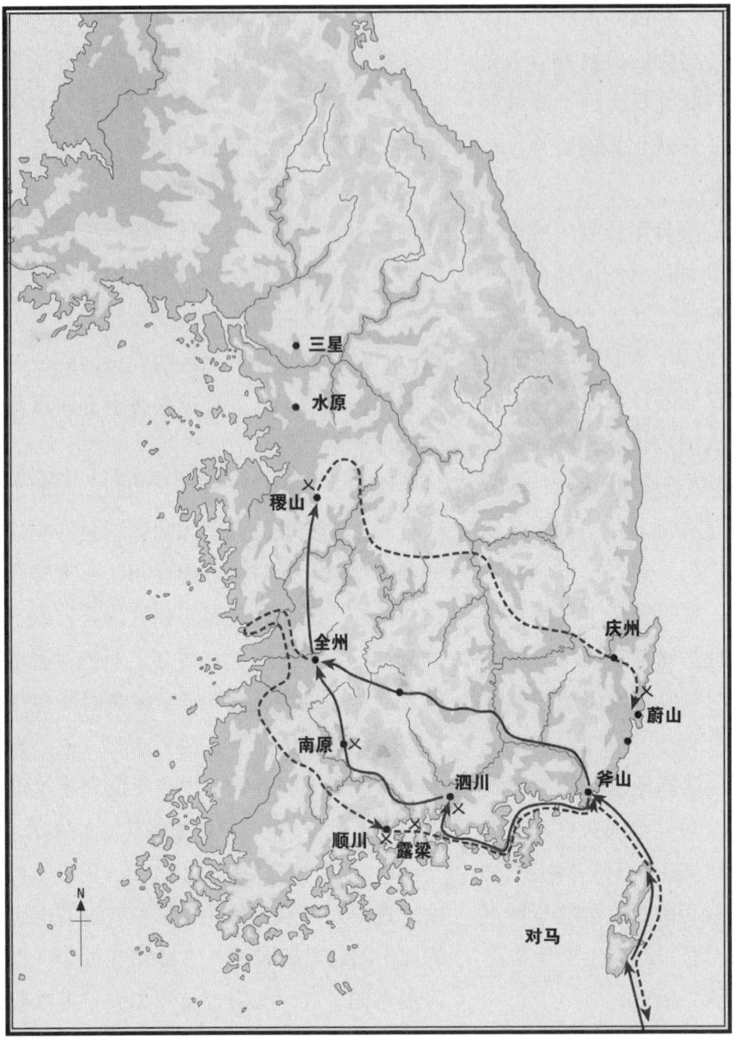
三星
水原
稷山
全州
庆州
蔚山
南原
泗川
斧山
顺川
露梁
N
对马

◎ 1596年战役中日军的行动路线

战略上也从闪电战改为逐步在占领区建造倭城，以要塞网作为依托逐步推进。正因为此，日军在登陆后并未像先前一样向汉城前进，而是转而向西对全罗道发起进攻。

在编组新远征军时，秀吉也吸取了上一次远征中将军队分为九个军却并无统一指挥所带来的教训，转而将军队分为左右两翼。其中左翼由宇喜多秀家统帅，前卫仍为小西行长和宗义智所率领的第一军所部，其余部队则包括第四军的毛利吉成以及岛津义弘，再加上宇喜多秀家本人率领的第八军，人数为49600人。与此同时，右翼则以毛利秀元的3万人作为主力，其余部队包括第二军的加藤清正、锅岛直茂

以及第三军的黑田长政，兵力人数为 64300
人。除这两支进攻部队以外，沿海的倭城
中还留有两万人左右的守军。不过对于侵
朝日军的主帅，秀吉却选择了自己原先的
养子，年仅 16 岁的小早川秀秋。这无疑是
一个极为愚蠢的决定，这位小早川的无能
导致第二次侵朝的日军虽在名义上拥有主
帅，却仍无统一指挥。

在釜山重新登陆后，日军并不急于发
动进攻，而是直到八月才在海战胜利的威
势下从庆尚道向全罗道发动进攻。八月
十二日，日军左翼开始围攻拥有 3000 名明
军骑兵驻扎的南原城，4 天后，右翼也开始
围攻黄石山城。这两座要塞很快即被日军
攻陷，到十九日时，联军主动撤出了全州，
庆尚道的联军防御体系也随之瓦解。同时
日军右翼则进至蔚山，准备在此筑城防守。
不过与此同时，明朝也逐渐派出了越来越
多的部队进入朝鲜南部，再一次发动了反
攻，并在当年年底以将近 6 万人的兵力包

◎ 在露梁海战中被岛津军弓箭射中重伤而亡的朝鲜名将李舜臣。此战虽然岛津军成功救出了被中朝联军包围的小西行
长，但却也损失了将近 60% 的兵力。而整个侵朝战役也使得日本参战大名财力几近崩溃，在很长一段时间内都没有恢复

围了第二军正在建造的蔚山倭城。虽然日军最后在 1598 年一月成功解围，但他们在这里所丧失的鲜血也使自己无力进一步发动进攻。在此之后，日军便将小早川秀秋等将近 7 万人撤回本土休整，准备来年重新渡海发动进攻，而只留下加藤清正、岛津义弘等 64000 人驻守倭城。

在对诸大名宣布将在 1599 年再次远征朝鲜之后，61 岁的丰臣秀吉却病危了，并在八月十八日去世。到当年九月，联军也分别开始进攻蔚山、泗川以及顺天。加藤清正和岛津义弘成功守住了蔚山和泗川，但小西行长却被困在顺天，岛津义弘不得不率领舰队为其解围，在与联军舰队交战中损失了超过 60% 的战舰后才成功救出小西行长，并在十一月廿三日至廿五日将驻朝日军全部从釜山撤回本土，为历时长达 7 年的远征画上了句号。

秀吉原先想要通过外交或军事手段迫使朝鲜臣服、迫使明朝重新开放贸易等目的均未达成。各大名也在战争中耗费了大量的财力和人力，而又没能在远征中获得一分一毫的土地，再加上一部分大名在战前并没能完整地贯彻兵农分离制度，因此农业生产和经济均受到了严重打击，直到十几年后才逐渐从经济危机中恢复起来。作为朝鲜远征的间接结果，没有出征的德川家康却利用这 8 年时间将自己的 250 万石封地发展了起来，最终在远征结束仅仅两年后，便推翻了丰臣政权。

早在秀吉成为关白之前，他便一直在担心自己的继承问题。由于没有后裔，因此在成为长滨城主时便收养了妻子宁宁的外甥作为养子，并在受赐丰臣姓后为其改名为丰臣秀次。1589 年，秀吉的侧室茶茶（即后来的淀姬）为其生下了儿子鹤松，不过两年后鹤松便因病夭折。悲伤之下的秀吉也在同年正式指定秀次为其继承人，将关白一直让给了后者，自己则以太阁（退位关白的尊称）、太政大臣以及丰臣家督的身份继续统领全国，并在京都附近新建了伏见城作为自己的居城，而将京都的关白宅邸让给了秀次。

不过到了 1593 年，茶茶又生下了一位男性子嗣秀赖，大喜过望的秀吉立刻着手为秀赖扫清继承天下的道路。在两次朝鲜远征之间的 1595 年夏季，秀吉借口以谋反的罪名处决了品行不端的秀次，并将其一族灭门，甚至连秀次居住的聚乐第都被拆毁。但秀吉去世时秀赖才六岁，而此时很多在朝鲜流尽了鲜血的大名已不再对丰臣家感恩戴德，日本百姓也因大坂、聚乐第、伏见等地不断大兴土木而负担的沉重徭役而不再愿意支持丰臣氏，甚至连丰臣氏借以统御天下的军事联盟也开始因朝鲜远征后争夺土地、权力而分崩离析了。一直在诸大名之间进行协调的丰臣秀长早早于 1591 年去世，天下局势随着这位太阁的陨落再一次走上了岔路口，使日本不可避免地迈向了一场前所未有的大战。

第五章　关原会战

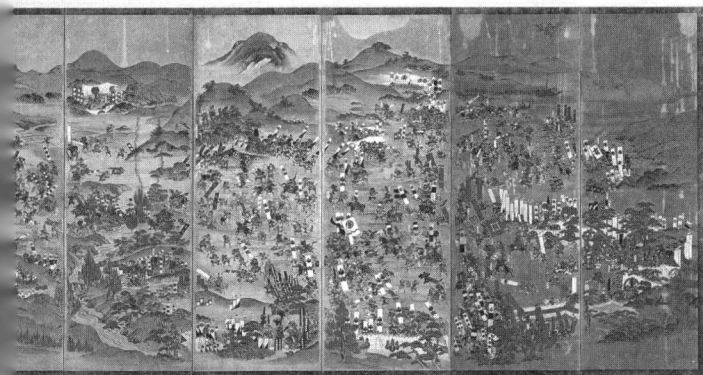

丰臣秀吉死后，日本再一次面临着回到战乱时代的危险，其子秀赖年仅六岁，根本无力统御日本各地大名，而其忠实家臣之间也存在着极为严重的矛盾，历史就这样为下一位统治全日本的人准备好了登上主角宝座的舞台，这个人便是在关东拥有250万石巨大封地的德川家康。

德川氏原本是三河的一方土豪，后成为冈崎城主。德川家本姓松平，势力范围被夹在尾张织田氏和骏河今川氏之间，东西两方面均受到比自己更强的大名威胁。在松平家与织田家发生交战后，为确保领地安全，家康的父亲松平广忠决定臣服于今川家，并将幼名竹千代的家康送往今川家作为人质，但途中却被织田家劫到了尾张，并在这里被软禁了两年之久。

◎ 丰臣秀赖

不过在此期间，他也认识了同为幼年的织田信长，与其颇为交好。1549年在一次人质交换中，竹千代被织田氏交给了今川氏，在此后近10年中一直作为后者的人质，甚至娶了今川义元的外甥女为妻，同时改名为松平元信，后又更名为松平元康，直到1558年才回到冈崎城。由于其父松平广忠早在竹千代被软禁于尾张时便已遇刺身亡，因此元康一回到三河便成为城主。1560年的桶狭间会战后，松平家脱离了今川氏，重新在三河成为大名，并改名为德川家康。两年后，家康与信长结为同盟，成为后者的左膀右臂，正式走上了领土扩张之路。在本能寺之变后，家康出于谨慎而没有立刻争夺天下，而是退而选择趁乱局扩张领地。

对家康而言十分幸运的是，他的家臣与织田氏或后来丰臣氏手下统领的那些大多以利益为忠诚和动力的家臣不同。德川家地处的三河国虽然土地并不肥沃，商业也不像尾张那样发达，但由于长时间夹在织田氏和今川氏、武田氏等巨强之间，民风有着很强的向心力，而这也使得家康能够以较少的封地统御家臣，却并不会发生过多的变节事件。

家康虽然在早年与信长结为同盟时并未表现出过多野心，但其将姓氏改为德川这一行为本身便是为了将自己的出身与先前三河地区的地头——源氏的德川氏拉上关系。无论是无心插柳还是有意为之，这一次改名奠定了家康未来成为征夷大将军的基础。直到信长在本能寺之变中丧命后，家康才在小牧·长久手会战之前表现出一

◎ 三方原合战后德川家康命人为自己绘制的画像。图中家康极为失态，表现出了会战失利时的慌乱神情

争天下的欲望，但很快即被强大的丰臣政权压倒。丰臣秀吉死后，由于日本再无人能够在实力和声望上与自己相提并论，家康几乎在一夜之间成为日本的新主人，其政策也开始变得极具压迫性和攻击性，很快便施展出高超的政治手腕迫使反对自己的大名与自己开战，并最终在关原会战中奠定了江户幕府250年天下的基础。

对于自己所犯的错误，德川家康并不会避而不谈。在三方原会战失败后，家康在遭到武田军追击时失魂落魄，甚至有传说认为他在逃跑时出现排泄失禁的窘态。而家康在会战后却主动请画师将这一窘态绘成图画，并悬挂在房中训诫自己。

德川家康在随丰臣秀吉消灭后北条氏

政之后即受封关东八国（下总、上总、安房、上野、下野、常陆、武藏、相模），封地石高数高达250万石，并将自己的居城选在了江户。相比之下，仅次于德川氏的上杉氏和毛利氏分别只有120万石封地，德川氏实力高于后两者之合。由于有着巨大的实力，家康在丰臣政权中的影响力与日俱增，而秀吉晚年任命其为首席大老更是给了他名正言顺主持政局的名分。

丰臣秀吉下令入侵朝鲜之时，日本西部九州岛、四国岛的几乎所有大名都按照命令倾尽全力奔赴战场，并在随后的战争中损失惨重。而关东的德川家康却未动一兵一卒，虽然其本人曾要求将自己派往朝鲜统御互相不合的前线诸将，但秀吉却担心家康在朝鲜拥兵自重，因此拒绝了他的要求。

在丰臣秀吉预感自己来日无多之时，由于担心在大名之间拥有极高声望和极强实力的德川家康推翻仍是顽童的丰臣秀赖，因此决定组成一个合议制决策机构来对其进行限制。秀吉任命德川家康、前田利家、毛利辉元、小早川隆景（1597年病逝后由上杉景胜接替）以及宇喜多秀家等五位大名为大老，以五大老体制作为其死后日本政权的最高决策机构，希望以另外四位大老的实力压制德川家康独断的可能。这五人均在秀吉要求下向秀赖宣誓效忠。此外，按照秀吉命令，德川家康应在自己死后移居伏见主持政局，而前田利家则留在大坂看护秀赖。这一安排的目的十分明显，即不让家康与秀赖同处一地，避免其利用秀赖统辖日本，也不能使其返回自己的封地江户，脱离丰臣氏监视。而忠于丰臣的前田利家留在大坂便可以进一步保护秀赖，尽量使其免受家康挟制。

在任命五位大老的同时，秀吉还任命了五位奉行，分别是石田三成、增田长政、前田玄以、长束正家和浅野长政，并以五奉行作为最高执行机构，负责将五大老的决策付诸实施，同时也可以对大老起到一定的制约作用。这五位奉行将全部在大坂居住，并轮流前往伏见城执勤。在秀赖成年之前，五大老与五奉行制度将代其执掌日本。

1598 年八月十八日，丰臣秀吉于伏见城去世，德川家康依照其遗令移居伏见。不久之后，家康便开始笼络各地大名。前田利家虽然竭力联合其余三位大老对家康进行压制，但仍无法阻止后者势力的扩张。秀吉晚年制订的五大老体制虽然在一定程度上控制了家康扩大势力的进度，却也给了后者借权势笼络诸大名的理由。

在秀吉临终之时，五大老曾签下过一份文书，宣誓在秀赖成年之前不允许诸大名私自联姻，也不能对大名领地进行变更。不过由于朝鲜战役之后财力拮据的诸大名均迫切需要秀吉曾经许诺的封地来恢复自己领内经济，家康便借封赏朝鲜远征军将领的名义，肆意从秀赖直辖领地中割取土地，赐予岛津氏 5 万石、堀尾氏 5 万石、细川氏 6 万石封地，而在奉行中影响力最大的石田三成虽然对此表示反对，但在大名的重压之下也只能同意。与此同时，家康还将家臣的女儿收作养女，使其与诸大名联姻，巩固亲德川的大名与自己的关系。

在此期间，石田三成一直在竭力利用奉行权力阻挡家康的行动，但收效甚微，最后

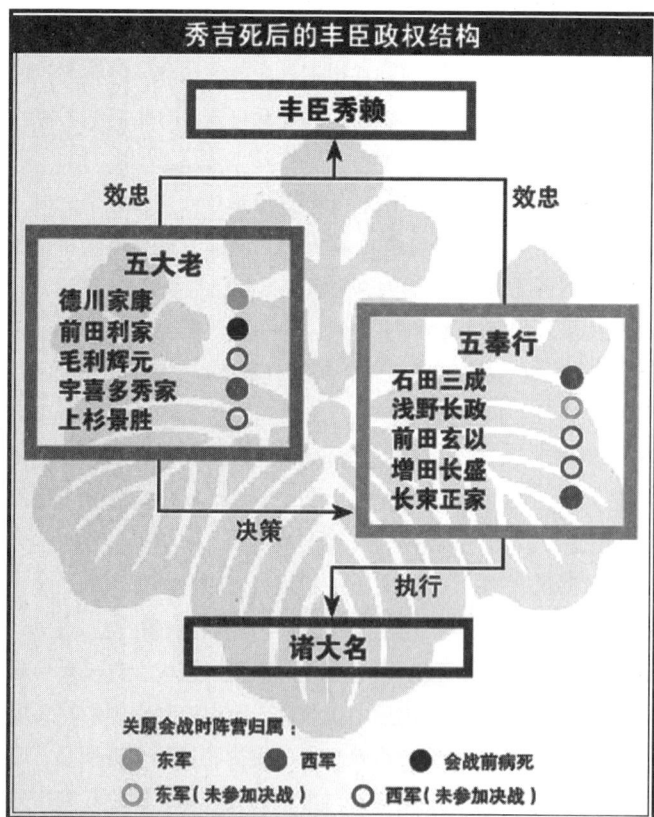

秀吉死后的丰臣政权结构

秀吉死后的丰臣政权结构

丰臣秀赖

效忠　　　　　　　效忠

五大老
德川家康　●
前田利家　●
毛利辉元　○
宇喜多秀家　●
上杉景胜　○

五奉行
石田三成　●
浅野长政　○
前田玄以　○
增田长盛　○
长束正家　●

决策　　　　　　执行

诸大名

关原会战时阵营归属：
● 东军　　● 西军　　● 会战前病死
○ 东军（未参加决战）　○ 西军（未参加决战）

◎ 秀吉死后的丰臣政权结构

只得面见前田利家，希望后者能够联合大老、奉行以及诸大名逼迫家康卸任。然而前田利家的嫡子前田利长却在细川忠兴等人劝说下，认为石田三成是在利用利家的影响力来削弱大老权势。一旦德川被迫退出决策层，年迈的前田利家根本无力控制政局，其余三位大老影响力又相对较低，到那时，执掌日本的就将成为石田三成了。此外，由于石田三成先前反对家康封赏诸将的行动，而且此前便在诸大名间拥有不少政敌，如果前田家与三成接近，将来必遭诸大名围攻，因此前田利长力劝其父不要与家康为敌。

其后一段时间里，虽然也有其余一些重臣不满家康专权，要求其自行辞职，但家康对此却嗤之以鼻，完全不予理会。这样一来，一心阻止家康篡夺丰臣家权力的石田三成便只剩下了两个选择——暗杀家康或对其直接宣战。三成选择了前者，但暗杀行动最后却遭到了失败。

向来与三成不和的加藤清正、池田辉政、浅野幸长、加藤嘉明、细川忠兴以及黑田长政在听闻家康险遭暗杀后立刻认定石田三成是主使人，并带着一些士兵前往大坂城的石田宅邸诛杀三成，后者不得不改扮女装逃出大坂。逃出大坂后，三成居然大胆地选择前往伏见城德川家康宅邸，请求后者为其提供庇护。家康同意了三成的请求，并劝说加藤清正等人放弃诛杀三成。

家康之所以要保护这位死敌，其原因在于他深知以目前局势发展，三成早晚将联合反对自己的大名举兵讨伐自己，到时德川家便可凭借着自己能够动员7万大军

的实力和支持自己的大名在一场决战中将反对势力一网打尽。若非如此，家康便难以获得一举铲除异己的理由，即使消灭了石田三成一人，自己未来的政治行动也将处处受到反对大名的限制，难以迅速取代丰臣秀赖成为名副其实的日本统治者，而只能像镰仓时代的北条氏一样摄政。1599年春，三成在家康的三子、秀吉的养子结城秀康护送下被遣返回自己的领地佐和山城。

几乎与此同时，前田利家去世，再加上三成被遣送回佐和山城，伏见和大坂再也没有谁能够阻挡家康获得行动上的完全自由。不久之后他便借故移居大坂城。三成此时虽远离大坂政局，却也像家康一样得到了行动自由，并开始联结会津的上杉景胜，准备公开讨伐家康。照其设想，在上杉军公开讨伐家康后，后者必定率领诸大名前往会津对其进行镇压，三成自己便将利用家康东去的机会动员西国反对家康的大名兵力。在确保大坂和京都之后，西军将向美浓和尾张进军，控制中山道和东海道两条自京都通往江户的主要交通线，与从江户赶回的东军进行决战。而上杉军在此时则应向家康的关东封地发动进攻，牵制其部分兵力，使其无法在决战场上集中优势兵力。

上杉景胜在与石田三成达成协议后便开始了战斗准备工作。由于他自知自己仅能动员大约3万兵力，在实力上无法与家康的联军进行正面交战，而伊达政宗和最上义光也在时刻威胁着自己的北方侧翼，使其无法将本来就居于绝对劣势的兵力集结在南方。因此他并不打算主动对家康的

领地发动进攻，而决定死守会津，尽可能拖延家康进攻自己的脚步，为三成在西线集结兵力争取时间。

为此，上杉氏动员了多达8万名劳役，开始对会津全境进行要塞化，在各隘口修筑工事，并对境内交通要道进行整修，以备在各要塞之间快速转移兵力所需。德川家康对于会津方面的军事动员自然不会熟视无睹，对其发出责问，要求景胜上京解释其行为，而上杉家老、米泽城主直江兼续却回复了一份口气十分强硬的状书，与德川家康彻底决裂。

自上杉开始与德川交恶时起，家康便认清了三成的战略目的。而他也决定利用这一机会在江户完成兵力的集中，之后再分兵两路沿东海道和中山道返回东海，并在尾张或美浓会合后与其决战。与此同时，家康还命令仙台的伊达政宗和出羽的最上义光从北方牵制上杉。只要自己能够笼络更多的大名，在决战场上集中更多的兵力，

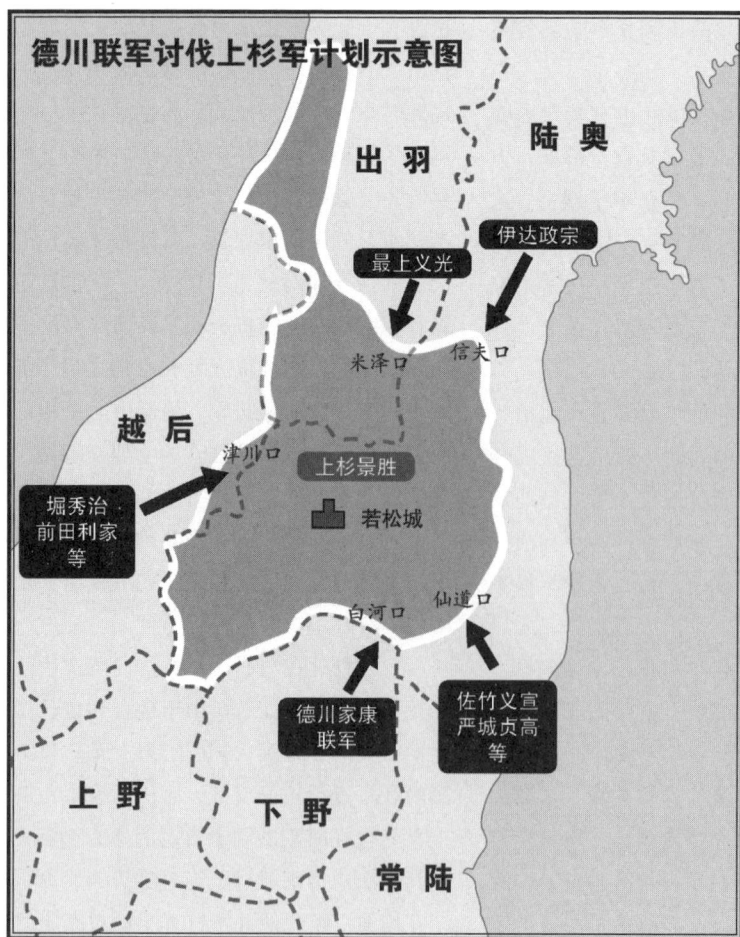

◎ 会津征伐

140

自己便可以击败西军。此外，将日本西部倾向于支持自己的大名控制在关东地区，还可以避免其在对方胁迫下加入三成。

无论对石田三成还是德川家康，在这场战役中的首要目的都是击败对方军队，只有击败对方军队才能够使另一方的政治、军事联盟崩溃，而地理上的得失在短时间内是无法起到太多作用的。

六月二日，家康开始了自己的计划，在大坂召集诸大名，宣布自己将率兵讨伐上杉，并要求众将也前往江户，与自己一同进攻会津。这一要求立刻便得到了呼应，10 天之内，各路大名便纷纷返回自己的领地召集部队。六月十四日，家康离开大坂前往江户，而支持他的各路大名也在随后分别率军东去。但其行军速度十分缓慢，以方便监视石田三成在西方的行动。家康的部队因集结于关东而在历史上被称为东军，其对手则被称为西军。

在离开大坂之前，家康向秀赖进献了多达两万两黄金和两万石大米。这一行动立刻使自秀吉死后便掌控着丰臣氏要务的秀赖之母淀姬产生了错误的安全感，认为家康对秀赖没有恶意，战争只是属下大名间的私斗。从而导致除一小部分自发出战的武士以外，所有丰臣家直辖部队均在整个 1600 年战役中袖手旁观。

六月十五日，家康进入伏见城，并彻夜与留下镇守此地的鸟居元忠进行交谈。无论是家康还是鸟居元忠都已认清，西军起兵后必将以毗邻大坂和京都的伏见城作为首要进攻目标，因此该城事实上是无法长时间据守的。为了避免无谓消耗兵力，

家康仅给鸟居留下了 500 名守卫士兵，并禁止后者向西军投降，以免对方获得威望上的优势，同时他还要求鸟居元忠尽可能拖延西军东进的脚步。自三河时代起便追随家康的鸟居也下定决心，在城破时自己将切腹自杀。

在家康于七月二日抵达江户之后，虽然上杉军上下已经绷紧了每一根神经，但他却并没有立刻率军向会津前进。直到七月廿一日，家康才率领 5 万人前往会津边境的小山地区，进抵了会津边境。

在此之前的七月七日，石田三成在佐和山召集了西军的主要将领，其中包括宇喜多秀家、小早川秀秋、萨摩的岛津义弘、土佐的长宗我部盛亲、佐贺的锅岛直茂之子锅岛胜茂以及越前国敦贺城主大谷吉继。在这些人中，岛津义弘和大谷吉继此前均准备加入东军，但前者在进入伏见城时却遭到鸟居元忠误击，一怒之下转投西军。大谷吉继虽然一向与三成交好，但此前却判断后者并无战胜家康的能力，因此率军东去，准备与家康会合。不过在途经佐和山时，大谷吉继为调和三成与家康之间的矛盾，希望三成之子能够随军一同出征，但他本人最终却被三成说服，在明知难以取胜的情况下加入了西军。

1600 年七月，石田三成终于在佐和山宣布举兵。五奉行和毛利辉元、宇喜多秀家、上杉景胜联名发布了讨伐家康的文书，指责后者违背丰臣秀吉的遗旨，私自与大名联姻，变更大名领地，进驻大坂城。德川家康对此也早有准备，接到西军起兵的消息后立刻集合所有随他征讨上杉的大名

召开会议，向他们表明自己将与西军决战，大部分将领均表示对其效忠，仅有一少部分人决定继续效忠丰臣氏而退出东军，率部转投西军。

石田三成虽然在后来成为西军的事实指挥官，但封地却只有佐和山城的 19 万石，而且在诸大名之间声望不佳，这也使得西军自组成之日起便人心涣散。在秀吉时代，三成在一系列内政事务中表现卓越，成为秀吉治理日本内务的核心人物。在围攻小田原期间，石田三成虽然接连攻克馆林城和忍城，但其间在围攻忍城时曾受到一定挫折，并因此而受到加藤清正等同僚的嘲

◎ 1600年西军的实际领导者石田三成

笑，认为其指挥能力欠佳。事实上，虽然其指挥能力确实无法与其在内政方面的能力相提并论，但三成也绝非一位庸才。不过致命的是，三成虽十分擅长于战略方面的策划和调度，却缺乏一位名将所必需的果敢，在面临决定性时刻时常犹豫不决。

在后来的朝鲜战役中，石田三成与大谷吉继一同担任船奉行，卓越地完成了将 16 万日军送过对马海峡的重任，其后又被秀吉派往朝鲜作为总奉行监督前线诸将战况。但由于与加藤清正等人的不和，三成在抵达朝鲜后行事处处受限，他对日军战线过长、兵力过于分散的担心也被视为怯懦。在此期间，三成奉命向秀吉汇报前线诸将的功过。不过这却加深了加藤清正等人对其的不满，因为三成在报告书中将诸将的过失无一遗漏如实上报，导致秀吉多次写信斥责前线将领。

由于三成无论在实力还是声望上都无法担任统帅，西军只得推举拥有 120 万石封地的毛利辉元前往大坂担任名义上的主帅。在加入西军阵营之前，毛利辉元认为单凭孤僻的三成根本无法召集起一支能够与家康相抗衡的大军，因此倾向于加入东军。但在其谋臣安国寺惠琼的劝说下，辉元最终选择加入西军。如果加入东军一方，虽然自己与德川相加的实力足以压倒西军，但德川胜利后自己却只能成为其重臣。

如果加入西军，虽然在未来的决战中有可能遭到惨败，不过一旦击败德川，在前田利家已死的情况下，自己便可成为首席大老，取代德川家康获取天下的实权。

与此同时，另一位大老宇喜多秀家则被推举为西军副帅。不过这并不影响石田三成作为西军事实统帅的地位，而毛利辉元也决定留守大坂，将3万毛利军的指挥权交给了年仅19岁的养子毛利秀元。这一安排虽然使得石田三成能够最大限度地自由行动，但却也使西军失去了统一指挥，而石田三成在战场上是无法对其余诸将形成绝对统帅权的。更为严重的是，毛利秀元本人并不支持毛利氏加入西军，而吉川广家等毛利家臣则更是在暗地中与东军方面的黑田长政进行谈判，表示毛利军不会与德川为敌。

虽然毛利军统帅层内部一片混乱，但西军的副帅宇喜多秀家还是抱定了反对家康的决心。宇喜多秀家本是秀吉早年从宇喜多家收养的养子，后来在信长安排下重回宇喜多家继承家督。早在本能寺之变前，宇喜多秀家便曾率军随秀吉一同征讨毛利氏，后又参加了九州征伐等行动，受封备前国、美作国和播磨国西部以及备中国东部57万4000石封地。

在1592年第一次侵朝战役期间，宇喜多秀家曾担任第八军指挥官，并在碧蹄馆会战中取得过击败明朝军队的胜利。不过由于其手下众将不服节制，而其本人又时常为争抢功勋而亲率部队冲锋陷阵，后来还曾因此受到了秀吉训斥。不过在返回日本后，宇喜多秀家的官位还是晋升为从三

位中纳言，并在秀吉晚年以21岁的年龄成为五大老中最年轻者。

此外，秀吉的另一位养子小早川秀秋也加入了西军阵营，此人后来在关原之战中背叛西军，对后者的右翼进行猛烈打击，在会战中扮演了极为重要的角色。事实上，早在第二次侵朝战役时期，小早川便与石田有所芥蒂。

在日军1596年战役中，秀秋被任命为日军主帅，但其低劣的统帅能力却暴露无遗，并做出了很多十分轻率的举动。此外，小早川秀秋还参与了很多屠杀百姓的暴行，而后一行为也使他在石田三成向秀吉报告后受到了减少封地的惩罚，直到秀吉死后才在德川家康的活动下恢复旧领。关原会战前，小早川秀秋本倾向于支持德川家康，但石田三成以秀秋做过秀吉的养子为理由说服其加入了西军。不过德川家康也并没有放弃劝说小早川秀秋，要求其在战场上倒戈。而秀秋自然也没有拒绝家康的要求，这样一来，他只要在决战场上与占据优势的一方联手便可保证自己的荣华富贵。

七月十九日，西军兵临伏见城下。鸟居元忠虽然兵力薄弱，但其防御却十分英勇。直到10天之后，石田三成才通过威胁斩杀一位城内将领留在大坂的家室将其买通，并在城内点燃大火。到了此时，伏见守军仅剩200余人，鸟居元忠率领残部发动了数次反击，直到全军仅剩10人时才选择切腹自杀。至八月一日清晨，西军终于占领了伏见城，但却付出了3000人的代价。

在此之后，石田三成开始向大垣城进军，同时命令毛利秀元与宇喜多秀家、小

早川秀秋进攻伊势国,大谷吉继则前往北陆牵制加入东军的前田利长等人。按照计划,在确保近畿之后,三支部队将在控制着中山道的岐阜城附近会合,并以此为基地向尾张和三河前进,寻求在有利情况下与对方决战的机会。不过在此之前,西军的兵力却要被分散延伸到整个本州岛南北两岸之间,如果家康迅速返回美浓,三成便要面临极大危险了。

更加致命的是,对于一支部队的集中工作而言,最为重要者无疑是对于集结点的掩护。认定对方无法迅速返回西线的石田三成却不做此想,虽然他将岐阜城选为西军的集中地点,但却并没有留下足够的部队掩护岐阜城,反而将绝大部分士兵分散开来进行一系列次要的围攻战,在中山道方面仅留下了不到一万人,其部署位置也是岐阜城后方的大垣城,而没有推进到岐阜城以东对其加以掩护。这样一来,当东军回到美浓时,所需要面对的便只是岐阜城主织田秀信手中不足 3000 人的守军。

在此期间,石田三成曾计划利用东军诸将留在大坂城内的妻儿作为人质,试图尽可能使东军发生分裂。不过虽然石田三成派出了士兵对诸将宅邸进行监视,加藤清正、黑田长政、黑田孝高等人的妻子还是成功逃出了大坂,细川忠兴之妻玉子则在面临西军劫持时选择让家臣将自己杀死。得知后一事件之后,石田三成开始担心继续执行这一计划反而会激怒东军将领,此后再也不敢过分威逼东军家眷,导致其人质计划彻底失败。东军诸将非但没有受到牵制,反而更加深了其对三成的愤恨。

◎ 细川忠兴与细川玉子雕像。在战役刚刚开始时,石田三成曾希望扣押东军诸将留在大坂城中的家眷来瓦解东军,但细川玉子的自杀却使三成不再敢于使用暴力控制这些家眷,使计划归于失败

石田三成曾邀请细川忠兴之父细川藤孝一同参战,并试图利用玉子作为人质劝服藤孝。玉子死后,三成便放弃劝服细川藤孝的计划,转而利用集中在丹后地区的15000人向藤孝的田边城进攻,后者立刻组织起 500 人马宣布加入东军,并准备坚守城堡。此时德川家康仍然远在会津边境的小山,田边城几乎不可能坚守至双方决战之时。在最初的交战过后,细川藤孝便转而开始利用自己作为一位文化名人的声望,声称希望将城内藏书转赠天皇的弟弟八条亲王,以免书籍遭到战火焚毁。西军对此予以同意,藤孝则借机向八条亲王求救,后者立刻说服天皇向丰臣秀赖下达敕令,要求西军停止进攻田边城,因此这一围攻便被拖延了下去。

清州城和岐阜城分别扼守着东海道和

中山道，只要能够攻克这两座城池便能切断横穿日本的重要交通线。清州本身是东军将领福岛正则的封地，现在由其部将大崎玄幡镇守，而镇守岐阜城的织田秀信则支持西军。为确保自己在返回日本西部时所需的交通线，家康在八月五日率军从小山回到江户后，首先派出福岛正则、黑田长政、本多忠胜、井伊直政以及细川忠兴的总计 20600 人作为前卫，沿东海道前进，在家康主力抵达之前确保对清州的控制权，并跃入中山道进攻岐阜。在此之后，他又派遣池田辉政、浅野幸长以及山内一丰率领的 13100 人为前者提供支援。

在派出前卫部队进攻岐阜城之后，家康命令自己的儿子德川秀忠率领 36000 人沿中山道进军，准备在尾张与福岛正则的前卫会合，其余大名也会紧随其后。而家康本人则准备在前卫将交通线打通后再率

领 32700 名德川主力军从江户出发，前往美浓与前卫会合。家康之所以采用分兵前进的方法，原因很可能在于他认为仅凭东海道一条交通线难以供养自己超过 13 万人的大军，而对于自己的战略右翼也有加以掩护的必要，因此一部分军队必须绕道中山道，并肃清沿路加入西军的大名。

我们必须记得，10 年之前丰臣秀吉之所以能够在类似的情况下在关东供养 20 万人的大军围攻小田原，不仅是由于他手中握着一支德川家康不曾拥有的庞大舰队，而且当他在小田原城确立了围攻局面之后，大部分军队便开始围攻各地要塞，并从当地征发粮秣供养大军，后北条氏却完全没有能力对此加以干扰。1600 年的德川家康却是既没有舰队，又没有时间和足够部队来进行这些工作的。不过一旦前卫部队确保了清州和岐阜两地之后，情况就又会发

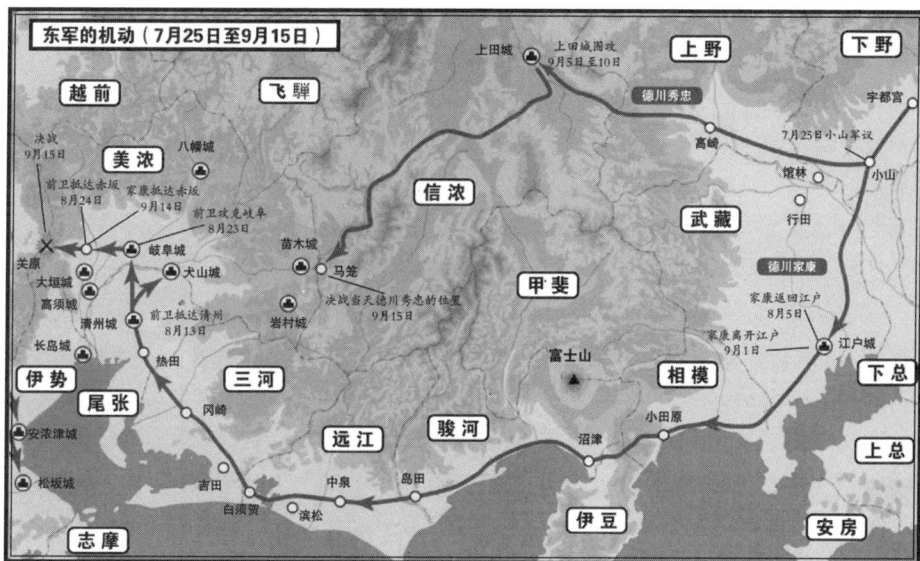

◎ 东军的机动（七月廿五日至九月十五日）

生变化。这两座城堡所控制的土地完全有能力作为独立的作战基地，单独负担起供养东军前卫的需求。德川家康从江户出发时，前卫部队已不再需要关东作为其补给和作战基地了，整个东海道只需供养德川家康一支军队即可。与此相对，石田三成如果无法占领清州和岐阜，他便永远无法建立起一个有效的前进基地，其主要给养来源仍需从大坂送至前线，整条交通线长达数百公里，而东军前卫却仅有数十公里而已。

不过这一安排事实上也给了石田三成一个绝佳的机会，如果西军能够在抵达大垣城之后迅速将主力部队集结起来进入尾张，并攻克清州城，西军便可以插进东军两支部队之间，使其难以会合在一起；福岛正则等前卫部队也将被孤立，无法得到距离过于遥远的家康支援，必须面临与优势敌军进行战斗的绝境。

东军总数超过 33000 人的前卫部队在八月十三日抵达清州，在经过一周的休整，并对其后勤体系进行重组之后，从廿日开始向北方的岐阜城发动进攻。虽然西军主力部队此时仍然分散在近畿和北陆地区以

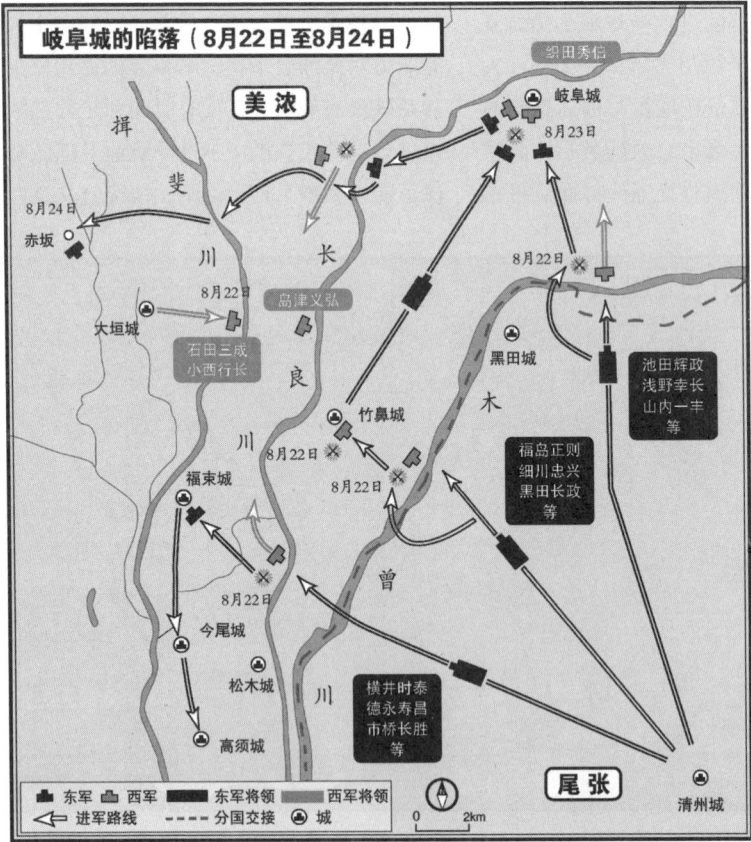

◎ 岐阜的陷落

146

确保两翼的安全，但由于小西行长的 4000 人已经到来，大垣城的石田三成此时手中也已经拥有超过一万人。在三成获悉对方即将进攻岐阜城后，他立刻在廿二日将自己与小西行长相加的大约一万人推进到了大垣城以东 3 公里的揖斐川西岸，其前卫岛津义弘的 1500 人则进一步前进到了主力前方两公里的长良川西岸，希望在东军向北推进时打击在对方左翼上。

不过东军的行动却远比他想象得更为迅速。早在当天凌晨，岐阜城主织田秀信仅有的 3000 余人便已经被池田辉政、浅野幸长以及山内一丰等人的 13000 人从木曾川沿岸逐退，同时福岛正则也击败了石田三成部署在长良川以东的前哨部队，而石田三成在福岛正则等军的大约两万人开始沿东北方向赶往岐阜城时，却因时间上的延误而来不及攻击对方。到八月廿三日，岐阜城终于被东军攻陷，仅仅一天之后，东军的前卫部队便进抵大垣城西北方向的赤坂，并在此后 20 天时间里始终与大垣城的石田三成保持着相持态势，而三成在这一天却并没有对连续越过长良川和揖斐川的东军进行任何干扰。

到此时为止，石田三成不仅没能阻止对方攻克岐阜成，就连自己的左翼也已经遭到了迂回。若非岐阜城本身也需要加以掩护，而这一时代的日本军队又是如此缺乏骑兵的话，假设东军前卫能够立刻向西派出几千名骑兵进入此时完全无人据守的关原，那么三成经由佐和山城通往京都和大坂的交通线便将被完全切断。东军前卫在没有与西军爆发大规模会战的情况下，

仅凭迅速地行动便完成了确保中山道交通线的任务。而石田三成只好掉转自己的正面，以使自己能够面对着赤坂的东军前卫。九月一日，家康在获悉前线进展后终于从江户出发沿东海道前往清州，与从大坂前往江户时所花费的 40 天相比，这一次家康在两周之内便赶到了美浓，而西军对此却并不知情。

与家康本人的顺利进军不同，德川秀忠率领的另一支部队却在中山道遭遇了极为强烈的抵抗。按照家康的命令，秀忠应在途中切断西军真田昌幸和其次子真田信繁所据守的上田城，其后在九月十四日左右与家康在美浓会合。不过秀忠在于九月五日进至上田城附近时，却没有选择在留下一支监视部队后即率主力前往决战场，而是被真田昌幸的挑衅激怒，愚笨地选择对其进行围攻。虽然真田军仅有 1000 到 2000 余人，但却成功拖延住了秀忠的脚步。而秀忠直到 4 天后的九月十日才意识到自己已经在上田城耽搁了过多时间，遂解围西去。但当秀忠军赶到决战场时，关原会战早已结束了，其手下的 36000 人最终未能在关原的决战中发挥任何作用。如果秀忠能够及时赶到战场，家康便能够在决战场上集中大约 125000 人的部队，在数量上压倒西军的 85000 人，即使小早川秀秋等人没有变节也足以击溃西军防线了。而秀忠的迟到却使家康失去了这一机会，甚至在决战场上一度面临失败危险。为此家康在战后对于秀忠行动的迟缓极为愤怒，几乎命其切腹。

在秀忠围攻上田城的同时，西军也被

拖入了一场围攻战，其目标则是京极高次守卫的大津城。京极高次原本隶属西军，但在受大谷吉继之命前往东北方作战时却突然改变行军方向，带领着自己的3000人返回了琵琶湖西南端的大津城，并立刻与东军通信，同时开始准备守城。由于大津城距离京都距离很近，并且威胁到了从大坂城到大垣城的交通线，因此西军必须将其攻克。

九月八日，毛利元康、立花宗茂以及筑紫广门率领15000人赶到大津城下，同时增田长盛所率领的舰队也切断了大津城在琵琶湖上的交通线。由于大津城北靠琵琶湖，东、南、西三侧又掘有以湖水填充的护城河，仅有四座桥梁联通城堡内外，因此十分坚固。为避免陷入长时间围攻，毛利元康多次派人劝说高次投降，甚至连丰臣秀赖的母亲淀姬也召见了高次的妻子，希望后者能说服高次，但均不奏效。

在一切手段均被证明无效之后，毛利元康只得在十日开始强攻，并将自己直属的11500人部署在了大津城西侧的正门面前，而立花宗茂和筑紫广门的部队则被部署在了大津城南面和东面。由于大津城地势险要，西军一时难以攻破，而对方甚至还派遣赤尾伊豆和山田大炊带领500余人出城进行了成功的反击。《大津笼城合战记》记载到："山田、赤尾素经合战阵，智勇兼备，轻易摆脱了敌军，高唱着凯歌回到城内。"

毛利元康久攻不克之下，于十三日调来了大炮轰击城池，击伤了天守阁的梁柱，使城内发生极大混乱。毛利元康和立花宗茂立刻趁机发动强攻，最终于次日攻入大

津城内，迫使京极高次投降。不过到了此时，关原会战已经即将开始了，毛利元康与德川秀忠一样因围攻战拖延时间而没能参与决战，使西军在决战场上的兵力减少了15000人。

岐阜城失陷后，石田三成只能将一部分军队的集结点改为大垣城西方的关原隘口以封锁中山道，而其余部队则前往大垣城，在两方面均完成集结后，西军才能对岐阜方向进行反攻。此外，三成还要求毛利辉元亲率留守大坂的西军部队前往大垣。由于毛利秀元的3万人在围攻安浓津城时延误过久（此城直到八月廿五日才终于陷落），毛利元康被拖在大津城，毛利辉元又在家臣阻挠下停留在大坂迟迟不动，西军的集结也十分缓慢。

不过之所以三成一直没有采取更为主动的行动，很可能是由于他并没有认清东军控制住交通线所带来的巨大优势。而且他也认为即使家康能够迅速赶到岐阜，也会被自己吸引到大垣城这一方面。此时兵力超过17000人的宇喜多秀家已经赶到大垣，三成手中的兵力达到了25000人以上，足以确保大垣城在短时间内不被攻陷，关原守军则可以借此对家康的后方或侧翼发动进攻。毛利秀元于九月七日抵达了位于关原和大垣城之间的南宫山，三成手中已经集结了超过6万人的部队，而此时东军的前卫数量即使在不断与后续援军会合后也从未超过5万人。虽然大垣城对于从侧翼威胁中山道交通线而言是一个绝佳的阵地，也在相当时间内使东军前卫不敢前进。但如果石田三成此时率领部队对赤坂发动

◎ 西军的集结（之一）

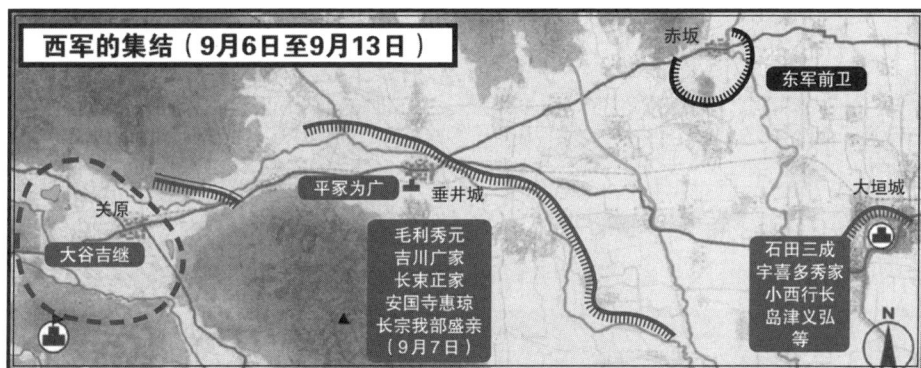

◎ 西军的集结（之二）

一次攻势，东军的前卫便可能会被压迫着向岐阜城方向撤退，以求与正在赶往前线的德川家康靠拢。这样一来，石田三成便能够夺回中山道。不过在此期间，石田三成却完全没有任何发动进攻的意图，反而仍在不停写信给毛利辉元，催促后者尽快带领援军从大坂出发支援前线战事，从而浪费掉了这一良机。

在东军方面，德川家康在九月十日接到小早川秀秋的来信，后者声称自己愿意与东军联手，在战场上倒戈进攻西军。一天之后，家康亲率的主力部队抵达了清州。

此时他肯定已经获知西军主力的所在位置，因此遂决定进入中山道与对方决战。九月十四日，家康抵达了大垣城东北方的赤坂，福岛正则等人早已在此宿营与西军对峙，等待家康和秀忠。赤坂营地面对着一条名为杭濑川的小河，而在下游大约5公里处便是西军的集结地大垣城。

到了此时，石田三成所处的局势已经是间不容发了。直到此时他才终于认清，德川家康已经赢得了这场兵力集结的时间竞赛。家康的突然出现也使西军诸将立刻陷入了恐慌，因为东军现在已经集结了超过十万人的部队，在数量上完全压倒了大垣城附近的 6 万名西军，这一优势使家康足以在确保侧翼安全的情况下击败关原或大垣城两支西军部队中的任意一支。家康若是向关原前进，石田三成便会被切断在大垣城，其通向大垣城以及近畿的直接交通线也会被切断，6 万人的部队将无法得到充足给养，崩溃只是时间问题。而家康若是决定向大垣城推进，那么他便能够获得一个以接近两倍兵力击败石田三成本人和西军主力的机会，这样一个胜利无疑足以像后来的关原会战一样具有决定性意义。在这两种手段中相比，又是以后者更为直接有效。留给西军的时间只有第二天黎明之前这不到 18 个小时，如果西军在这段时间结束后还是留在大垣城的话，失败便将注定了。不过在做出任何决定之前，三成的部将岛左近建议先对东军的营地进行一次小规模突袭，以确定对方的实力，并振奋己方士气。

三成同意了，派遣岛左近和宇喜多秀家的家臣明石全登分别率领 500 人和 800 人前往赤坂。在岛左近抵达杭濑川后，他将自己手下的 500 人分为两部，只派出了 250 人渡过河川进攻东军，而另外 250 人则埋伏在东军营地对岸的树林中。与此同时，明石全登则将手下 800 人全部投入了突袭。岛左近的突袭部队在利用一座桥渡河后对东军中村一荣的部队进行了短暂突袭，其后便退回了对岸。而中村则立刻派出数百人进行反攻，但在渡河后便遭到了岛左近埋伏在树林中的 250 人攻击，只得在西军

◎ 《杭濑川合战屏风图》中节选的明石全登所部以及岛左近与东军进行交战的场景（之一）

◎ 《杭濑川合战屏风图》中节选的明石全登所部以及岛左近与东军进行交战的场景（之二）

追击下退回了赤坂，并遭到了明石全登的夹击。

在岛左近进行突袭时，德川家康正在军营中准备吃饭。收到西军进攻的消息之后，家康立刻断定对方只是在进行一次旨在探明自己阵地情况的有限侦察行动。因此他并没有命人为他穿戴盔甲，而是登上了自己营帐的顶部观察双方战斗。最初家康非常赞赏中村一荣对于西军突袭的快速反应，但当他看到中村为追逐对方而渡过杭濑川后，便认定后者必将遭到反击。虽然东军的另一位将领有马丰氏带领数百人救援中村，最终还是被岛左近击败，家康最后只得命令本多忠胜率领 500 人掩护其撤退，两军主力之间的第一次交战也就此收场。虽然这只是一场伤亡人数总计不足 100 人的前哨战，但却使西军在士气上得到了振奋。若非这一场小战的功劳，西军的士气甚至可能根本无法支撑一场大规模的决战了。

当此之时，岛津义弘建议西军应在夜间对东军发动夜袭，照其观察，东军在将近半个月的快速行军后，一部分部队已经精疲力竭。宇喜多秀家对此也表示支持，并宣称只要当夜发动进攻，西军必将获胜。但石田三成却反驳说对东军进行夜袭是懦夫的行为，只要能够与对方进行堂堂正正的决战，西军便必然能够取胜。

其实，由于东西两军之间有杭濑川相隔，河上的桥梁也在白天的战斗中遭到破坏，西军如果渡河发动大规模夜袭，极有可能在战斗前便陷入混乱，从而无法发挥自己在体力上的优势。一番争论之后，宇喜多秀家接受了三成的命令，而岛津义弘却认为自己受到了侮辱，并决定当会战来临之时自己将按兵不动。

无论如何，三成的这一决定在事实上是拯救了西军的命运，因为当晚的暴雨使一切攻击性行动都无法进行。如果西军真的为夜袭行动而在大垣城以北展开而不是像后来一样退往关原，那么当第二天黎明大雨停止之后，他们便将完全暴露在家康的十万人面前了。

在拒绝夜袭行动之后，石田三成所要选择的便是在何处与东军进行决战，而这一地点事实上是早已决定了的。虽然三成已经犯下了如此之多的错误和延误，但西军所占据的地理却还是让他可以得到有利的阵地来阻挡东军前进，那便是关原隘口。关原町位于大垣城以西约 12 公里处，中山道、北国街道和伊势街道全部在此经过，只要西军能够扼守住町西的山谷，便可以切断东军沿中山道推进的道路，使家康无法进入近畿，而其南北两侧的山地也足以确保自己的侧翼不被东军迂回。

从九月三日至十四日，大谷吉继、毛利秀元、长宗我部盛亲、小早川秀秋等部队便相继在关原占据了阵地，以便在西军能够采取攻势之前封锁中山道。现在石田三成既然已经无法以攻势性目的进行部队的集中，那么他也只能率领宇喜多秀家、小西行长、岛津义弘等部队主动退却到更适于守势作战的新阵地上，只要能够与关原隘口的友军会合，西军便仍能组成一条足够坚固的防线来阻止家康继续西进。

九月十四日傍晚 19 时左右，石田三成

在留下约 7500 人据守大垣后,率领西军在一片大雨之中启程。由于中山道被东军掌握,他也不敢冒着将侧翼暴露给东军的危险直接向西撤退,而只能选择绕过南宫山南端后再沿伊势街道向北进入关原。这样一来,大垣城守军便可以作为后卫掩护自己的撤退。雨水之大使得西军各部几乎无法看清互相的旗帜,导致行军变得十分混乱。不过到十五日凌晨 1 时,石田三成自己的 5800 人便已经抵达了关原,而后续部队也开始陆续抵达,随即开始在关原村以西的山谷中展开。

到十五日凌晨 4 时 30 分左右,西军终于在一片泥泞之中完成了展开,而此时大雨也已经停止,代之以十分浓重的雾气。总人数在 84000 人左右的西军分为两个部分,一部分据守在笹尾山与松尾山之间的山谷中,而另一部分则停留在战场东南侧的南宫山。石田三成直接指挥的 4000 名士兵负责保卫其在笹尾山南坡上设立的指挥阵地,在阵地前方挖掘了壕沟并设置木栅,此外石田三成手中还拥有 5 门火炮。岛左近和蒲生乡舍则分别指挥大约 1000 人部署于石田的旗本前方。这样一来,三成便可以利用自己的部队掩护整个西军左翼,只要东军无法攻克由他亲自镇守的阵地,西军左翼就很难被对方攻破,而对方也无法对其进行迂回。

与石田三成一同部署在左翼的还有织田信高率领的 1000 名自发参战的丰臣武士以及岛津义弘率领的 1500 人。一同与小早川秀秋的 15600 人被部署在右翼的则是赤座直保、小川祐忠、朽木元纲、胁坂安治

以及大谷吉继之子木下赖继。小西行长的 4000 人和宇喜多秀家的 17200 人则构成了西军中央的主力。此外,大谷吉继、平冢为广、户田胜成等人也被部署在中央。中央部队的位置要比两翼稍微靠后一些,这样一来,当东军沿着谷地对西军中央发动进攻时,西军的一翼或者两翼便可以打击在对方侧面上。

与此同时,在小早川秀秋以东大约 3 公里处的南宫山上还布置有毛利军和长宗我部军,其中毛利秀元亲率 16000 人位于南宫山北坡,吉川广家 4000 人、安国寺惠琼 1800 人、长束正家 1500 人以及长宗我部盛亲 6600 人则被部署在山脚下。这支部队总人数将近 3 万人,对家康的后方和中山道交通线构成了极大威胁。但毛利秀元和吉川广家却毫无战意,根本没有进攻德川军的打算,在后来的决战中只是固守南宫山观望两军交战。

部署完成后,三成又前往小早川秀秋在山谷南侧的松尾山阵地,告诉后者他已经将自己的部队部署在关原以北的笹尾山脚下。在此之前,石田三成听到流言称小早川秀秋与家康之间有所约定,现在他便一再要求秀秋向自己承诺忠于西军,并且许诺在西军战胜后授予秀秋关白一职和 10 万石封地,后者随即表示自己将在战斗中对东军侧翼进行猛烈打击,并与三成约定了烟火信号。

离开小早川秀秋的阵地后,三成又前往与小早川军北翼相连的大谷吉继军中,并将自己的作战计划告知了后者。按照计划,西军将在战斗中采取守势,等待东军

主动进攻，在利用部署于山谷中的左翼和中央缠住东军正面进攻后，小早川秀秋应率领西军右翼从东军的南方席卷其左翼，同时在小早川以东3公里处的毛利军则应前进到中山道，打击在东军的后方。根据石田三成的乐观估计，如果一切顺利，家康到中午时分便将命丧黄泉了。

德川家康在得知西军离开大垣城后，很快便收到进一步的情报，明确了西军的动向。家康立刻认清如果自己不以此为契机与西军进行决战，坐等西军在关原建立坚固防线的话，自己沿中山道通往佐和山城和近畿的作战线就会被对方切断。但如果自己抢先凭借中山道更短的行军路线取得时间上的优势，那么东军反而有可能在石田三成抵达关原之前便切断伊势街道，将对方两翼完全切断。由于小早川秀秋和吉川广家已经事先通知家康自己将会变节

或保持中立，因此后者决定不再等待德川秀忠的部队赶到战场，直接命令东军向关原前进。同时还派出了堀尾忠氏、中村一荣、西尾光教、水野胜成等人率领的11000人对大垣城发动进攻。

在匆匆吃下一碗米粥之后，家康披上了铠甲，但却没有佩戴头盔，并大声宣称此战必将轻松获胜，根本没有佩戴头盔的必要，因而只戴了一顶斗笠便率军出发。十五日2时过后，东军以福岛正则为前卫，开始在大雨中西进。虽然东军行军花费的时间较短，但由于出发时间要远比西军更晚，最终还是比后者晚了2个小时才抵达关原，没有能够抢先切断伊势街道。

抵达关原之后，德川家康将自己的指挥所设置在了南宫山西北方向的桃配山上，紧邻中山道，而其直属的德川军32000人则被部署在指挥所前方，作为东军的总预

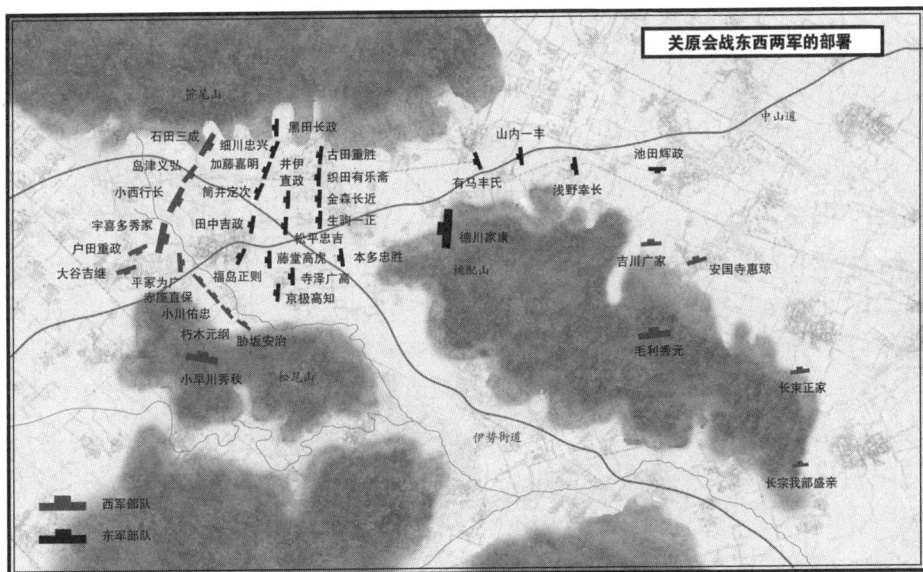

◎ 关原会战

153

备队。凌晨四时左右，福岛正则由于行军位置过于靠前而在一片迷雾中闯入了宇喜多秀家的后卫，并发生了短暂的交战。但福岛很快便撤回了自己的部队，与东军其余部队一同在关原町附近占据阵地。不过由于东军行军过于匆忙，进入阵地的时间较晚，而且对于西军的部署也不明了，因此未能完全展开。

除3万德川军以外，其余东军部队大部分集中在中山道与笹尾山之间的平原上，并被分为前后两条阵线。福岛正则位于第一线的最左翼，面对着宇喜多秀家和小西行长组成的西军中央，右侧依次为田中吉政、筒井定次、加藤嘉明、细川忠兴以及黑田长政。这些部队相加人数在25000人左右，其阵线一直延伸至笹尾山脚下，面对着石田三成亲自防守的西军左翼。在第二线方面，京极高知、藤堂高虎、寺泽广高三支部队位于关原町以南，松平忠吉、井伊直政、生驹一正、金森长近、织田长益、古田重胜位于关原村以北，总人数在19000人左右。除此以外，有马丰氏、山内一丰、浅野幸长以及池田辉政等14000人后卫部队被留在预备队背后以监视毛利秀元以及长宗我部盛亲，掩护中山道交通线。对于东军而言，其战术目的十分简单，即利用正面上的兵力优势来击败西军的左翼和中央。至于西军的右翼，由于小早川秀秋已经答应变节，因此不必对其加以理会。抵达关原战场的东军人数总计为90000人左右，德川家康在召集众将后鼓励称东军毫无疑问将轻易击败对方。

对一场参战人数多达17万人的会战而言，关原战场就显得十分狭窄了。松尾山与笹尾山之间的山谷宽度仅有两公里，因此自西军左翼的石田三成军到右翼的小早川秀秋军之间的正面宽度也仅有2000米左右，而未能完全展开的东军正面则更是仅有1300米左右的宽度，这就使得东军相对关原隘口方向西军主力的数量优势难以被发挥出来，而进攻的秩序也因地形狭窄而很容易发生混乱。

上午8时，大雾开始散去，双方所在的位置也随之暴露在了对方面前。令所有人都大感惊讶的是，两军之间的距离十分接近，宇喜多秀家与福岛正则之间的距离更是仅有600米左右！对东军而言，自己事实上已被西军引入了一个对自己十分不利的战场。由于各部队大多集中在了中山道以北，其左翼便完全暴露在了西军右翼面前，东军如果不能在短时间内击败西军兵力相对薄弱的左翼，一旦小早川秀秋放弃变节与石田三成联手，从松尾山阵地向福岛正则和藤堂高虎等人进攻，东军左翼便面临崩溃的危险，而这也使家康在相当一段时间内不敢将其手中的预备队投入战斗。不过与此同时，家康所在的位置却也将南宫山的毛利军和西军主力之间的直接联系完全切断了。

几乎就在雾气刚刚消散之时，井伊直政亲自率领的30名赤备骑兵便与宇喜多秀家的部队发生了交战。这些骑兵个个穿戴红盔红甲，背后背负着绘有井伊家"井"字家纹的红色指物，就连马匹的缰绳、马鞍以及长枪都被染成了红色，是德川军中最精锐的部队。井伊直政原本被家康任命

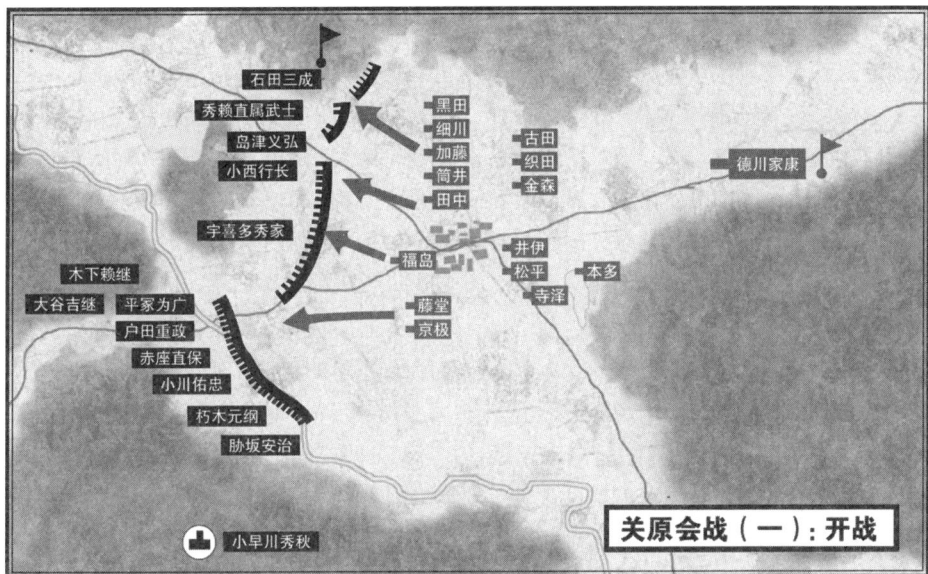

石田三成
秀赖直属武士
岛津义弘
小西行长
宇喜多秀家
木下赖继
大谷吉继
平冢为广
户田重政
赤座直保
小川佑忠
朽木元纲
胁坂安治
小早川秀秋

黑田
细川
加藤
筒井
田中

古田
织田
金森

德川家康

福岛
井伊
松平
本多
寺泽

藤堂
京极

关原会战（一）：开战

◎ 关原会战（之一）

为其四子（同时也是直政的女婿）松平忠吉的监护人，但早在大雾仍然笼罩关原时，井伊直政便因为担心自己和忠吉在行列中的位置过于靠后无法赶上战斗，而开始催促松平率军向前移动。

不过这也引起了身为前卫的福岛正则不满，后者认为井伊直政是在和自己争抢功劳。对日本将领而言，能够第一个和对方进行交战是一种莫大的荣誉，而家康早已将这一光荣的任务交给了福岛正则。在福岛的部将可儿才藏阻拦下，直政被迫将步兵抛弃在后，亲自与忠吉带着30名精锐骑兵继续前进。不过当大雾散去之后，二人却突然发现自己已经在不知不觉中冲进了宇喜多秀家的阵地，只得在用铁炮草草进行了几次射击后便退回了己方阵地，待步兵跟上之后才再次发动进攻。

虽然井伊直政的冒失行动本身并没有任何实际意义，但福岛正则还是在听到枪声之后勃然大怒，并立刻率领自己的部队冲向了宇喜多秀家。其麾下的铁炮部队也开始猛烈射击对方阵地，并给对方造成了一定伤亡，但其进攻却在对方铁炮火力和长矛方阵的紧密配合下屡遭失败。

上午9时，原先位于第二线的藤堂高虎、京极高知、寺泽广高也在紧邻福岛正则左翼的位置与西军中央开始交战，黑田长政、田中吉政、细川忠兴、加藤嘉明、筒井定次的20000余人则在福岛军右侧对西军左翼展开猛攻，直接冲向了石田三成的阵地。到了此时，东军与西军在整个峡谷都展开了激烈战斗。除南宫山方面以外，仅有小早川秀秋所指挥的西军右翼以及德川家康的预备队没有投入战斗。不过家康为了掩护自己暴露的左翼并压迫自己的前线部队继续向前挺进，也率领着预备队前进到了关原町背后，距离石田三成的前卫岛左近仅有不足两公里距离，而后者此时正与蒲生乡舍一同对东军进行反击，并成功将对方暂时逐退。

在首次进攻失败后，东军右翼将大批铁炮足轻调到了笹尾山的南坡，不断向石田三成的阵地发射猛烈火力。不久之后，为支援黑田长政、细川忠兴等人的攻势，生驹一正和户川达安也将自己的铁炮部队向前推进到了笹尾山腰，居高临下射击石田军前卫。在东军的猛烈射击下，岛左近被铁炮击中负伤，而石田军前卫也在猛烈火力下纷纷向后退却，丧失了阵地。在岛左近发动反击失败之后，三成只得命令其撤退。

在此之后，东军立刻开始向石田三成推进，后者却突然开始利用手中的火炮轰击东军行列，巨大的轰鸣立刻便使东军失去秩序。而三成也利用这一机会发动反攻，并在将对方逐退之后对田中吉政的部队进行猛烈追击，直到加藤嘉明和细川忠兴重新将部队聚拢在一起对石田军两翼进行反攻后才退回防御阵地。可是虽然如此，石田三成的阵地却还是承受着巨大的压力，超过3万人的东军拥挤在不足两公里的正面上，若非拥有火炮来击散对方的行列，而泥泞不堪的地面又使东军失去秩序，西军左翼在一个小时内就会被对方击败。

不过东军自己的左翼情况也并不好。原先位于关原町南侧的藤堂高虎等人在一定程度上能够为东军左翼提供掩护，但现在却也加入了正面进攻，完全敞开了自己的侧翼。三成所要做的便只是继续坚守住自己的阵地，使东军逐步将所有或大部分预备部队投入对西军中央和左翼的进攻之中，其后便可利用自己的右翼从侧面击溃对方。

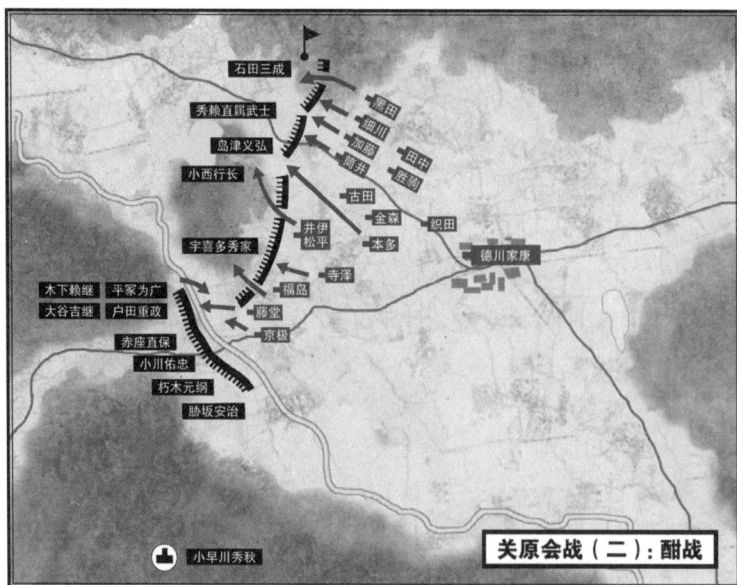

关原会战（二）：酣战

◎ 关原会战（之二）

与此同时，大谷吉继也在与藤堂高虎、京极高知交战，而小西行长则与织田长益、寺泽广高互相拼杀。东军负责观战并记录战况的太田牛一后来在《关原御合战双纸》中写道："敌我双方互相拼杀，铁炮与弓箭所发出的声音动摇天地，火药的浓烟使白昼变成了黑夜，敌我双方短兵相接。在一片大火之中，整个日本分裂成了两派势力互相搏斗。"

南宫山方面的浅野幸长在听到东军正面已经与西军开始交战之后，也率领着自己的 6000 人向西军的长束正家发动了进攻。长宗我部盛亲、安国寺惠琼、吉川广家以及毛利秀元对此却没有做出任何反应。仅有安国寺惠琼一人催促毛利秀元投入战斗，但后者却以其前方的吉川广家堵住了下山道路为由拒绝参战，吉川广家本人则对任何人的催促都置之不理。此外，紧邻石田军的岛津义弘也由于前日与三成之间的不快，自始至终没有与东军交战。也就是说，西军此时仅有 32000 人投入了实际战斗，而仅凭这些人便已拖住了除东军后卫以及家康 3 万预备队之外的全部东军兵力。只要小早川秀秋和毛利秀元能够在正确的时间投入战斗，西军便可将胜利握在手中了。

上午 10 时左右，德川家康再次将自己的预备队向前推进到了关原町以西，接近到了距离三成阵地仅有 1 公里左右的位置。此时家康虽然仍然在向众将吹嘘己方必将轻松取胜，但他本人却已经发生了动摇。只要小早川军一刻不变节加入东军，家康便一刻不能放心地将自己的预备队投入正面进攻，而自己的前线部队又已经精疲力竭，难以取得突破。与三成相同，家康也只能等待小早川秀秋做出选择。

不过石田三成此时最为关心的仍是受到重压的左翼安危，而岛津义弘的不作为令他十分惊讶，甚至在井伊直政已经冲到岛津阵地前方时后者也没有做出任何反应。三成派出传令兵要求后者行动，但这位传令兵却在匆忙中忽视了礼节，没有下马跪拜，反而在马上便呼喝命令，使义弘愈发不满。不久后三成亲自前来要求他参战，岛津义弘依旧予以拒绝，并非西军统帅的石田三成也无法强令义弘前进，只得悻悻地返回了自己的部队中。

虽然岛津义弘拒绝参战，但战场形势还是朝趋向于对西军有利的方向发展。自石田三成利用火炮轰击东军时起，后者的进攻强度便开始在一片混乱中逐渐下降，宇喜多秀家甚至已经能够发动反攻，挤压着自己面前的福岛正则等部队向前反击，而大谷吉继也能够在坚守阵地的同时发动一些反击，仅有小西行长在东军重压下被迫向后却了一段距离，但很快也站稳了脚跟。不过由于缺乏支援，宇喜多秀家和大谷吉继也并不敢在反攻中推进过远，因而无法对东军进行决定性打击。到上午 11 时，从笹尾山到中山道大路之间的战斗已经陷入了僵局，双方均不能在正面战斗中取得足以决定战斗的优势。但相对而言，与行列已经在互相拥挤之中一片混乱的东军相比，西军还是占据了优势。

会战的决定性时机到来了，而石田三成决定抓住机会。三成下令点燃烟火，通

◎《关原合战屏风图》

知小早川秀秋和毛利秀元对东军左翼和背后发动进攻，只要这两方面总人数多达50000人的部队能够迅速投入战斗，东军前线部队便会在两个方面的打击下迅速崩溃，其后西军全军即可压向家康的预备队，将其包围或击溃，置家康于死地。但令三成震惊不已的是，小早川秀秋和毛利秀元并没有做出任何反应。

南宫山方面的安国寺惠琼、长束正家在看到烽火之后立刻认清了三成的意图，并一再派人劝说毛利秀元和吉川广家参战。不过即使秀元决定出动，其军队走下南宫山的道路也被吉川广家挡住了，而广家对

此根本没有理会。如果没有毛利秀元的大军支援，安国寺惠琼和长束正家单独前进无异于自取灭亡，因此也只能焦急地等待。而位置更靠东的长宗我部盛亲在催促吉川广家时甚至只收到了后者正在吃饭、需要等待一段时间才能下山的愚蠢借口，只得选择观望毛利军是否投入战斗。有这样的盟军，哪怕石田三成是八幡菩萨再世，也打不赢这一仗了！

与此同时，大谷吉继和小西行长相继派出传令兵恳求小早川秀秋参战，但后者却依旧不为所动，既没有帮助西军攻击对方暴露的左翼，也没有加入东军攻击西军

158

右翼。毫无疑问，对于小早川秀秋而言，自己已经答应家康变节，但眼下西军形势占优，而三成又以关白之位相许，因而犹豫不决起来。这位软弱的小早川到了此时便只有按兵不动，静待事态发展。

德川家康也看到了这一幕，并开始怀疑小早川秀秋到底用意何在，只得派人去询问一直作为中介人协调秀秋变节的黑田长政，而后者在一片匆忙之中草草回复说他自己也并不清楚，只是派出了大久保猪之助前往松尾山小早川秀秋阵地上催促后者变节。大久保到达松尾山之后立刻揪住秀秋家老平冈赖胜的盔甲，然后拔出自己

的协差威胁秀秋说如果他不立刻变节，自己就要杀死赖胜和秀秋。

家康对于战局发展以及小早川秀秋的意图也愈发紧张起来，甚至开始咬起了自己的指甲。很多文学家或历史学家声称为逼迫小早川秀秋参战，家康曾被迫采取了一个极为冒险的行动——命令手下一队铁炮兵向秀秋指挥所的后方开火。要知道，岛津义弘正是因为鸟居元忠在黑夜中对其进行误击才加入了西军，而想要从尾松山脚下向秀秋开火也几乎是完全不可能的。此时小早川秀秋本人也已经焦急万分，时间一分一秒地流去，日本的命运就握在自己手中，而他却不知道该在东西两军中作何选择。不过无论这次铁炮射击是否存在，大久保的威胁还是终于使小早川下定了决心，如同从梦中惊醒一般命令手下的15600人冲下松尾山，而其选择攻击的目标则是大谷吉继。

作为一位麻风病人，大谷吉继身体十分虚弱，无法在马上指挥作战，而且视力也已经几乎丧失，只得命人用担架抬着自己指挥部队，但这却没有影响他的指挥能力。早在战斗开始之前，他便对小早川秀秋的变节做出了准备，在看到秀秋的部队从松尾山冲向自己之后，吉继迅速从正在与藤堂高虎、京极高知战斗的部队中抽调了600人掩护自己的右翼，原本大谷吉继将木下赖继也布置在了自己右侧预防秀秋，但这支部队却早已被吸引到了正面的战斗上，无法调回来了。到了此时，大谷吉继唯一的希望便是与小早川秀秋前方的赤座直保、小川祐忠、朽木元纲、胁坂安治连

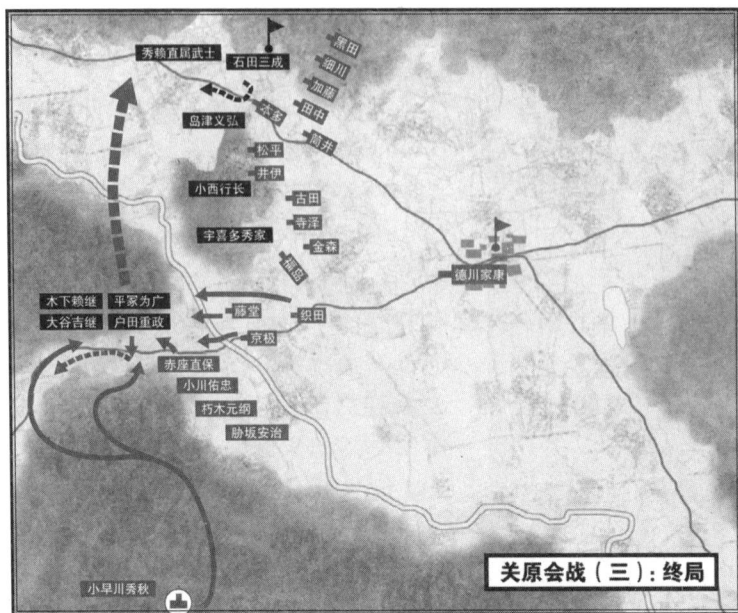

关原会战（三）：终局

◎ 关原会战（之三）

接在一起，在西军中央的右翼重新建立起一条防线，但这四人却在小早川秀秋大军的挤压下冲向了大谷吉继的右翼。后者仅有600人的部队无法抵挡接近两万人攻击，到13时左右几乎全军覆没。

大谷吉继已经认清自己无法再抵挡秀秋了，在两面作战的压力下，自己的正面也很快被藤堂高虎等人攻破，连完整撤退都已经不再可能。大谷吉继在绝望中选择了决死冲锋，很快手下士兵即死伤殆尽，而他本人也切腹自杀。为避免自己的首级落入对方手中，吉继命令汤浅五助在自己切腹后将首级埋藏起来。汤浅五助完成了大谷吉继的遗愿，东军后来费尽全力也没能找到其首级。而汤浅五助本人则在将吉继的首级藏好后切腹自杀。

击溃大谷吉继之后，小早川秀秋便开始在其余变节部队以及东军左翼支援下攻击宇喜多秀家和小西行长的阵地。与早就为应对小早川秀秋变节做了准备的大谷吉继不同，宇喜多秀家和小西军根本没有预料到自己会遭到友军的攻击，没有在自己的侧翼准备任何保护措施。在大谷吉继遭到攻击之后，西军中央这两支最为强大的部队便陷入了一片惊慌之中，因此在遭到小早川秀秋的侧翼攻击不到20分钟之内便开始崩溃，福岛正则、井伊直政等东军部队也一再从正面发动猛攻，很快便将先前一直在英勇战斗的西军中央彻底击溃了。宇喜多秀家本人在震怒之下试图亲自率领残部发动冲锋，发誓要亲取小早川秀秋的首级，但最终还是在家臣劝说下退出战场，并与小西行长一同在13时30分左右向伊吹山方向退却。

随着战线中央的崩溃，西军开始全线溃败，德川家康的预备队也终于投入到了战斗中。这3万人的加入使东军立刻击溃了所有还在抵抗的西军。岛津义弘此时也意识到自己如果再不退出战场，无疑会在此地全军覆没。此时其阵地周围已经布满了井伊直政和松平忠吉的部队，准备将其包围起来。而义弘突然做出了一个极为果敢的行动，率领部队向东发动猛烈突击，试图突破至关原町附近后再沿伊势街道向南撤退。

井伊直政和松平忠吉二人则并不愿意让义弘轻易逃走，因此重新将部队聚拢在一起对岛津军进行追击，不久之后，德川本军的本多忠胜也加入了追击行列。到义弘完全退出战场时，身边只剩下了50余人，

跟随其一同来到关原的侄子岛津丰久也在掩护义弘撤退时被井伊军杀死。不过在追击过程中，井伊直政和松平忠吉均遭到岛津军铁炮击伤，前者在中弹后更是直接落马，被迫在部将簇拥下退出战场。虽然在关原会战结束之后直政仍然参与了不少军事行动，但18个月后，他却因枪伤复发而死于破伤风，其时年仅42岁。

岛津义弘在进入伊势街道后便开始沿南宫山继续向东南方向撤离，在其行进过程中刚好从长宗我部盛亲的后卫阵地经过，导致后者认为自己遭到了奇袭，从而引发了一阵混乱，直到认清对方是岛津军后才平息下来。不过在听到西军主力已经遭遇惨败之后，南宫山的西军部队也开始向大坂撤退。

◎ 关原会战中向岛津义弘阵地进行的井伊直政

在笹尾山方面，与宇喜多秀家、小西行长相同，石田三成的部队在看到小早川秀秋变节以及大谷吉继被歼灭后同样受到了巨大震动，岛左近和蒲生乡舍的前卫在12时30分左右终于溃败，三成的旗本也在14时左右彻底崩溃，三成本人只能带领少部分家臣向北逃入山区。在此之后，家康便宣布战斗结束。

东军宣称斩杀了32000名西军士兵。考虑到双方在很长一段时间内都处于胶着状态，西军又在小早川秀秋变节后短时间内便溃散而逃，同时南宫山方向的3万人也根本没有参加战斗，因此这一数字无疑存在着不少夸张成分。不过除毛利军和长宗我部军以外，西军其余部队均被彻底击溃，无论伤亡数字具体为多少，这些部队在事实上都已经是被彻底消灭了。此外，东军宣称自己的阵亡数字在4000人左右。

由于西军无论是在实力上还是威望上均已彻底崩溃，因此家康也并不急于对其残部进行追击，而是直接停留在原地等待其部下重新集中和重组，东军诸将也纷纷赶到家康的营帐向其报告自己的功绩。黑田长政第一个回到营帐，受到了家康的热情款待。家康将一柄名贵的协差送给长政，并亲自将其插在了后者的腰间。紧接而来的本多忠胜、福岛正则也得到了家康大肆赞扬。当负伤的井伊直政在松平忠吉照顾下走进帐幕时，家康还亲自为其包扎了伤口，而井伊直政则告诉家康说忠吉在这一天表现十分英勇。

不久之后，小早川秀秋也来了，当他走到家康面前时立刻便哭拜在地，恳求后

◎ 会战结束后在本阵检视对方武士首级的德川家康（中坐者）

者原谅他曾参与围攻伏见城的罪责，并提出自己愿意亲自率军攻取三成的领地佐和山城以戴罪立功。家康答应了秀秋的要求，并对其在决战关键时刻加入东军表示感谢。

东军在取得决定性胜利后的第一个目标便是佐和山城，小早川秀秋得偿所愿地成为东军前卫，并在关原会战当夜便与田中吉政、福岛正则、藤堂高虎、池田辉政、胁坂安治、小川祐忠、朽木元纲等部一同先行出发，其余部队则迟至十六日昼间才前往佐和山城。

石田三成本人在从关原逃走后没能及时返回佐和山城，而守城的重担便落在了其父石田正继和兄长石田正澄的肩上。父子二人手中仅拥有2800人的守军，虽然在最初进行了激烈的抵抗，但在十七日家康本人抵达后士兵们的士气便一落千丈，被对方攻入城内。石田正澄在绝望之下开始与东军和谈，并以石田一族男丁全体切腹为条件争取保全城内守军和百姓的安全。不过由于东军之间依旧存在互相争夺战功的情况，田中吉政在十八日清晨突然攻入本丸，城内燃起大火，石田一族也在混乱

中相继切腹自杀。5 天后，早在关原会战的同时便已经开始的大垣城围攻也在西军守将福原长尧投降后告终，长尧本人于九月廿八日切腹自杀。

九月廿一日，德川秀忠终于在大津城追赶上了家康的部队，但此时他的到来已经显得毫无意义了。由于家康恼怒秀忠因行动迟缓而险些葬送整场会战，因此拒绝接见后者，直到当天夜间才在家臣劝说下与其相见，但却始终一言不发，直到多年之后才原谅秀忠的愚行。

自第二天起，东军长驱直入向近畿地区前进，最终于九月廿七日进入大坂，为整个战役的主要战斗画上了句号。虽然毛利秀元在关原战场上态度消极，但此时却劝说毛利辉元坚守城池，不过后者最终还是在没有进行任何抵抗的情况下便在东军抵达前撤回了自己的西国领地。此后，东军很快便平定了全国各地的西军余党，使日本重归和平。

在秀忠赶到大津城的同一天，石田三成在伊吹山被东军抓获。3 天之前，与三成同样逃往伊吹山的小西行长也在逃亡无望的情况下自行向家康投降，而说服毛利辉元参加西军的安国寺惠琼则在京都被捕。在三人被押送至大津城后，家康下令将三人送往京都斩首示众。十月二日，三人在京都六条河原被斩首。

据说三成在行刑前曾因饥渴难耐而向士卒要求给自己一碗米汤。由于来不及准备，士卒们只得摘了几个柿子交给三成，但三成却说柿子对肠胃有害而拒绝了。士卒们立刻便开始嘲笑三成将死之时却还有

如此之多的讲究，后者却答道："怀抱宏图志向之人，即便下一刻就人头落地，也应关注自己的生命。"三人死后，首级被挂在三条桥示众。后来一同劝说毛利氏参加西军的长束正家在城池被东军攻破后也切腹自尽。其首级被家康找到后与三成等人挂在了一起。

西军的副帅宇喜多秀家在从关原战场上逃走后一路亡命到了九州岛最南端的萨摩，其麾下的 57 万石封地全数被家康没收。不过萨摩岛津氏本身也是关原会战的败者之一，在战后费尽九牛二虎之力才保住了自己的封地，使其没有受到削减，因此岛津氏的新家督岛津义弘之子岛津忠恒不愿为秀家提供庇护，反而将其交给了德川家康，只是在同时恳求家康饶过秀家的性命。家康在考虑过后同意了忠恒的请求，将秀家永久性地流放到了八丈岛。秀家在那里一直活到了 1655 年才以 84 岁高龄去世，成为所有参与过关原会战的大名中最后一个去世的。

至于西军的总帅毛利辉元，虽然他本人没有参与到任何实际作战行动中，毛利秀元所率领的前线部队也没有在关原战场上与东军为敌，而且家康本人在战前便答应吉川广家不会削减毛利氏封地，但当战事结束后，家康却背弃了承诺，决定彻底消除毛利氏的影响力，在重新划分全国大名领地时将毛利辉元的封地从 120 万石削减到了长门、周防两国的 36 万 9000 石，就连吉川广家本人的封地也从原先的 12 万石减少到了 36000 千石。

家康此时所面临的棘手问题无疑是如

对丰臣氏的处理。要建立德川的天下，丰臣氏便必须灭亡。但很大一部分出身自秀吉家臣的大名在参加东军时都并非出于反对丰臣或扶持家康上位的目的，而是出于对于三成的怨恨。甚至直到关原会战之后，这些人也仍然对丰臣氏效忠，不愿看到丰臣家灭亡。因此家康也不敢立刻撤封秀赖的全部封地，只能将其领地从222万石减少到摄津国的65万石，以免引起仍忠于丰臣的大名反抗。与此同时，家康仍然维持着代替丰臣家掌管天下的名义，而不敢立刻取而代之。

在对西军大名进行了大规模撤封和减封之后，家康总共得到了多达650万石的空余封地用来奖赏东军诸将，而德川氏仅直辖领地便上升到了400万石，再加上家臣各自领地，远远凌驾于其余大名之上。除德川家以外，由于毛利家和上杉家的减封（后者被改封至米泽城30万石），日本仅有的百万石大名便只剩下了加封后达到119万石的前田利长。小早川秀秋被转封至宇喜多秀家的旧领，但两年后便因背负背信弃义的骂名抑郁而亡（由于秀秋没有后代，其领地被家康收回）。此外，福岛正则、加藤清正等人领地也均大幅增加到了50万石左右。

在整个1600年战役中，事实上石田三成错误地分析了自己的形势。如果按照约米尼1804年在《大军作战论》一书中提出的作战线概念来理解西军的计划，我们就可以很清晰地看到其作战线是分为两个阶段的。其中第一阶段始于京都附近的伏见城，在破城后全军采取离心的行动，分别沿中山道进至大垣城，沿北陆道确保左翼安全，沿东海道确保右翼安全。在此之后，全军将集结在岐阜城附近，并在这里结束第一阶段的作战线，开启一条或两条新的作战线，沿东海道和中山道之中的一条或两条道路前进寻找决战的机会。

在转换两条作战线的过程中，岐阜城无疑是最为重要的中转节点。如果西军能够及时完成集中，采取攻势，岐阜城和清州城便将是新作战线的起点。对进攻一方而言，保证作战线，尤其是起点的通畅无疑是确保攻势顺利最重要的条件。但石田三成却并没有做到这一点，反而让对方轻易占据了岐阜城，从而丧失了作战主动权。

与之相对的是，由于东军主力可以沿东海道前进，左翼是拥有海岸线保护的，因此不必像西军一样被迫在两翼均派出强大支队进行掩护，相对集中的兵力使其可以迅速发动进攻，确保同样也是东军作战线中最为重要的决定点——清州和岐阜。当家康在听到西军集中于大垣城附近时，由于东军已经掌握了清州和岐阜之间所有交通线，他便可以不受任何威胁地放弃东海道的作战线跃入中山道，采取岐阜—赤坂—关原—佐和山城的新作战线。

对西军而言，由于关原是中山道附近所有交通线的交汇处，试图在这里切断家康的作战线也是理所当然。但必须注意的是，石田三成本人长期驻扎的大垣城本身，却既不在西军进攻的作战线上，也不在东军进攻的作战线上，而只是一个孤立据点。其战略价值远远低于石田三成的预计，导致家康抵达赤坂并集中足够兵力后只要沿中山道前进便可切断大垣城与关原的直接联系。虽然此后三成仍然通过在决战前夜的快速机动取得了对自己有利的战场，但西军内部的分裂还是使他无法按照自己的计划指挥全军，他在西军中并非统帅的尴尬身份也加重了这一问题，再加上毛利辉元从未亲临战场，为西军失败钉下了最后一枚钉子。

对于整个日本历史而言，家康的获胜却带来了长久的和平。即使东军在关原战场上遭遇失败，缺少实力统帅的西军在胜利后也将会四分五裂。到了那时，无论是遭人记恨的石田三成、少不更事的丰臣秀赖还是困守领地的毛利辉元都并没有统领天下的能力和威望。在东西两军交战的同时，九州的黑田孝高、大友义统等人便认定日本将重回战国时代，因此借九州诸将前往本州作战时攻城略地，寄望于短时间内统一当地，以便在未来日本大乱之时再争天下。

在丰臣家臣与各地大名的矛盾之间，石田三成既无威望也无实力辅佐丰臣家的安泰，再加上加藤清正、福岛正则等忠于丰臣的大名也会因加入东军而遭到裁撤，中央政权对地方的控制力势必会迅速下降，难以统御诸侯；各地大名步黑田孝高后尘纷纷割据一方的可能性也将逐步增大，使日本重新陷入长期战乱之中。

家康的胜利则确保了这种情况不会出现，其威望和实力足以压倒其余所有大名，日本所有大名的封地又在德川氏领导下被重新划分了。石田三成旨在铲除德川家康

◎ 关原古战场纪念碑，右侧为一面德川军旗。1603年，家康受封征夷大将军，开创了江户幕府，在1615年彻底消灭丰臣氏后将日本带入了长达250年的和平时期

所进行的努力，实际上却为德川天下奠定了最坚实的基础。家康所获得的威望使日本进入了江户时代的和平中，只要德川氏的军事实力不会陨落，这一时代便可以一直延续下去。若将这些情况与整个世界的发展联系起来，那么这一胜利的意义便会更大。若日本的分裂和战乱时间愈长，它抵御欧洲入侵或殖民的能力便逾低。那么当欧洲人开始认真看待在日本方面的冒险时，东亚可能提早150年便要面临殖民了。所幸，虽然日本各地在江户时期仍然发生了一些暴乱，但这些战事也已经被彻底地局部化了，并终于使日本进入了前所未有的长达250年之久的和平时代。

大事记五

江户的和平

关原会战结束后，虽然德川家康仍然保持着丰臣政权大老的名义，但丰臣政权的统治体系却已经崩溃了，五大老之中有三人（毛利辉元、上杉景胜、宇喜多秀家）成为战败者，五奉行之中也有三人（石田三成、增田长盛、长束正家）受到处罚，秀吉临终时建立的整个决策、执行体系已失去了继续存在的可能。不过家康此时却也不敢过于激化与丰臣秀赖这位自己名义上的主君的矛盾，因而在关原战后只能和丰臣秀赖联名发布命令执掌天下。

在大名转封结束后，家康便开始着手毁灭丰臣政权的经济基础。秀吉在世时，曾将全日本绝大部分金矿都控制在自己手中，并使大批金银流入市场，使得京都、**堺**一带的商业愈发繁荣起来，而他自己便以此基础赚取大量税收。关原会战结束后，家康迅速取得了**堺**町的控制权，将其纳入

德川氏的直辖领。1601年五月，家康又在伏见设置掌管金银铸造的银座以确保自己对于全国金矿、银矿的控制。

在确保了自身的经济优势，并切断丰臣氏的经济来源之后，家康终于开始在政治方面施展权术。早在1600年关原会战结束后不久，前田利家的遗孀、前田利长的母亲春芳院阿松便被送往江户居住，成为家康控制前田家这一百万石大名的人质。一年之后，伊达政宗又正式建议，诸大名均应将妻小送到江户居住，就如同在丰臣政权下大名将妻小送到大坂一样。1602年，细川忠兴和加藤清正首先将人质送到了江户，诸大名随即响应，纷纷在江户建造宅邸，安顿自己的妻小，而这也成为后来江户幕府参觐交代制度的开端。

不过到此时为止，出身丰臣氏家臣的大名对此虽然不敢反抗，但在义理上却没有义务将仅是丰臣家大老的德川家康视为主君。而其中福岛正则、加藤清正二人则更是被视为丰臣秀赖的忠实维护者，一直反对着家康削弱丰臣氏的行动。不过这一情况在1603年二月十二日家康被天皇册封为征夷大将军之后发生了逆转。

在此之前，丰臣秀吉以太政大臣兼任关白之职统辖日本，虽然关白一职并非武家官位，却位极人臣，拥有代替天皇摄政的权力，因此秀吉对天下的执掌也合乎法理。不过在他将关白之位让给养子丰臣秀次之后，虽然这位太阁仍然保有着天下实权，但颁布政令却也必须与秀次联名。秀次被处死后，虽然秀吉仍然保有太政大臣的官位，但这一官位自古以来便没有实权，

因此其对天下的控制便只能单纯依靠武力和诸大名对他个人的忠诚。对丰臣政权而言致命的是，太政大臣并不像征夷大将军或关白一样可以世袭，因此政权的继承依据在秀次被处死那一刻便终结了，而终结丰臣政权的事实上正是秀吉本人。

1600 年十二月十九日，家康迈出了在政治上十分关键的一步，将公卿九条兼孝推上了关白之位，给予丰臣家致命一击。在此之后，关白之位便重新由毫无实权的

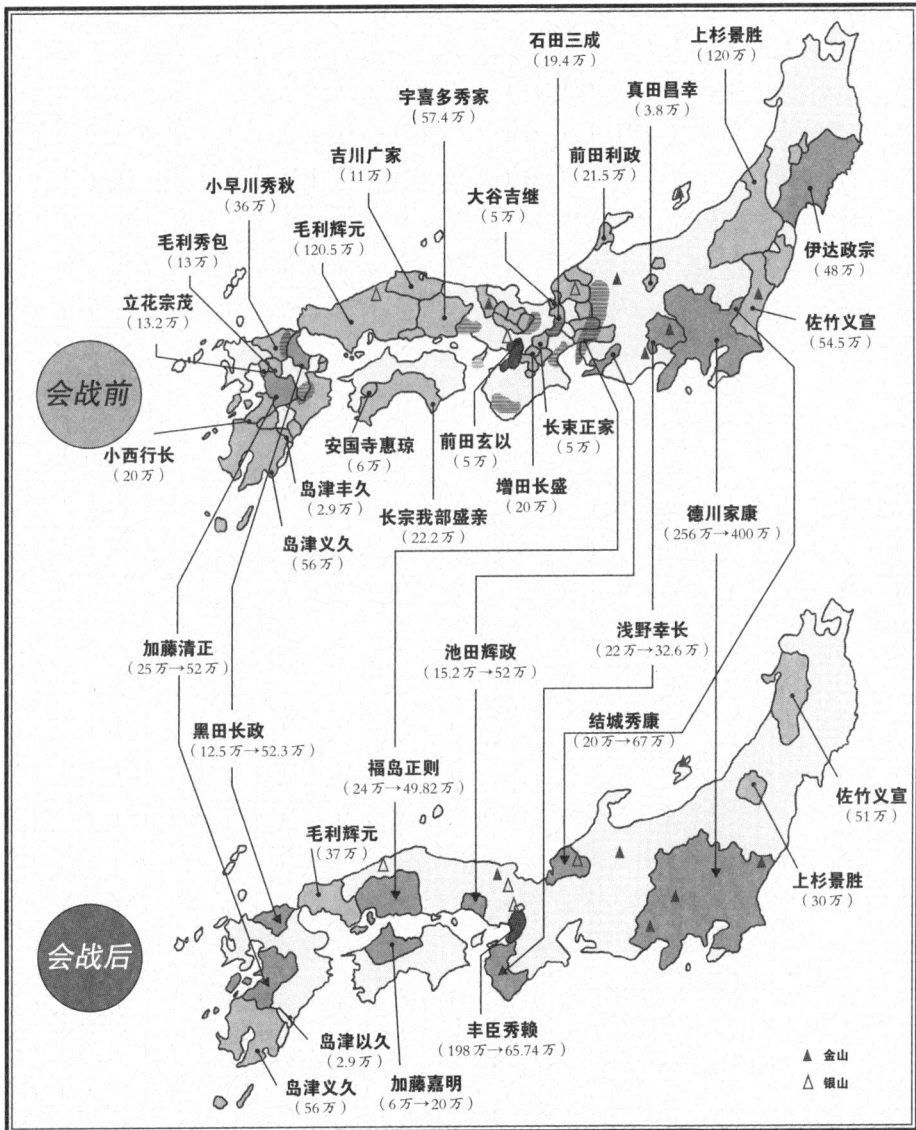

石田三成
（19.4万）

上杉景胜
（120万）

宇喜多秀家
（57.4万）

真田昌幸
（3.8万）

吉川广家
（11万）

前田利政
（21.5万）

小早川秀秋
（36万）

大谷吉继
（5万）

毛利秀包
（13万）

毛利辉元
（120.5万）

伊达政宗
（48万）

立花宗茂
（13.2万）

佐竹义宣
（54.5万）

会战前

小西行长
（20万）

安国寺惠琼
（6万）

前田玄以
（5万）

长束正家
（5万）

岛津丰久
（2.9万）

增田长盛
（20万）

德川家康
（256万→400万）

岛津义久
（56万）

长宗我部盛亲
（22.2万）

加藤清正
（25万→52万）

池田辉政
（15.2万→52万）

浅野幸长
（22万→32.6万）

黑田长政
（12.5万→52.3万）

结城秀康
（20万→67万）

福岛正则
（24万→49.82万）

佐竹义宣
（51万）

毛利辉元
（37万）

上杉景胜
（30万）

会战后

岛津以久
（2.9万）

丰臣秀赖
（198万→65.74万）

佐竹义宣

岛津义久
（56万）

加藤嘉明
（6万→20万）

▲ 金山
△ 银山

◎ 关原会战前后日本主要大名领地变迁

朝廷贵族接掌，而丰臣氏则被排除出了日本的政治核心，沦为了一个实力强大的普通大名。家康成为征夷大将军并开设江户幕府之后，德川氏和丰臣氏之间的地位完全被逆转了。在就任将军之前仅仅4天，家康还曾以丰臣氏大老的身份前往大坂对秀赖进行新年朝贺，但在那之后便从未再次拜见。不过为了安抚丰臣系出身的大名，家康也按照秀吉的遗言，将自己的孙女、德川秀忠的女儿千姬嫁给了秀赖，而且宣称自己只是为秀赖代掌天下，待后者成年后便会将将军之位让出。

在此之后，家康首先面临的工作便是组建一个稳定的幕府体制，控制日本各地大名，阻止丰臣氏再兴的可能。而在这三者之间，又以丰臣氏为德川天下最大的一个不稳定因素。德川家康在就任将军时已经年逾70，如果自己不能在离世前彻底消灭丰臣家，在关原会战后遭到处罚的大名们便有可能以光复丰臣政权为名掀起反旗。为在军事上断绝这一可能，家康在关原会战后的大名转封中便将自己家臣出身的大名安插在了中山道和东海道附近，牢牢将这两条从大坂通往江户的要道控制在了自己手中。此后家康又重建了在关原战役期间被烧毁的伏见城，并将其建得比之前更大，以此作为控制大坂的桥头堡。另外，他还在京都天皇御所不远处开始建造二条城，将其作为京都所司代的驻地，用以对天皇朝廷进行监视和控制。为消耗原丰臣系大名的实力，伏见城和二条城的建造主要便由这些大名承担，家康还命令这些大名参与扩建江户城、骏府城，帮助自己的

谱代大名井伊家修建彦根城等工程。

在初步确立了江户幕府的统治之后，家康在1605年把将军职位让给了儿子德川秀忠，自己则移居骏府城，其目的也和丰臣秀吉将关白让给秀次一样，在于向世人宣告征夷大将军一职自此由德川家世袭，实权则并未交给秀忠。与此同时，家康也开始寻找借口，试图对大坂挑起战事，以便将其彻底毁灭。

在秀忠继任将军的典礼开始之前，家康便要求秀赖前往京都进行参拜，宣告丰臣氏从属于德川氏。秀赖之母淀姬对此勃然大怒，拒绝了家康的要求，甚至开始联络前田利长、福岛正则等人，希望这些老臣能够兴兵讨伐家康。但令淀姬意外的是，前田利长断然拒绝了自己的请求，而福岛正则也在安抚了淀姬一番之后便没有进一步行动。

与此同时，为平息丰臣系大名的不满，并利用丰臣氏钳制幕府，朝廷在四月十六日加封德川秀忠为将军之前4天将丰臣秀赖晋升为从一位右大臣。家康对朝廷的这一行为十分不满，自镰仓时代开始，武家的赏罚应先由幕府定夺，而后再申报朝廷宣布。朝廷擅自加封秀赖一事不仅违背了这一原则，而且如果任由此事发展，丰臣氏早晚便会以秀吉受赐丰臣姓跃升为皇族后便不再属于武家的理由脱离幕府节制，成为独立于江户体系以外的一方诸侯，甚至动摇江户幕府的基础。

家康这一次虽然没有强制要求秀赖上京参见秀忠，但却在1606年四月廿六日向朝廷重申武家的官位必须由幕府定夺。丰

臣秀赖为避免与幕府发生冲突，也被迫在次年一月辞去了朝廷授予的右大臣官位。1609年七月，朝廷内部发生了私通事件，幕府借处理此事件的机会插手朝廷事务，并逼迫与丰臣氏交好的后阳成天皇退位，终于将朝廷完全握在了自己的手里。

有了对朝廷的控制权，家康终于可以随意定夺丰臣氏的地位了。1609年十二月八日，武家传奏广桥兼胜前往大坂赏赐薰物给丰臣秀赖。由于武家传奏一职专门负责朝廷与武家之间的事务，因此这一行动也成为朝廷确认丰臣氏属于武家，而非公卿的宣告。这也就意味着，丰臣氏必须服从于幕府管辖。在这之后，家康便可以一心寻找借口来铲除丰臣家了。

1611年，二条城建成后，家康再次要求秀赖上京参见自己，如果对方再像1605年那样拒绝自己，将军德川秀忠便可以秀赖抗拒幕府命令为由对其进行讨伐。不过此时已经明确了自身武家地位的丰臣秀赖也不敢拒绝家康，被迫选择上京，而这一决定使家康暂时没能获得讨伐丰臣家的借口。由于在此过程中，加藤清正、福岛正则等丰臣系大名仍对秀赖的安危抱以担心，福岛甚至还在大坂屯兵保卫秀赖。再加上秀赖本人仍然保持着高傲的态度，这也使行将就木的家康再次坚定了要在生前铲除丰臣氏这一幕府毒瘤的决心。

不过在兴兵讨伐之前，家康还是决定要先对丰臣氏的现金储备进行消耗，以免其在开战时凭借巨额黄金招募浪人与自己作战。在关原之战结束后，虽然家康已经将**堺**町、京都等商业繁华地带以及全国矿

◎ 方广寺的钟铭

山控制在了自己的手中，但大坂却依然在全国的大米交易中占据着主导地位。因此除65万石封地所带来的税收以外，丰臣家依然坐拥大量经济收入。《荷兰东印度商会史》中便曾在1607年八月记载如下："他（秀赖）现在年龄在十八岁左右，虽然还没有统治天下的才能，不过却有不菲的收入和（秀吉）留下的巨大财富。如果能有更多大名和百姓支持他的话，可以断言，即使没有过人的才华，他也能凭借巨额的财富来获取天下。"

下定决心铲除丰臣后，家康便开始哄骗淀姬，消耗丰臣家的财力。秀吉在世时，曾经在京都的方广寺建造了一尊大佛像，但后来却毁于地震。现在家康便以希望秀赖继承太阁遗志为名，鼓动淀姬出资重修

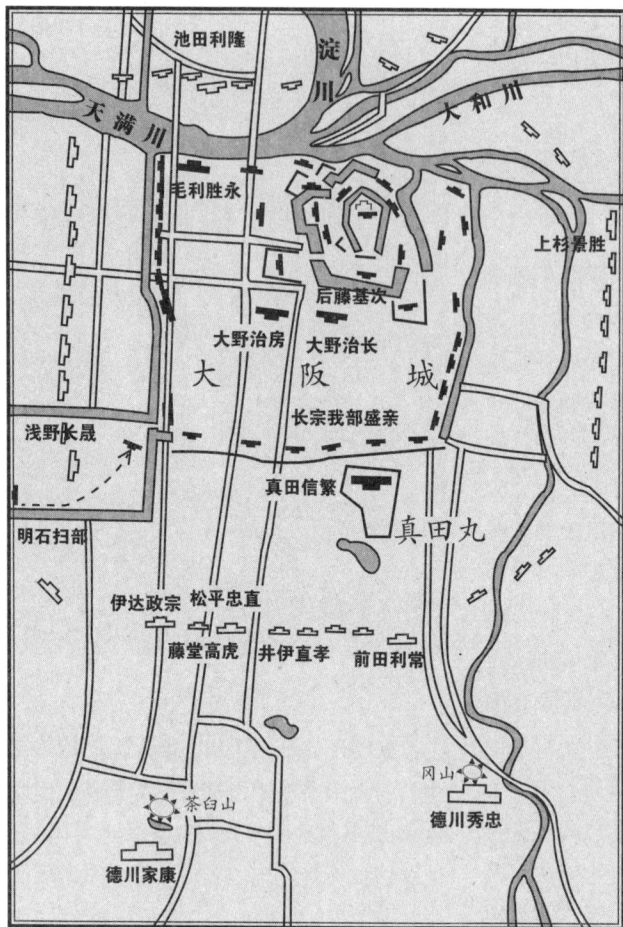

◎ 大阪冬之阵

其这次所寻找的借口可以算是最为牵强的一个，其原因便在于在秀赖上京参拜家康后德川家再难寻找更为合理的借口，而家康又寿命将尽，即使再为牵强，也只得抓住了。

大惊失色的淀姬和秀赖虽然百般解释，但早已下定决心剿灭丰臣一族的家康对此根本没有理会，并针锋相对地提出了三个条件：要求秀赖前往江户觐见将军德川秀忠；将淀姬送往江户作为人质；放弃大坂城接受幕府转封。如果丰臣氏不接受便要集结大军讨伐大坂。自丰臣秀吉死后，淀姬始终掌握着丰臣家的权力。在家康提出三项条件后，淀姬立刻加以回绝，家康终于得到了梦寐以求的开战口实。

到当年冬季大坂围攻战开始时，幕府军已经集中了19万人，面对着丰臣氏召集起来的11万人（其中大部分是靠现金雇用的浪人，而这些人中又多为关原会战后被德川家康剥夺领地的西军武士）。在十二月初对大坂城发动的几次进攻失败后，家康便开始在大坂城以南布置欧式火炮。到十六日，家康已经部署了20门火炮。这些火炮不分昼夜地开始对大坂城进行射击，对丰臣军造成了极大震撼，

京都的一些寺院，并重铸大坂方广寺的大佛。身为女流之辈的淀姬非但没有察觉家康的阴谋，反而对后者提及太阁遗志而报以好感，很快便将这一行动付诸实施，不过这一行动最终却招致了丰臣的灭亡。

1614 年，家康突然向丰臣家发难，声称其在方广寺的钟上铭文"君臣丰乐，国家安康"是在用将"家康"二字分开的方式来诅咒德川氏毁灭。在家康的一生中，

其炮声连京都都能清晰听到。淀姬在震惊之下立刻同意了德川家康的停战要求，自行填埋了大坂城外以及二之丸、三之丸的护城河，并拆毁了城墙外一切工事。

家康并没有就此放弃彻底消灭丰臣氏的打算。1615 年三月，家康要求丰臣氏遣散手下军队，退出大坂城等待转封。再一次遭到丰臣氏拒绝后，家康于四月六日向诸大名发布命令，要求后者将军队重新集结在鸟羽、伏见地区，而秀忠也在十日率军从江户启程前往近畿。到五月初时，幕府军已经有 15 万人集结在了近畿地区。虽然真田信繁等人在大阪城下进行了英勇的战斗，但失去防御工事的大阪城最终还是在五月七日陷落。秀赖和淀姬母子二人在一座粮仓中自杀，家康的孙女、秀赖的正室千姬则逃到了幕府军中。曾一统日本的丰臣氏彻底毁灭，延续了超过一百年的战国时代也在这一天彻底结束了。

丰臣灭亡后，江户幕府颁布了《武家诸法度》来对武士的行为以及大名的权力进行限制。而在那之前，家康还曾向朝廷强加了一份《公家诸法度》，将天皇以及公卿逐出了日本政治。这样一来，幕府便成为日本的唯一政治中心。到第三代将军德川家光年间，幕府又继续加强了对诸大名的控制，并将参觐交代等原先大名自发的非正式行为完全制度化，稳定了幕府统治基础。

江户时代的幕府以幕藩体制统治全国，幕府为国家最高政权机构，征夷大将军则为日本最高领导人。江户时期日本各地设有 260 余个藩国大名，藩国听命于幕府，后者有权

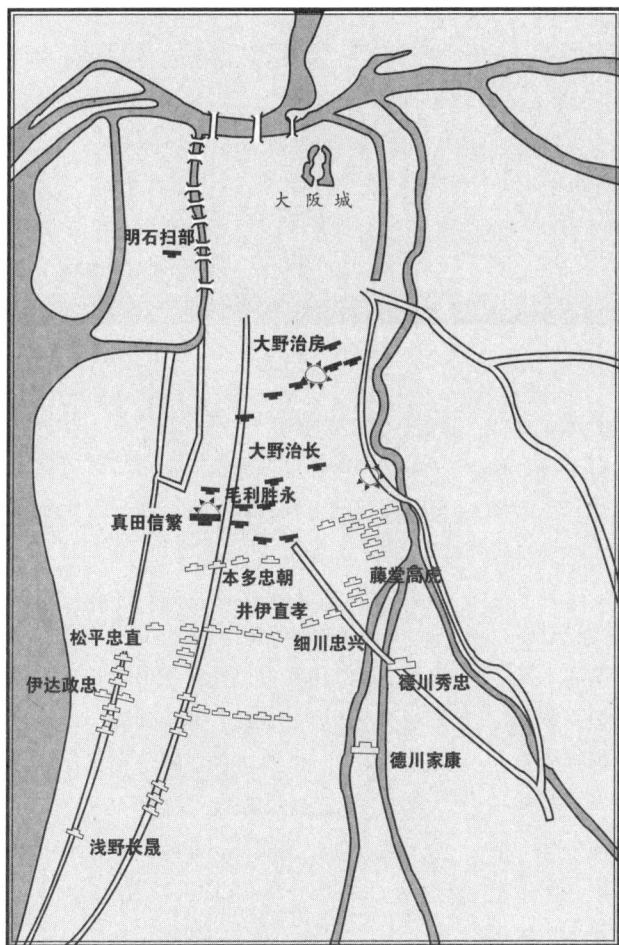

◎ 大阪夏之阵

◎ 大阪夏之阵屏风图

增加、减少各藩国的领地或对藩主进行赏罚，藩国内部的军政权力则由藩主执掌。在所有大名中，与德川家有着血缘关系的被称为"亲藩"，自 1600 年关原之战前便作为德川家臣追随的被称为"谱代"，而在关原之战后才追随德川家的则被称为"外样"。

亲藩、谱代享有参与幕府决策的权力，其封地虽然往往是战略要冲，但面积通常并不大，因而谱代大名自然而然地将自己的利益与幕府紧密联系在了一起，形成了以幕府为核心的德川家臣团。而外样大名虽然封地面积较大，但却被排除在了国政的决策层之外。此外，后来还逐渐出现了水户、尾张、纪伊三个拥有将军继承资格

的德川氏分支藩国，被称为"御三家"。与镰仓幕府的早期制度以及室町幕府极为松散的权力分配相比，江户幕府对于全国的管制十分严格，而这也成为其统治日本长达 250 年的权力基础。

日本的军事制度虽然也发生了一定变化，不过总体而言仍是对织田信长兵农分离制度的继承。在江户幕府时期，足轻正式成为武士，农民被彻底隔绝在了作战部队以外，仅能担任挑夫、仆役等辅助人员，而不能参加正式战斗，在阶级上完成了对军队和百姓的分离。全国人民则被分为士、农、工、商四个阶级，理论上而言，四者互相之间不得更换身份。为加强对武士和

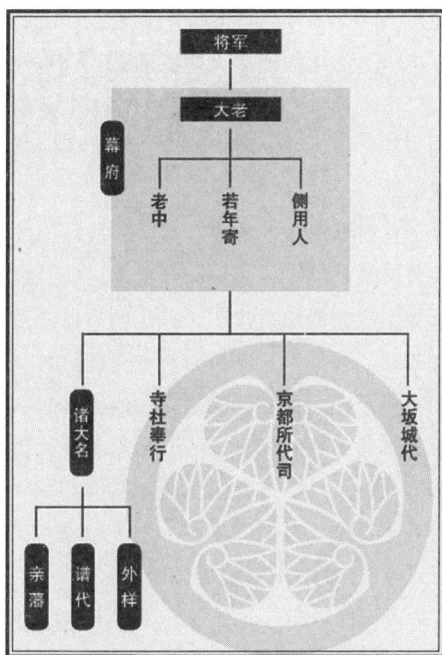

◎ 江户幕府的组织结构

农民的控制，幕府禁止武士随意离开自己的藩国，而农民和其余百姓也不能变换自己的耕地，甚至在江户初期硬性规定农民不得种植大米以外的任何作物。不过由于后来大米价格下跌，各藩经济几乎崩溃，幕府只得放宽了这一限制。

由于日本在江户时期处于普遍的和平状态，因此武士虽然在身份上成为职业军人，但事实上却只是幕府或各藩的公务人员。与此同时，武士们也开始接受文治教育，并奉行儒学思想，逐渐形成了一套模糊但又十分系统的道德行为准则，这便是日本武士道的诞生。不过这套准则宣扬的忠君思想也导致了后来幕末时期希望天皇重掌朝政的尊皇思想盛行，成为江户幕府自掘的坟墓。从此时起，武士不再是单纯的武夫，同时也成为日本人口中接受过最良好教育的知识分子，其中的佼佼者在未来还将承担起改革日本国体、推翻武家封建政权的重任。

江户幕府早期，德川家康曾通过与荷兰建立正式的外交关系引进了不少欧式火炮，甚至还曾在围攻大坂时下令国内锻造所进行仿制，而家康的大坂围攻战又向全日本证明了欧式火炮在围攻战中的巨大作用，这种在日本迟迟没有得到发展的武器似乎即将迎来自己的曙光。但到德川家光宣布锁国之后，这种发展便完全陷入了停滞。甚至在200年后日本与外国爆发冲突时，日本军队仍然在使用火绳枪和老式火炮对抗以蒸汽为动力的西方战舰。再加上幕府的海禁，战船的发展也停滞在了战国时代的水平。

直到黑船来航前夕，幕府和各藩国才在外国越来越大的威胁下开始通过荷兰或其他渠道缓慢地吸收了一些在西方已经过时的武器和战术，但在面对欧美部队时仍然不堪一击。更重要的是，在西方国家从封建军队过渡到国家军队并采用统一兵役制的同时，日本国内仍然藩国林立，军队的效忠对象仅是藩国本身，无法形成一支以日本民族为精神核心的民族军队。

幕府为削弱各藩军队实力而在1615年颁布《一国一城令》，各大名除自己的居城以外必须拆除所有城堡，甚至连残垣断瓦也不能留下。虽然大坂围攻战已经明确显示了日式城池对于火炮而言已经相当脆弱了，但由于国内的和平，各藩也没有再对城堡进行过多改进，只是普遍在原有基础上进行扩大设计，尽可能使天守远离对方火炮射程或仅仅是加固了天守结构，而自己在使用火炮进行防御时依然无法发扬火炮威力。再加上即使是对城池进行修补也需要上报幕府批准，导致所有藩国在居城完工后便再无改进。

与此同时，由于武士已经不再征战沙场，而成为事实上的文职人员，因此虽然各藩国仍会对由下级武士组成的藩兵部队进行训练，但士兵的士气和高级将领的指挥能力却大幅下降。以至于到幕末时期，各藩军事改革几乎均由藩兵编制以外的下级武士推动。

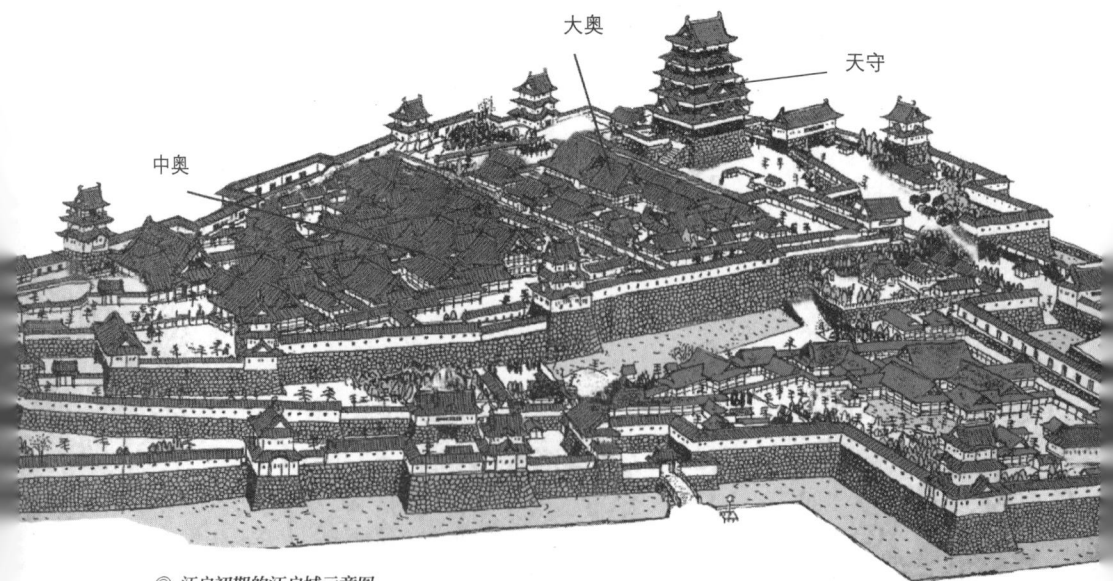

中奥　　大奥　　天守

◎ 江户初期的江户城示意图

第六章

琉球远征

在关原会战结束后，除丰臣家的问题以外，德川家康同时也在面临着另外一个急需处理的问题，即中日外交的恢复。自秀吉入侵朝鲜以来，中日即处于断交状态，而刚刚从战国时期以及关原会战走出来的日本急需与外国进行贸易，以重新恢复经济实力。此外，由于德川家此时已经控制了大部分商业口岸，德川氏也将获得大笔现金，增强自己的经济实力，拉大自身与诸大名之间的差距。

碰巧在此之际，一批琉球失事船只的幸存者于1602年漂流到了日本，家康在通过岛津氏将这些人送回琉球的同时，希望以此为契机，通过琉球这一中间角色与明朝重新修好，缓和双方在朝鲜爆发战争所造成的敌对关系，并恢复贸易通商。但一些原因转而促使家康决定征服琉球。其中最主要的原因来自遥远的欧洲。1571年，西班牙占领了菲律宾群岛，随后便以此为基地开始在西太平洋地区扩张势力。自此之后，不少西班牙传教士进入日本，并开始与日本通商，西方文化和基督教的影响力也与日俱增。为限制基督教的发展，丰臣秀吉曾在1587颁布了《驱逐传教士令》，但却依旧允许通商，导致基督教屡禁不绝。德川幕府早期，基督教的传播在日本虽然远未成熟，但其教义思想却影响到了幕府统治的根基。家康认为如果能够将琉球诸岛控制在自己手中，必将大大削弱菲律宾西班牙殖民地对日本本土的影响。

在日本史料中，"琉球"这一名称首次出现可追溯到遥远的平安时代。1156年保元之乱中，与平氏以及自己兄长源义朝作战失败的源为朝被流放到了伊豆大岛，后因再次起兵对抗朝廷而被剿灭，他本人自杀时首创了切腹这一形式。但据琉球王国的官史《中山世鉴》记载，源为朝在失败后逃亡到了琉球，而在1187年登基的琉球初代国王舜天正是为朝的儿子。此后，琉球王国的历史也颇不平静。1264年，琉球王国派兵攻占了冲绳岛附近的庆良间岛，而与此同时，王国的本土冲绳岛内部也存在着三位自称国王的军阀，分别称为北山、南山和中山，互相之间时常爆发混战。这三个国王均向中国明朝纳贡，承认自己是明朝属国，明朝开国皇帝朱元璋还专门派遣造船工匠前往琉球，大大提高了后者的

◎ 号称"镇西八郎"的源为朝。在琉球史料记载中，源为朝便是琉球初代国王舜天的父亲

176

造船水平。1429 年，中山的尚巴志王完成了三山统一的大业，将整个冲绳岛置于统一政权之下，正式创立了琉球王国。冲绳岛的统一也大大增强了琉球对外扩张的能力。1500 年，琉球王国出兵对西南方的宫古岛发动进攻，并迫使其成为琉球属国。1509 年，琉球派遣 46 艘战船和 3000 人马进攻八重山群岛，并相继占领了西表岛、石垣岛和与那国岛。在此期间，由于琉球王国实力不断增强，位于冲绳岛以西的久米岛在 1507 年也主动臣服于琉球。

后来，琉球王国开始将扩张矛头转向了奄美群岛，由此与岛津氏发生了冲突——因为奄美群岛正是萨摩的一部分，属于岛津氏实际控制范围。1440 年，琉球王国攻克了奄美群岛中面积最大的大岛（即奄美大岛）。但这一成功并没能使琉球人控制住整个奄美群岛，奄美群岛的原住民在之后很多年里一直抵抗着琉球的统治，而萨摩岛津氏更没有承认琉球王国对奄美群岛的占领。《朝鲜王朝实录》记载，一批朝鲜人曾在 1453 年因船只失事而流落到无人居住的加亚岛，由于该岛位于奄美群岛和萨摩之间，因此他们根本无法辨析这个岛到底是属于琉球王国还是萨摩岛津氏，只得认为该岛是双方共有领土。后来这批朝鲜人被琉球人带到了冲绳本土，并参观了琉球的都城首里，以及琉球军队所使用的火器，令他们印象深刻。此外，他们在这里还听说琉球与岛津双方依旧在为奄美群岛中的喜界岛归属问题争执不休，而此时距离琉球攻克大岛已经过去了十余年。

在将幸存者们送回朝鲜数年之后，喜界岛争端愈演愈烈。1466 年，琉球国王尚德亲率 2000 人马和 50 艘战舰征讨喜界岛，才终于压平了当地守军的反抗。尚德王虽是一位勇武之人，指挥琉球军队征服了喜界岛、久米岛等地，但本人性格暴躁倔强，在国内不得人心。此外，虽然喜界岛是自琉球势力攻入奄美群岛以来历代琉球国王均希望攻克之处，但该岛本身既没有丰富的自然资源，也没有良港可用，劳师远征此地对琉球本身并无实际价值。在远征喜界岛 3 年后，尚德王便撒手人寰，其死因众说纷纭，但绝大部分人相信他是被自己的重臣谋害。其后琉球国内发生内乱，尚德国王的两个儿子佐敷王子和浦添王子均在内乱中遭到杀害，并导致琉球第一尚氏王朝灭亡。其后重臣们拥立原来深得尚德之父尚泰王信任的大臣金丸为尚圆王，建立了第二尚氏王朝。

在征服喜界岛后，琉球王国在奄美群岛地区改为采取守势，并开始为击退萨摩岛津氏的反扑进行准备。1493 年，岛津氏曾派出小规模舰队对大岛进行了一次小规模的反击战，但很快即被琉球部队击退。在 16 世纪战国时代进入白热化之后，岛津氏只得将精力集中在九州岛的陆上战争方向，无暇与琉球争夺南方诸岛。不过奄美群岛并未因此变得彻底平静下来，以大岛居民为首的起义力量不满琉球统治，时常发生暴乱。到 1537 年时，第二尚氏王朝的第四位国王尚清王不得不组织大军远征大岛平乱。在 1571 年，第五代国王尚元王也组织了一次类似的远征。自此之后，琉球王国再未对奄美群岛采取任何攻击性行动。

此时日本方面，除了岛津家外，其他封地位于九州的大名也曾希望将琉球纳入麾下。不过真正将其付诸实施的却并不是龙造寺氏、秋月氏或者后来的细川氏、加藤氏这些在战国时期赫赫有名的实力派人物，而是在丰臣政权手下封地仅有一万石、受德川家康加封后也仅有3万余石的龟井兹矩（岛津家在战国时代结束后封地超过50万石）和关原大战中的败者宇喜多秀家。

龟井兹矩在1582年曾随羽柴秀吉（即后来的丰臣秀吉）西征本州岛西部的毛利氏领地，在山崎会战结束后，秀吉慷慨地对给予自己帮助的将领进行加封。龟井兹矩最初希望秀吉能够将原毛利领地的出云国加封给自己，但秀吉却在率军从中国地区折返时便与毛利辉元达成协议，将出云国保留给了毛利家。龟井兹矩随即又表示希望能够获封琉球国，秀吉本人也认为这一提议十分有趣。如果龟井兹矩能够真正地控制住琉球国，秀吉就可以利用他从南面威胁当时还没有臣服于自己的岛津氏。秀吉当即送给龟井一面指挥扇（战国时日本将领往往用一面扇子指挥军队），并在上面书写了"羽柴筑前守秀吉，六月八日，

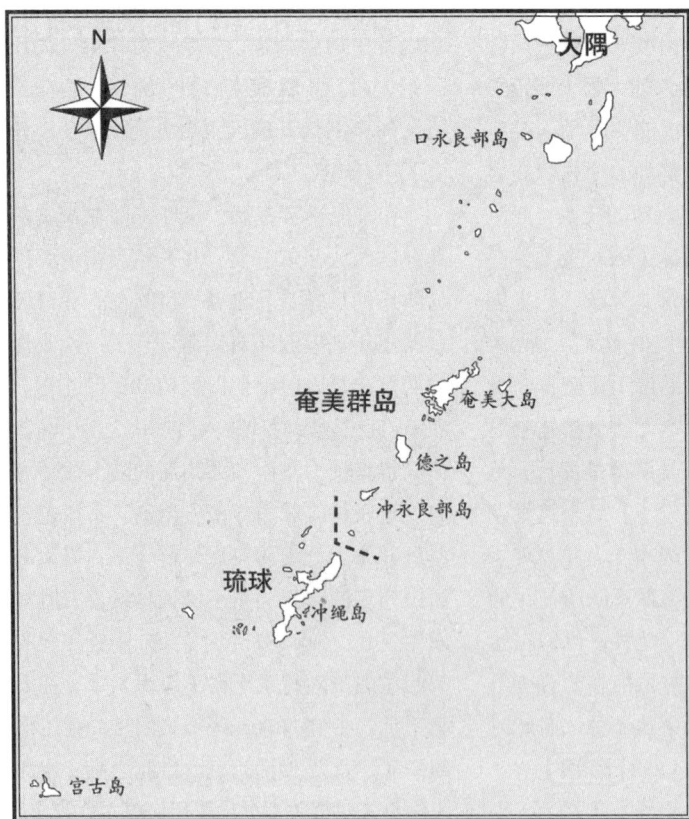

◎ 琉球王国

178

龟井琉球守殿"字样,象征未来必将琉球封给龟井。

1578 年,岛津家向秀吉称臣,而后岛津义久通过深受秀吉信任的石田三成向其表示了对其将琉球封给他人的不满。龟井兹矩准备直接将生米煮成熟饭,于 1591 年率领手下部队乘船出海,试图以武力夺占琉球,但却遭到了岛津舰队的拦截,没能成行。与此同时,无论是丰臣秀吉还是与岛津义久交好的石田三成都在忙于入侵朝鲜的准备工作,因此无人出面调解龟井与岛津的争端。面对强大的萨摩岛津氏,龟井只得暂时放弃夺取琉球的计划。第二年,两方均随日本大军出征朝鲜,龟井在海战中败于李舜臣,甚至连秀吉赐给他的指挥扇都被朝鲜军缴获了。

关原会战之后,丰臣秀吉的原养子宇喜多秀家也曾试图取得琉球作为其领地。与生抢硬夺的龟井不同,宇喜多秀家作为一位关原大战中的败将,主动与岛津氏进行交涉,希望能够将琉球作为自己逃离家康追捕的避难所。当时,同样作为关原会战失败者的岛津氏虽然获得了家康的赦免,但刚刚成为家督的岛津忠恒(后改名岛津家久)为避免再与德川家发生冲突,拒绝了宇喜多秀家的要求,并将后者转交给德川家康。这样一来,远征琉球这一任务,便终于落入了岛津氏手中。

萨摩岛津氏可以称得上是日本历史上幸存时间最长的武士家族之一。自镰仓幕府于 12 世纪建立到 19 世纪明治维新后取消藩国、土地收归国有,岛津氏统治九州南部地区长达七个世纪,其间经历了三代镰仓、室町、江户三代幕府,历经无数战乱。

面对时代的变革,很多传统豪族都会裹足不前,最终沦为时代前进的垫脚石,而岛津家却能够与时俱进。1543 年,一艘葡萄牙沉没商船的幸存者漂流到了萨摩国种子岛,随之带来了改变日本战争面貌的欧洲火器——铁炮。当时的岛津氏家督岛津贵久立刻认清了这种武器所拥有的巨大威力以及其在战场上所能发挥出的巨大作用,下令仿制这种武器,为岛津军带来了一场军事革命。6 年后,西班牙传教士圣方济·沙勿略(St.Francis Xavier)在萨摩登上日本,将基督教带到了这个东方国度。在此后一段时间,萨摩成为欧洲和日本之间的重要桥梁之一。

战国时代中前期,由岛津氏担任守护的萨摩、日向、大隅三国豪强分化成了很多不同势力。岛津贵久继承其父岛津忠良的遗志,利用武力击败反对势力,使三国土地完全处于自己控制之下,在此过程中,岛津氏也成为首个将火绳枪应用于实战的大名。当岛津贵久于 1571 年去世后,其长子岛津义久带领岛津氏走向了领土扩张的高潮。1578 年和 1584 年,岛津义久在两场会战中分别击败了大友宗麟和龙造寺隆信,使整个九州岛南部均落入了岛津氏手中。九州其余大名要么与其结盟,要么就臣服于岛津门下,只有实力早已衰落的大友家仍在顽强抵抗。

但是天时并不在岛津家这一方。远在京都的丰臣秀吉已经升任朝臣中地位最高的关白,获得了统领全国的权力,秀吉随即向全国所有大名下达了《总无事令》,

宣布没有关白许可，各大名不允许进行私斗。岛津义久不顾秀吉命令，依旧在1586年向大友领地发动进攻。丰臣政权对此自然不会坐视不管，很快便派出由四国等地大名组成的援军奔赴九州，第二年秀吉又派出弟弟丰臣秀长率领15万大军登陆九州，其后他本人又亲率10万人马出战。在对方动员全日本大名的征伐面前，岛津氏只得屈从。岛津义久剃度出家，并将军队的指挥权交给了弟弟岛津义弘，自己依旧握有统领领地内政的权力。秀吉在击败岛津势力后也并未将这一名门望族扼杀，只是将其领地减少到了萨摩、大隅两国和日向国的一部分。与后来的德川家康相同，秀吉也认为岛津势力地处偏僻，很难对中央政权发起挑战，只要在一定程度上对其进行限制便无须过分担心。而岛津家的存在，对于维持九州南部甚至整个九州岛的稳定，都是至关重要的因素之一。

事实上，岛津氏屈服后不久，丰臣秀吉便通过岛津义久对琉球王国进行恫吓，要求对方向自己纳贡称臣，否则便派遣大军荡平琉球。刚刚登基不久的尚宁王不得已派出使节前往京都觐见秀吉，试图先将此事拖延下去，待自己王位巩固后再行处理。秀吉却将琉球使节的来访误以为是对方称臣的表示，因此正式将琉球封给了岛津氏。1590年，丰臣秀吉曾打算向琉球王国下令，要求后者为自己进攻朝鲜和明国出兵出力，但岛津义久对此却表示反对。他并不希望看到琉球因为任何原因加强军备，因而向秀吉建议应该要求琉球提供兵粮，而不是军队。秀吉对此表示认同，改

◎ 在岛津义久和岛津义弘退位后成为岛津家督以及后来萨摩藩初代藩主的岛津忠恒（家久）

为命令琉球提供可供7000人食用10个月的粮食，同时还要提供一部分苦役参与建造九州的侵朝大本营名护屋城，并切断琉球与中国的一切贸易往来。

此时，琉球国内正处于派系争端中，尚宁王不愿再生枝节，为息事宁人，被迫向岛津氏交出了对方所要求的一半粮草，随后便以国力贫弱为由拒绝提供进一步支持，并通过明朝商船将秀吉的企图告知了明帝国。对岛津氏而言，琉球的行为无疑像是一记耳光一样打在了自己的脸上。

关原会战3年后，德川家康受天皇加封武士的最高官职——征夷大将军，并在江户建立幕府统御全国。16世纪后半叶岛津氏在九州内扩张领土的努力全部付诸东流，只得将目光转向海外一直纠缠不清的琉球方向。德川家康对这一计划也表示积极支持，并为此在1606年重新确认了岛津氏所拥有的十二岛地头头衔，并将自己名

讳中的"家"字赐予关原会战后成为岛津家新家督的岛津忠恒，再加上岛津氏家督世代相传的"久"字，岛津忠恒此后便改名为岛津家久（岛津忠恒的叔叔也名叫家久，不过此人早已在 1587 年去世）。

最初，岛津家久的远征计划仅局限于收复奄美群岛，对尚宁王施加压力，使其接受家康的要求。但这一计划却受到了原家督岛津义久的反对。在后者眼中，保全岛津家的最好办法并不是主动讨好幕府，而是远离幕府，使萨摩地区在日本政治中逐渐边缘化，淡出中央权力斗争的视野。而岛津家久和其父岛津义弘却恰恰相反，主张讨好幕府以扩大岛津的实力和影响力。岛津氏内部甚至为此互相敌视。与此同时，岛津氏由于在侵朝战争中扮演着重要角色，其间消耗了大量人力、财力，以致到了 17 世纪初时便陷入了财政危机，就连家臣的俸禄都难以支付。因此，岛津家久索性扩大了远征计划的规模，将进攻目标由奄美群岛扩大至琉球全境。这样一来不仅可以将尚宁王完全控制在自己手中，还可以借增加领地和税收的利益说服岛津义久同意远征行动。

1609 年一月，岛津家久以琉球在侵朝战争前没有提供岛津氏要求的全部军粮，以及在将失事船只幸存者送还后没有派遣谢礼使者为由向尚宁王发出最后通牒，要求琉球担负调停中日关系的重任。琉球方面对此不予理睬，至此开战已成定局。

岛津军的作战计划十分明确。在舰队从萨摩起航后，首先应收复奄美群岛，此后便直奔冲绳岛建立滩头阵地。登陆完成后，岛津军将分兵两路，从海路进攻那霸港，并从陆路进攻首里城。在出港之前，岛津家久必须从萨摩、大隅、日向三国不同地区完成陆军和舰队的集结，并将其集中在萨摩国的港口中。由于沿途的吐噶喇群岛（即宝岛群岛）、屋久岛、种子岛以及口永良部岛均为岛津家领地，舰队在前往琉球途中还可以短期停泊，躲避恶劣天气袭击。

岛津孤军远征海外自然要面临着不少风险，因此岛津家久也告知远征军主帅桦山久高，战役时间一定不能拖长，进攻首里城时应不惜一切代价尽快将其攻陷。如果即使如此仍然无法迅速破城，远征军就应该在首里城外大肆放火，踩躏琉球土地，其后便撤出冲绳岛，确保对其周边岛屿和奄美群岛的占领，并撤回萨摩。家久之所以如此强调必须进行闪电战，主要是如果战争拖长，日军海上补给不便，而对方却坐守本土以逸待劳，远征军一旦孤立无援便有全军覆没的可能；其次，如果舰队在海上作战时间过长，季风就可能给舰队带来灭顶之灾，使这次入侵行动像公元 13 世纪蒙古对日本的远征一样毁于一旦；最后，如果远征花费的人力、物力过多，岛津氏内部家臣对家久的反对声浪也会更大，甚至可能重新拥立义久或者义弘将家久推翻。

在 1608 年与日方交涉失败后，琉球王国便预见到了岛津氏很可能会在不久的将来对自己发动进攻。但在相当长的一段时间里，琉球人认为岛津舰队并不具备直抵冲绳的能力，其攻击范围将只限于奄美群岛，因此尚宁王的计划也仅限于在战时从冲绳本土向奄美大岛和德之岛派出援军的准备。但随着情报的不断更新，尚宁王终于发现对方的野心远不止奄美群岛，随即改变了原有计划。

长久以来，冲绳岛一直是琉球王国防守的重心。自公元14世纪起，岛上便星罗棋布地建起了大小要塞。由于冲绳岛四面环海，这些要塞大部分都被建造在能够俯瞰大海、封锁敌军进入海港的沿海地区。1609年得知岛津家准备入侵冲绳岛后，琉球军又在北部的今归仁和南部的玉城之间兴建起一道新的要塞网，以掩护从陆路通往那霸港的道路。琉球人建造的城堡与通常建造在山丘上、拥有多道城墙、从外层至内高度落差较大的日本城池并不相同，而是更类似于中国、朝鲜式的城郭。琉球人通常将要塞建造在山坡一侧，并在其内部设置行政和军事管理机构。

由于琉球方面认为其要塞网足以抵挡一切从陆路进攻那霸港的企图，因此那霸港本身的要塞系统便集中在了对海防御方面。远在与岛津氏发生冲突之前，琉球便因为倭寇侵袭而加强了那霸

港的防御。1522年，尚真王下令在首里和那霸之间开辟了一条军事通道，专门用于两地间部队的快速移动，以便在倭寇来袭时迅速从都城派遣援军。1546年，其子尚清王又在那霸港的入口两侧建造了两座要塞，分别命名为屋良座森要塞和三重要塞。如果遭到敌军攻击，琉球军还可以在两座要塞间拉起一道钢缆，阻挡敌军船只进入港内。在这两座要塞中，屋良座森要塞相对更大，其形式与冲绳岛上的大部分要塞相同，为矩形结构，四周设置有16个可供火炮射击的射击孔。在首里城和那霸港以南，琉球人还建造了一座丰见要塞，以阻止敌军从南海岸突袭都城。不过后来的事

◎ 16世纪末至17世纪初的琉球国王尚宁，虽然尚宁极力避免与日本发生冲突，但最终还是在日方的无理要求下被迫与对方开战

实证明，虽然这套防御体系在 1553 年和 1556 年两次成功阻挡了倭寇从海上对那霸发动的劫掠行动，而且在 1609 年也击败了岛津舰队从海上发动的进攻，但最后却被岛津军从陆路击垮，因此那霸港的对海防御工事也并未起到作用。

在进行战斗准备、征募部队之时，岛津家久要求一部分家臣以 100 石为单位，每 100 石封地提供两名足轻和相应的装备、给养，总计足轻数量应为 1500 人。其余家臣则提供相应的军费和船只，最终总计征集了船只 100 艘。而按照喜安蕃元（1566 年生于日本的**堺**町，后于 1600 年迁居琉球，成为当地茶道名家）所著的《喜安日记》记载，岛津军在出发时总计拥有超过 70 艘战船和 3000 名士兵，其中 100 人是武士，其余则是船夫和足轻。而一位岛津军船头所撰写的《琉球军记》却并没有说明岛津军出发时的人数，只记载了舰队中拥有的船只数目超过 80 艘。

对拥有数十万石封地的岛津氏而言，召集一支 3000 人的军队并不成问题。但由于 100 艘战船本身也需要大批水手，再加上随军仆役人员，一支军队的实际规模要远比作战人员更多。举例而言，1592 年丰臣秀吉入侵朝鲜时，五岛纯玄仅派出了 220 名作战人员，但水手、挑夫等仆役人员数量却达到了 485 人，是战斗人员的两倍。类似的情况也曾发生在岛津义弘身上，在侵朝战役时他受命调遣一万大军前往朝鲜，但其中仅有 600 名武士和 3600 名足轻，其余 5800 人均为水手等辅助人员。因此，如果远征琉球的岛津军作战兵力能够达到

3000 人，其总规模便应在 7000 人左右，但这一数字对于当时财政枯竭的岛津氏而言无疑是难以实现的。因此《喜安日记》所述的 3000 人应是包括仆役人员在内的人数，但是否包括水手并不明确。除足轻以外，全军还应该拥有大约 100 至 200 名武士。

相比于远征朝鲜时派出的一万人马，岛津军远征琉球仅派出 3000 人。这一来是因为对方实力较为薄弱，派出大军进行征讨无疑是空费军力，劳民伤财。二来也是因为自关原之战后岛津家面临着巨大的经济危机。早在 1592 年侵朝战役时，丰臣秀吉最初命令岛津义弘率领一万五千人进入朝鲜，但最后财力不支的岛津氏只勉强凑齐了一万人。1600 年关原战役期间，在朝鲜战役中早已遍体鳞伤的岛津氏更无力派出大军，再加上岛津义久等人反对参战，义弘仅率领数百人前往伏见城，后因大批下级武士、足轻自发前往战场人数才增加至 1500 人，而且在撤退时几乎全军覆没。到 1609 年，岛津氏虽然已经走出了低谷，但也无法支撑像朝鲜战役那样派出万人大军进行跨洋远征。直到 1614 年德川家康率军围攻大坂之时，岛津家才重新组织了一万大军前去助阵。

另外，依据岛津氏存世的资料记载，琉球远征军拥有 734 支铁炮、37200 发子弹和 117 张弓（每张弓另外配备两条备用弓弦）。若按照 1500 名足轻计算，这一次铁炮部队人数接近全军人数的一半。这可能是因为长矛足轻在狭窄岛屿上难以发挥威力，所以才增加了火力在部队中的分量，而这些铁炮对于登陆战也将是相当有效的。

此外，岛津军中还配有397把铁锹和398套刀斧等工具，以便在战场上就地取材修筑工事时使用。

无论是琉球军还是岛津军，由于双方无论在战时和平时都需要在领地内所属的岛屿间进行通讯联络，因此均拥有优秀的水手。岛津军在1609年入侵琉球时主要使用了三种战船，即安宅船、关船和小早。史料并没有记载这三种战船在岛津军中各自所占的比例，但却记载着除战船以外，岛津军还征用了一些载重量在1000石左右的运输船，随舰队一同远征琉球。

有着海上天守阁之称的安宅船是日本自15世纪后期至17世纪初期一种应用十分广泛的战舰。由于其船体宽大，而能够容纳多达百余人的巨大上层建筑也使用了厚重的木材建造，因此航行速度相对较慢，但同时其转向能力却十分卓越，仅靠十几名划桨手便可灵活操纵。除较大的安宅船以外，日本在战国时期还装备有舰型更小但航速更快的关船以及航速比关船还要更小更快的小早。如果用后来的现代海军做比的话，安宅船便可称是当时日本海战中的战列舰，关船和小早则分别是巡洋舰和驱逐舰。

关于安宅船的由来目前已经无史可查，这种体型庞大的战船要一直到16世纪中叶才出现在史料当中，当时领地位于四国岛伊予国的大名河野氏曾在濑户内海西部作战时使用了这种战船。而至于"安宅"二字本身的由来也同样无法确定。最主要的两种说法分别认为，"安宅"二字来源于战国时代四国岛阿波国的大名安宅氏或日本北部一个名叫安宅的地区。

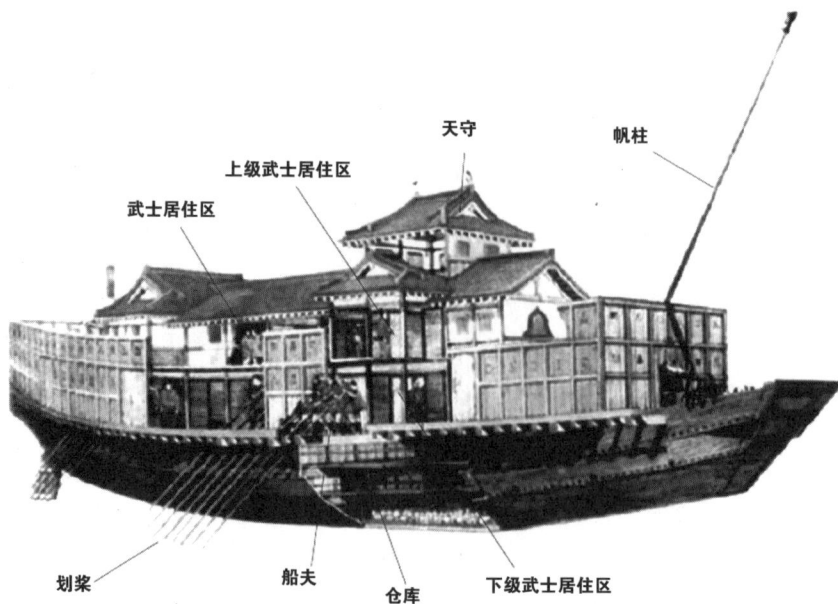

◎ 大安宅船的内部结构

从技术上来讲，安宅船就是日本经常用于派往中国的伊势船、二形船等大型民用船只的军用版，其中体积较小者载重量为 500 石（排水量约合 75 吨），较大者为 1000 石。安宅船的舰首和上层建筑均呈方形结构，这样一来即可将舰内空间最大化，而成员在上层建筑内部也可以得到充分保护。安宅船在上层建筑四周均开设有被称为狭间的射击孔，可以利用弓箭或者火绳枪向外进行射击。在与对方进行接舷战时，上层建筑侧面的木板也可以直接放倒作为跳板使用。有些大型安宅船在上层建筑顶部还额外安装有一个两至四层的塔楼，其形状与日本城池中建造的天守阁十分相似，其作用也同样是供指挥官观察战况所用。

在船体结构方面，安宅船与当时的西方船只完全不同，而是秉承了日本的传统建造方法——其船体没有龙骨，而由船体外板直接使用钉子和卡扣拼接而成。这样建造虽然可以大幅减轻船体的重量、增加船只有效载荷，但同时也降低了船体结构的坚固程度，导致日本战船无法采用需要以龙骨受力的冲撞战术，而且船体一旦破损便会给全舰的承重结构造成打击，严重时造成战舰沉没甚至解体。此外，由于上层建筑重量过大，安宅船的远洋能力相对比较有限，难以承受较大风暴的冲击。

在航行时，安宅船通常会以上层建筑顶部的风帆作为动力，而在战斗时则将风帆收起并放倒桅杆，改由划桨手推动。一艘较小的安宅船拥有 50 支左右的划桨，而大型的可以达到 150 支之多。安宅船通常使用较小的单人划桨，但有时也会使用一部分需要两人同时划动的大划桨，因此划桨手人数在 50 人至 200 人之间不等。除划桨手以外，安宅船内还会搭载有几十人甚至上百人的作战部队。随着战国时代日本武器的发展，安宅船所使用的武器也从弓箭、火绳枪发展到了火炮，但使用数量极少，最多不会超过 3 门。而为了应对敌军火器的威胁，还曾有极少数的安宅船在上层建筑四周安装有较薄的铁板，号称铁甲船。但事实上所谓铁甲船所敷设的薄铁板并不是用来直接抵挡对方攻击的，更多是为了避免木板着火所采取的防火措施，因此并不是真正意义上的装甲。

在日本战国时代，毛利氏、武田氏、北条氏等实力大名均为自己手下的水军建造过大量安宅船。在丰臣秀吉对朝鲜发动侵略之前，日本西部的各大名均在其命令下或建造或征用了大量运输船只，以便将手下部队和补给运往朝鲜。但由于朝鲜水师的奋勇战斗对日军海上交通线造成了严重打击，后者不得不开始调集专门的战斗舰队前往朝鲜，为运输船提供保护。在这场战争中，安宅船多次与朝鲜方面的龟船等战船交手，但由于日舰装备的火炮数量少，船体强度也远不如对方，因此屡遭败绩。曾为织田信长建造铁甲船的九鬼嘉隆亲自指挥着一艘大约 30 米长，拥有 100 余名划桨手，并可搭载 80 余名士兵的安宅船参加战斗。这艘船最初被其命名为"鬼宿"，后得丰臣秀吉赐名"日本丸"。与此同时，在秀吉写给大名山内一丰的信中，还曾命令后者建造"船长十八间（约 32 米）、宽六间（约 11 米）"的大安宅船。17 世纪初期，由于当时日本国内依旧战云密布，各地大名纷纷开始建造比"日本丸"更大的安宅船，使这种战船的发展达到了最高峰。但在1609年岛津氏远征琉球结束后，德川幕府突然下令实行海禁，禁止大名建造载重量超过500石（合6000斤）的大船，大型安宅船的时代就此戛然而止。

1615年大坂围攻战结束之后，日本进入了相对和平稳定的时代。安宅船虽然在海战场上是日本的主力战舰，但在和平时期却因航速缓慢而显得用处不大，因而逐渐被关船等中小型快速船只取代。但在1635年，江户德川幕府又建造了一艘长55米的巨型安宅船——"安宅丸"作为将军的座舰。该舰拥有分为三层布置的200支双人划桨，需要多达400名划桨手操纵，其顶部还装有雄伟塔楼。不过由于安宅丸体积过大，难以操纵，因此大部分时间都被系留在隅田川河口，最终于1682年拆毁。

与安宅船相比，关船在体积上有着较大差距，而且其防护、火力等方面也远不如安宅船。通常而言，关船拥有40至80支单人划桨，由于

其航速比安宅船更快，操纵也更为灵便，因此在江户时期得到了大量应用，甚至连大名御座船都纷纷改为装饰华丽的关船。1630年，幕府专门为将军建造了一艘名为"天地丸"的关船。该舰拥有76支小型划桨，使用风帆时巡航航速为3.1节，而利用划桨操纵时最大航速可达6.8节。在"安宅丸"被拆毁后，"天地丸"成为幕府手中最大的战船，并历经多次休整后一直使用到了幕末时期。在那之后，关船便被日本仿制的欧式船只取代。

小早从本质上而言就是小型的关船。其划桨数量通常不会超过40支。与安宅船和关船相比，小早并没有箱型上层建筑，仅在甲板两侧设有半人高的木墙，因此防护能力相对较差。在战国时代，小早通常被当作侦察舰或通讯船只使用。不过在毛利水军中，小早却被当作一种主力舰艇使用。毛利军为小早配备火矢等武器，利用其高航速在对方舰队中穿插航行，点燃对

◎ 江户幕府为将军专门建造的豪华关船"天地丸"。从外形上而言，与安宅船相比，关船除体积较小以外，其舰首也并非矩形结构，而是尖头形状

方船体。与关船相同，小早在江户时期使用也非常广泛，直到幕末才退出历史舞台。

现存资料对于琉球在 1609 年所拥有的士兵数量记载并不明确，大多数资料认为琉球军队在防守那霸港时拥有 3000 名士兵。而《琉球军记》和《喜安日记》还记载岛津军曾在奄美大岛与将近 3000 人的当地守军发生战斗，同时在德之岛还拥有 1000 人的守备部队。

岛津家久本人并没有参与到远征琉球的军事行动当中，但这并不代表他并非良将。早在侵朝战役之时，时名岛津忠恒的他便曾随其父岛津义弘前往朝鲜作战，并在泗水会战中扮演了重要的作用。在从朝鲜战场回国仅仅一年之后，岛津忠恒又冷血地在自己宅邸斩杀了居功自傲的重臣伊集院忠栋，其子伊集院忠真在盛怒之下掀起叛乱。虽然双方很快便在德川家康的协调下达成和解，但 3 年后忠真却在与忠恒一起狩猎时被后者杀死。

在筹划对琉球王国进行远征的过程中，岛津家久也受到了家臣们的反对。他们担心家久的计划过于冒险，如果贸然对海外发动远征遭到失败，岛津家非但不能像家久所期望的那样消除矛盾重新团结在一起，反而有可能彻底发生分裂，一方拥立现任家督家久，一方拥立其父义弘，一方拥立义久。面对家臣内部分裂和家族内的矛盾，岛津家久担心如果自己亲自领兵远征，义久或者义弘就会趁机在萨摩发动政变。但这样一来，家久又必须选择一位拥有足够能力和人望来代替他指挥前线战斗的将领，最终家久选择了自己的亲信桦山久高。自

家久随父前往朝鲜作战时，桦山久高便追随在其左右，深受信任。岛津家久在继任家督后不久便将其晋升为家老。由于家久为其选择的副将平田增宗身为前代家督岛津义久亲信家老，资历更深，因此家臣们对家久的安排也不乏反对之声。在 1609 年二月六日进行的一次战前会议上，桦山久高还险些在义久家臣团的压力下将上座让给平田，幸得岛津家资历最深的家臣——年逾 80 岁的新纳忠元支持，反对桦山久高担任总帅的声浪才逐渐平息下来。

与织田信长和丰臣秀吉所采取的兵农分离制不同，岛津家此时依旧采用纯封建式的军队动员体系。其足轻甚至下级武士平时在家务农，直到战时才会拿起武器加入军队，因此一旦发生大规模战争，其境内的农业生产就会受到影响。不过与普通大名手下的武士相比，萨摩人有着极强的好战心理和荣誉心，平时便将武器保存在自己的田地附近，听到出征命令时经常连家也不回便直接奔向集合地点，因此其足轻训练虽然并不像织田军那样系统，但相比普通大名的足轻战斗力仍然要更强一些。

相对于在战国大乱中身经百战的岛津武士，尚宁王手中的军队也并非完全一盘散沙。其先祖尚真王自 1477 年登基后，便开始对琉球王国的政治进行改革，成功掌控了琉球各地的世袭贵族首领按司，加强了中央朝廷的统治力。在此之后，尚真王命令各地按司必须居住在王都首里城，原先隶属于按司的部队则改由朝廷任命的指挥官负责，而这些指挥官又只对国王本人负责。此外，尚真王还下令禁止私人持有

武器，并组建了由国王亲自指挥的12支近卫部队。这些近卫军在平时担任都城首里的卫戍部队和警察，在琉球国内发生暴乱或者起义时则可以迅速奔赴战场进行镇压。颇为有趣的是，尚真王还在琉球军队中专门设置了一个负责火炮发展的职位，可见其对这种大威力武器有着浓厚兴趣。

与岛津家久相同，尚宁王也并没有参与到实际战斗当中，但其弟弟尚宏却在岛津军登陆冲绳本土时在今归仁与对方交战。此外，作为琉球朝廷中地位最高的三位官员，三司官在作战中也扮演着重要角色（"三司官"一词既是朝廷机构的名称，又是三位领导官员的官职名称）。虽然从理论上讲摄政一职的官衔更高，但摄政通常不会参与到实际政治活动中，因此三司官便成为琉球国王手下最为重要的大臣。12队近卫军由三人分别指挥，每人负责其中四队。担任三司官者通常拥有"某某（地区名）亲方"的称号，在1609年，琉球王国的三司官分别为谢名亲方利山、名护亲方良丰以及浦添亲方朝师。

由于琉球王国长期以来一直与中日两国保持贸易往来，因此也得以不断进口两国生产的武器。不过自15世纪50年代以后，随着中国沿海地区倭寇横行，因此明朝政府禁止福建商人私下出售武器，以防这些武器流入倭寇手中。自此之后，日式装备便在琉球军队中成为主流，1605年的日本著作《琉球往来》中就曾记载，琉球都城首里城的武库中存有500张和弓、200支长短铁炮、300柄日本刀以及大量日本盔甲。不过琉球军队对于日本武器的使用方法往往与日军不同。举例而言，琉球虽然进口了不少日本刀，但却并不照搬日本剑术，而是对刀柄进行改装，使其适于单手挥舞，而腾出来的另一只手则用于携带盾牌。由于总长度通常在1米左右的太刀并不适于单手使用，因此琉球人进口协差的数量更多，其总长度通常在60至80厘米之间。在长柄武器方面，琉球军装备了不少中国式的长枪、长矛。另外，琉球弓术也自成一家，其弓箭手并不站直放箭，而是会将弓的下端抵住地面拉弓放箭。

与日本相比，琉球军队使用火器的历史要更长一些。《朝鲜王朝实录》便曾记载前述那些朝鲜失事船只幸存者目睹了琉球王国使用的火器，并发现其形式与朝鲜自己使用的火器基本相同。当时琉球军队装备的火器即中国发明的火铳，其结构简单说来就是一根被固定在木杆上的金属筒。火铳身管为一个相对较粗的圆柱形结构，枪口略微外张，使用时射手需用一只手将木杆夹在腋下，另一只手则使用火绳等引火工具从金属筒尾部的火门中点燃火药。琉球军队中装备的火铳通常拥有三根身管，即中国的三眼铳。在日本的内战中，中国式的火铳直到1548年才在战场上首次出现，而且随着仿制欧式火绳枪的数量增加，很快便被淘汰。与铁炮相比，火铳无论是在射程、威力，还是在射击精度方面均有着较大差距。琉球方面虽然也拥有一定数量的日本铁炮，但却并没有发展出齐射战术，无法发扬铁炮应有的火力。《喜安日记》便记载有岛津军在进攻冲绳岛时进行铁炮齐射的情境，其发射出的弹雨令琉球人大为震惊。琉球军在火器方面的唯一优势在于其装备有从中国进口的石火矢，事实上就是火炮，其口径在 70 至 90 毫米之间，能够发射将近 4 公斤重的石制炮弹。首里城和那霸港守军均装备有少量石火矢。

琉球军的甲胄大多采用日本大铠或者从大铠基础上发展出的胴丸。与引进的日本刀相同，琉球人也在日式盔甲的基础上进行了一些修改。此外，一些古代或近代的日本绘画中还描述琉球军身着中国盔甲，说明后者在琉球军中也占有一席之地。琉球军的低等士兵往往没配备盔甲，只穿着一件介于和服与唐服之间的束腰长袍作战。

1609 年二月六日，岛津家久下令部队前往鹿儿岛以南的山川港集结。到三月初时，岛津部队已经完成集结，并登上了战船。三月四日，在岛津家久和其父岛津义弘的亲自送行下，舰队驶离萨摩海岸，奔赴奄美群岛。舰队在出港后第二天便抵达了口永良部岛，并在当地海湾中过夜，两天后便抵达了奄美大岛。

按照《喜安日记》的说法，岛津军一路航行十分顺利，抵达奄美大岛后便兵分三路在该岛西岸进行登陆。主帅桦山久高率领一队人马从北部笠利湾的津代码头上岸，副帅平田增宗队从南部的西古见海岸登陆，而由远征军另一位将领肝付兼笃率领的最后一路人马则在与桦山队距离不远的笠利湾深江津下船。但《琉球军记》却记载岛津军舰队在即将抵达奄美大岛时遭遇了大风，并导致绝大部分战船偏离航线，岛津军并非有意分兵三路，而是因大风被吹散。主帅桦山久高登陆时身边仅剩 5 艘

战船，因此手中的地面部队也少得可怜，一度十分危险，直到与在附近靠岸的船只取得联系后，才得以放下心来。

不过无论是被迫分兵还是有意为之，岛津军在整个登陆过程都没有受到任何干扰，甚至连琉球军队的影子都没有找到。不过，由于当地百姓均表示琉球在此确实驻有军队，因此三月八日一早，肝付兼笃便率领部队在岛上进行巡逻，试图寻找敌军所在，但却一直一无所获，只有在岛津军前往被称为藏元的当地行政衙门时才受到了一些微弱抵抗，但也很快便击溃了那里的琉球守军。占领藏元后，肝付兼笃召集当地长老，表示岛津军不会伤害百姓后便返回了深江津。与此同时，负责管理笠利地区的琉球官员也选择投降，并将儿子交给岛津军作为人质。这样一来，岛津军在登陆两天之内便不受抵抗地占领了奄美大岛北部地区。

三月十二日，岛津军重新上船，并驶向了大岛西岸中部的大和滨。直到此时，他们才与琉球部队遭遇。根据《琉球军记》记载，大和滨驻扎有 3000 名琉球士兵，而且还建有木制防御工事，不过士兵大部分均是临时自岛上召集起来的平民，武器装备很差，因此战斗力不高。在对方抵抗下，岛津首先登陆的部队一时难以推进，桦山久高只得组织尚未登岸的铁炮足轻在船上对敌军进行齐射，为已经登陆的人员提供火力掩护，才将最终将对方击溃，并生擒了琉球军指挥官。琉球守军随即土崩瓦解，而奄美大岛也在时隔近两个世纪后重回岛津氏统治之下。

◎ 琉球军队在17世纪初期的装备可谓中日结合,其使用的盔甲大部分为日式的胴丸,而火器则更多采用了中国的三眼铳。此外,图中右侧这位琉球将领手中所用的长矛也是中国式的,不过腰间却佩戴了日本的武士刀

部队。从1608年起,琉球王国便开始加强德之岛上的湾屋、秋德等港湾地区的防御力量,岛上部署的兵力总人数达到了1000人左右,虽然人数不及奄美大岛守军,但战斗力却远比后者更高。

三月十八日,先期到达西古见的平田军以及肝付军起航前往德之岛,但由于遭到恶劣海况袭击,大部分战船只得返回大岛,不久后与从大和滨赶来的桦山本队会合。不过并非所有岛津战船全部返回了大岛,包括肝付兼笃旗舰在内的7艘战舰在狂风之中依然坚持向德岛方向行驶,并准备在湾屋地区进行登陆。但当他们抵达湾屋之后,未及登陆便已被琉球军团团包围,因此岛津军当天并没有能够立刻上岸,只好在船上过夜。直到第二天清晨,肝付兼笃才组织铁炮足轻下船对琉球军进行攻击。琉球军虽然人多势众,但却从未见识过火枪齐射的威力,因此军心动摇,很快便四散而逃。而岛津军也在后面紧追不舍,砍杀了不少琉球士兵,并割下了50余名敌军的首级。

按照最初计划,肝付兼笃所部在占领奄美大岛之后应留在岛上清剿琉球守军残部。但经此一战之后,桦山久高认为琉球军已经全部溃散,没有必要再留下军队驻守大岛,并决定将肝付兼笃的人马也带往冲绳,以求尽快攻陷首里,因此肝付兼笃也在三月十六日前往西古见与平田增宗会合到了一起。与此同时,虽然喜界岛并不是岛津军计划的攻略目标之一,但在大岛失陷后自知不敌的当地指挥官亲自前往大岛的岛津军营地,表示愿意投降。这样一来,琉球军在150年前通过数次远征才勉强镇压平定的喜界岛也被岛津军占领了。

岛津军的下一个目标是位于大岛西南方向的德之岛。与全靠当地民兵防守的大岛不同,德之岛当地驻扎着一支琉球正规

湾屋之战两天后,岛津军其余部队也终于抵达了德之岛的秋德海岸。虽然琉球守军已在湾屋之战中被击溃,但秋德海滩上依然聚集着一部分守军,不过后者也很

快即被岛津军的铁炮击溃，阵亡人数在 20 至 30 人左右。在登上海滩后不久，岛津军又遭遇了由当地两位村官佐武良兼、思吴良兼兄弟二人率领的民兵部队反攻。这些人手持砍刀、长矛，对岛津军发起猛烈冲锋。佐武良兼本人则手持一根大棒，高声呼喝民兵冲锋。在民兵中间，甚至有人只拿着削尖的竹竿或者将干农活用的大刀绑在竹竿上当作兵器。但就是这样一支乌合之众，却给岛津军造成了极大的压力，短时间内便有数人战死，24 名船头中有 6 人都被砍倒，岛津军面临着被对方压倒的危险。

在此危急时刻，铁炮又一次改变了战局。双方激战正酣，佐武良兼的胸膛突然被一枚铁炮弹丸击中，刚才还意气风发率领民兵发动冲锋的他立刻倒在地上，原先的勇战呼声也变成了哭喊。民兵们立刻阵脚大乱，佐武良兼被人抬回家后不久便一命呜呼，吴思良间则在海滩上阵亡。本已乱了方寸的民兵在失去首领之后很快便被岛津军击溃，阵亡人数也达到了 200 至 300 人之多。而岛津军通过此战，虽然也有人员上的伤亡，但确保了秋德的滩头阵地。

在民兵们对岛津军发动反登陆的同时，秋德各家各户的百姓们也在为抗击入侵做着自己的努力。他们将板栗煮成热粥，从村子里的坡道向下倾倒，试图烫伤岛津士兵的双脚、小腿和膝盖。除了希望在生理上给敌军造成伤害以外，奄美群岛的岛民们相信板栗有着驱魔除妖的能力，大岛上甚至还会定期举行仪式，由女祭司向大地倾倒栗粥来驱邪。由于当地岛民在过去几百年里深受倭寇海盗之苦，在他们眼中，

同样来自日本的岛津军就是恶魔，因此也用栗粥作为"武器"抗击岛津军。

岛民们的抵抗没能阻止岛津军的推进，三月廿一日，岛津军已经推进到了德之岛官府所在地龟津。由于琉球官员纷纷躲藏在了山林之中，岛津军从次日起便进入山中进行大规模搜捕行动，并擒获了当地军政长官，此人还是三司官之一谢名亲方利山的女婿。在此之后，其余琉球官员纷纷向岛津军投降。

旨在速战速决的岛津军没有在德之岛耽误太多时间。三月廿四日，桦山久高便率领 10 艘战船首先起航前往冲永良部岛。由于该岛四周有着很多礁石，当地守军认定岛津舰队无法靠岸登陆，对方要么返回德之岛，要么便会直接前往冲绳。但岛津舰队却乘着冲永良部岛沿海涨潮的机会穿过了暗礁地带。在对方战船靠岸之后，自知大势已去的守军随即选择了投降。

自登陆奄美大岛北部到冲永良部岛投降，岛津军仅用了 7 天时间便攻克了奄美群岛全境，仅有面积较小的与论岛由于军事价值很低而没有遭到攻击，其余岛屿守军要么在短时间内崩溃，要么就是不战而降。到了此时，岛津舰队与冲绳岛之间已经没有任何障碍了。

作为琉球王国的本土，冲绳岛是一个相对狭长的岛屿，其长度为 115 公里，而岛屿中央最窄处却仅有 3 公里宽。也正因为该岛屿有着这样的地理形势，琉球最初才会分为北山、中山、南山三个势力。琉球王国的都城首里位于冲绳岛南部，那霸港位于紧邻首里的西部海岸。按照岛津军

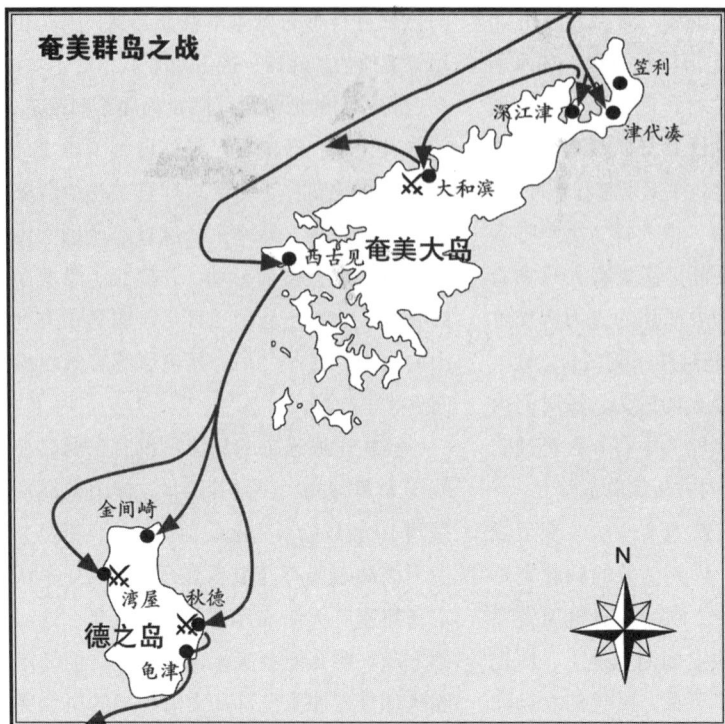

◎ 奄美群岛之战

的计划，其舰队首先将在冲绳岛北部登陆进行短暂休整，如果可能的话在当地征发部分给养，之后再重新上船向冲绳岛南部发动进攻。在南部海岸建立前进阵地后，岛津军将分兵两路，一路沿海路进攻那霸，一路沿陆路进攻首里。

由于冲绳岛北端海岸线难以停靠，岛津军决定将登陆地点选在西北海岸的运天港。其外侧有着古宇利岛的遮蔽，公海海况对运天港内的水文情况影响相对较小，更适合于战船的停泊。不过，琉球人也并非不知道此处的战略价值，因此从13世纪开始便在运天港附近建造了今归仁要塞。这也迫使岛津军无法直接在运天港上岸，只能先停泊在古宇利岛一侧，并从这里向

今归仁发动进攻。三月廿五日，岛津军抵达古宇利岛海岸，驻扎在今归仁的琉球部队由于缺乏舰队支援，无法对其进行任何阻拦，只得向首里城送去急报，要求都城派兵前来增援。

在整个冲绳岛上，今归仁是除首里城以外最大的要塞，而且其所处的地理位置也十分优越，北临海湾，南靠森林，同时其东侧还有着一条河流，可谓易守难攻。不过虽然该要塞自古即有，但建造水准却并不高明。由石灰石筑成的城墙高度相对较矮，其顶部的胸墙也很矮，而且没有设置射击孔，守军在射箭或利用火器射击时必须将躯干的大部分暴露在外，很容易遭到日军的排枪压制。仅有要塞南北两座城

192

门附近的胸墙相对较高，并且设置了射击孔。在尚宁王时代，为应对岛津军可能的进攻，城门上又新建了木制的防御塔，其顶部由茅草加以覆盖。

在三山时代，今归仁曾作为北山势力的都城显赫一时，与中国之间的贸易也十分频繁。1416年，北山被尚未继承中山王位的尚巴志消灭，后者在1422年继位国王后便将今归仁交给了自己的弟弟，并将其视作冲绳岛的军事重镇，世代由尚氏成员统领。在岛津军攻陷大岛后，今归仁的按司朝容曾试图向德之岛派遣援军，但不待军队整备结束，岛津军便占领了德之岛，援军也未能成行。

早在大岛陷落之前，尚宁王便曾派出朝廷重臣亲赴前线调查战况。在收到大岛失陷的消息后，一片惊慌中的琉球朝廷迅速派遣了禅僧天龙寺以文作为使者，希望能够与岛津军讲和。但这位禅僧在三月廿三日才抵达德之岛，而且在看到岛津军的战船向自己接近过来之后便吓得掉头逃跑了。在这位禅僧抵达德之岛前的三月十六日，首里突然接到了一份误报声称岛津军已经在今归仁登陆，那霸等地的百姓立刻陷入了一片混乱之中，纷纷带着家产离开城镇，逃往山林之中。《喜安日记》中便曾对此有如下记载：

"十六日听闻战船抵达今归仁的消息之后，全国上下均陷入了一片混乱之中，百姓携带家产四散而逃，那霸、泊手、久米村等地都在发生着混乱。人们将财物驮在马或者推车上，将道路挤得水泄不通……"

岛津军快速推进的战术给琉球的士气造成了巨大打击，再加上冲绳与奄美群岛之间交通不便，海路联络又被岛津舰队切断，信息的闭塞进一步加重了琉球决策层和民众的恐慌。到三月廿七日桦山久高亲率部队前往今归仁准备攻城时，城内大部分守军也已经在一片恐慌之中四散而逃了，仅有少量部队依旧驻守在要塞之中进行抵抗，但很快即被攻破。到了此时，尚宁王第二次派出使者试图与岛津军讲和，这一次派出的是禅僧菊隐宗意和三司官之一的名护亲方良丰等三十余人。前者曾经留学日本，并与桦山久高相识，是十分合适的讲和使者。由于琉球在首里、那霸等地仍拥有大批军队，因此尚宁王并不打算投降，而只是希望以割让奄美群岛部分岛屿的条件要求岛津军退兵。

虽然岛津家久在出发前曾严令桦山久高，如果琉球方面提出有利于岛津家的议和条件，桦山应立刻答应下来，以便尽快了结琉球方面的战役。不过，由于岛津军在先前一系列战斗中势如破竹，仅用7天时间便攻克了整个奄美群岛，而现在自己又已经登上了冲绳，桦山并不愿意放弃唾手可得的胜利，因而选择拒绝和谈。谈判失败后，菊隐宗意返回那霸，而名护亲方良丰却被岛津军作为人质扣押起来。

自三月廿七日上午9时登陆运天港之后，岛津军便开始踩躏今归仁城下的土地。岛津军进入今归仁后，更是在城内也放起了大火，将府衙全部烧毁。根据一些史料记载，尚宁王曾派出名护亲方良丰率领1000人赶来增援。但这些人抵达时，今归仁守军均已四散奔逃，已经站稳脚跟的岛津军很快便将援军击溃，使其损失了将近一半人马。

与此同时，菊隐宗意也已经回到了首里，并向尚宁王报告了岛津军拒绝讲和的消息。在其赶回首里的途中，曾目睹了岛津军登陆并烧毁沿路房屋的惨状。在听到回报后，尚宁王不免大惊失色，但其手下不少重臣依然主张应坚持战斗到底。

由于琉球朝廷始终认定自己在首里以北的要塞网足以抵挡桦山久高，因此他们认定岛津军将像之前一周的行动一样乘船前进。而在首里城附近，能够停泊这样舰队的港口中又以那霸距离首里最近，这遂使琉球人错误地认定岛津军肯定会向那霸进攻。四月一日清晨，尚宁王任命三司官之一的谢名亲方利山和另一位重臣丰见城亲方盛续负责那霸港的防御，二人随即率领3000人马奔赴前线，准备利用那霸港卓越的对海工事与岛津舰队决一死战。

另一方面，岛津军在占领今归仁后很快便在三月廿七日夜间重新起航，绕过今归仁所在的本部半岛，向位于冲绳岛南部的大湾驶去。与运天港相同，这里同样处在琉球军的要

塞监视之下，但对方却畏于岛津军的攻势，不敢出战。商议过后，桦山久高决定在此分兵两路，分别进攻那霸和首里。由于那霸港有着相当优秀的对海防御设施，从海上对其正面进攻无异于空耗兵力。而大湾本身位于比谢河下游，河道较宽，可供大批船只停泊。因此桦山决定亲率一部分战舰从正面对那霸进行佯攻，其余人马沿陆路进击首里，而舰队主力则停泊在大湾待机，待地面部队从陆路攻克首里和那霸后再从海路进港。

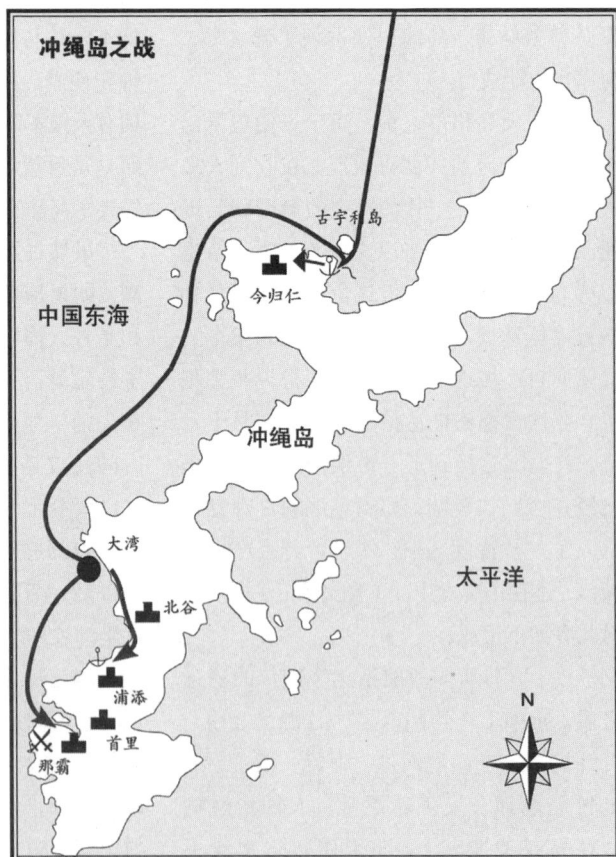

◎ 冲绳岛之战

四月一日13时，桦山亲率的7艘战舰出现在了那霸港外，琉球守军立刻使用钢索封锁了海港的入口，并开始利用屋良座森和三重两座要塞安装的大炮对岛津战船进行轰击，7艘岛津战舰全部受伤，进攻很快便被击退。《琉球军记》写道："那霸港的入口只有25间（约44米）宽，但其两侧却垒起了长达50间（约87米）长的石墙，其上布置有火炮，并开有射击孔，那霸港的入口还被铁索封锁着。谢名亲方率领3000名琉球守军从我们的右侧用火炮向我们开火，完全阻止了我们的进攻，舰队不得不向后撤退……"

虽然琉球人成功阻止了岛津军对那霸的进攻，但这对于全局而言并无影响。事实上，这正中了桦山久高的下怀。由于琉球军判断岛津主力将从海上发动进攻，因此将首里城中的绝大部分守军都派往了那霸方向。而7艘战舰对那霸发动佯攻以及桦山久高本人在这一方向的出现无疑使琉球尚宁王对自己的误判更加深信不疑。这都使岛津军主力在发动地面进攻时所要面临的困难更趋减少。

正面进攻失败后，桦山久高便率领手下的战船在那霸附近靠岸，准备从陆路继续向那霸发动进攻，试图扩大这里的混乱。依照《琉球军记》记载，桦山久高率领着这些人在上岸后不久便故技重施，对当地百姓进行突袭："船只靠岸后，6名武士和240名足轻便开始向那霸前进。时值三月，当地的男女老少正在麦田中耕作。当他们看到我军时，立刻被吓得四散躲藏到了麦田中。美浓守大人（即桦山久高）命令一

位船头将那些百姓抓起来，很快就把他们屠杀一光，我本人亲自用刀斩杀了十二三人，而自己没有受到任何伤害。"

就在那霸守军击退桦山久高本人亲自率领的海路攻击同时，沿陆路进逼的岛津军一路挥师南下，并在四月一日越过了北谷要塞直奔浦添城。北谷守将雍肇丰虽然没有选择投降，但也只能固守不出，后来在首里城陷落后自尽身亡。浦添本身是尚宁王的发迹之地，但此处并没有爆发大规模的战斗，岛津军十分顺利地利用排枪将浦添守军逐退，并放火烧毁了浦添的龙福寺。为尽可能地制造恐慌，岛津军在前进过程中烧毁了几乎所有沿路民房，这也使得大部分岛民对其恨之入骨，并开始聚集起来对入侵者发动进攻，不过他们很快便被岛津军击溃了。

在进一步向那霸或者首里发动进攻之前，岛津军在浦添的小湾浜暂时停止前进。由于担心在琉球王国心脏地带遭到强大的反击，众将决定先派出先遣部队侦察那霸和首里的情况，依据情报调整作战计划后再发动进攻。但令岛津将领们意想不到的是，他们手下的足轻早已在一阵大肆抢劫之后丧失了纪律性。这些士兵做着攻下琉球都城后再劫掠一番的美梦，毫无秩序地冲向了首里。将领们听闻此事后也只好将错就错，迅速率领手下人马紧跟足轻前进。

在得知岛津军主力沿陆路向首里推进后，原先认为对方将从海路前往那霸的尚宁王大惊失色。但此时两位三司官已将首里城中绝大部分士兵带往那霸，他只能仓促派出百余人的小部队前往首里城以北的

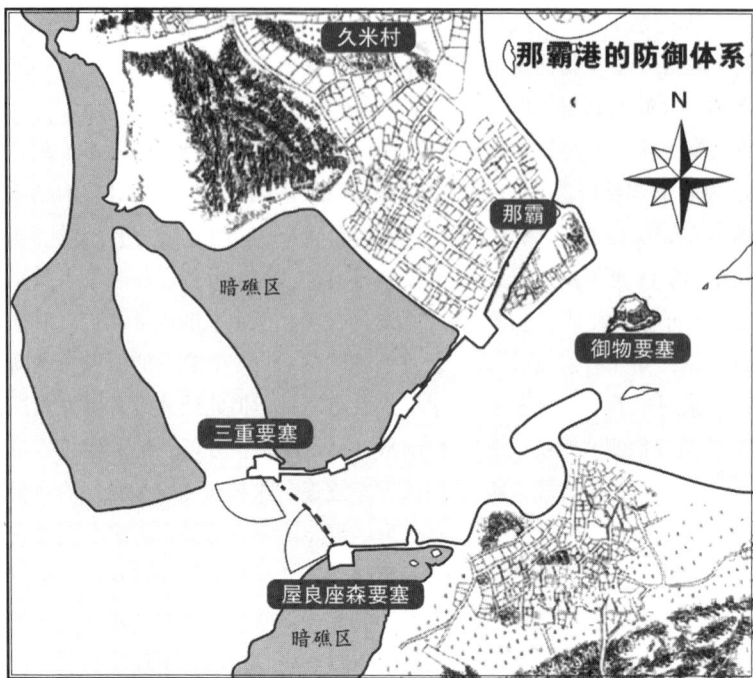

◎ 那霸港的防御体系

太平桥阻挡对方部队，同时紧急下令刚刚派往那霸的部队撤回首里，准备守城。

太平桥横跨首里北方的平良河，是从浦添前往首里的必经之路。在连通浦添和首里的石板路两旁有着名为虎头山、西森的广大山林地带，形成一道天然防线掩护着首里北方，使岛津军无法绕行，只得强攻太平桥。倘若琉球军能够在此屯驻一支拥有一定规模的部队并为其配备火炮，岛津军便很难攻入首里。要么就必须付出更大的代价，从海路进攻防御更为森严的那霸。

不过此时被派往太平桥的琉球部队分量明显不够，在岛津军的枪林弹雨面前很快便丧失了秩序。不久，岛津军便在一次冲锋之下，将这些琉球部队击碎了。首里城的北方入口已经属于岛津军了。

突破太平桥后，岛津军依旧如入无人之境，一路烧杀抢掠直奔首里城下，很快就将首里城围困了起来。此外，由于三司官已经带领手下士兵从那霸撤离，正在赶回首里，而百姓在看到军队撤离后也不敢在那霸久留。这些人担心遭到强盗一般的岛津军劫掠甚至屠杀，纷纷逃亡到了野外。在那霸事实上成为不设防港口后，桦山久高也终于从陆路进入了如同空城一般的港口，并在一座双层建筑中设置了自己的指挥所，而后便率领部队赶往首里与主力会合。到了此时，一部分琉球重臣居然再次提议应与岛津军媾和，但却遭到了尚宁王的拒绝。敌军已经兵临首里，都城下已成一片火海，此时双方绝无谈和可能了。

此时首里城已经完全陷入了孤立状态。

与今归仁和其他琉球要塞相同，首里城有着石灰石建造的优美城墙，同时其所有入口处也安装有坚固的大门和一系列防御设施。整个首里城可分为内廓和外廓两部分，外廓拥有欢会门、继世门、久庆门、木槲门四个城门，而内廓则拥有瑞泉门、漏刻门、广福门、左掖门、右掖门、淑顺门、美福门、白银门等数座城门。无论位于内廓还是外廓，这些城门或多或少都具有一些防御能力。而位于整个要塞以西的守礼门则不同，这座城门完工于 1555 年，是一道并没有防御能力的装饰性大门，而且其本身也并不被包含在要塞结构以内。作为王都，首里城内自然也建有琉球国王的宫殿，其形式模仿自中国和朝鲜宫殿，大量采用了红色和金色装饰，并遍布着龙雕。

首里城建造在一块海拔 130 米高的山丘顶部，能够俯瞰整个那霸港，同时其险要的地势也使这座都城更加易守难攻。该城主体完工于 1427 年，见证了尚氏王朝的全部兴衰荣辱。不过首里城虽然规模相对较大，城墙也要比琉球其余要塞更为坚固，但该城同样也有着琉球要塞的通病，即城墙顶部对守城士兵的保护较差，很容易被对方火力压制。不过，琉球人还在首里城给岛津军准备了一份特别礼物——他们在岛津军攻入守礼门后将数百条毒蛇抛到了对方头上。

在抵达首里城下之后，岛津军便与琉球军展开了激烈战斗，琉球守军利用盾牌组成两道防线，试图阻止对方进入守礼门。但由于守礼门本身根本无法据守，岛津军很快便突破了琉球人的行列，并涌向欢会门。一位琉球战士站在欢会门的门楼上，对着岛津军大声辱骂。按照《喜安日记》的说法，不仅岛津军对此勃然大怒，就连身旁的战友都赶紧过来劝阻他的挑衅，以防激怒对方在攻入城门后屠杀守军。后来

◎ 进入守礼门后被琉球守军以毒蛇"招待"的岛津军

此人被岛津军活捉。与此同时，首里城上还有一位名为山崎二休的日本人。此人与喜安一样出生在日本，后来从生地越前来到了琉球，并成为琉球的宫廷药师。看到攀爬城墙而上的岛津军，山崎也拿起武器加入到了琉球守军之中，并拼死击退了对方数次进攻，直到精疲力竭才被岛津军俘获。岛津军本打算以投敌叛国之类的名义将其处死，但尚宁王爱惜此人的品德，花重金贿赂岛津军士，救下了山崎的性命。

不过琉球士兵的英勇抵抗依旧无法阻挡岛津军的攻势。由于首里城墙存在缺陷，日军的火绳枪部队很快便压制住了守军部队，同时其余部队也得以利用云梯轻松攀爬城墙。欢会门很快便被岛津军攻破，首里城内的朝廷官员们在一片惊慌中开始向东边的继世门逃亡。不久之后，从欢会门

蜂拥而入的岛津军又攻破了内廓的广福门和奉神门，进入了首里城的宫殿区。

事到如今，尚宁王虽仍坚守在宫殿内，但也已经毫无战意了。尚宁王在岛津军攻入内廓之后不久便派出菊隐宗意、三司官名护亲方良丰等人前去与岛津军进行交涉，希望以投降为条件制止岛津军在城内劫掠。不过在交涉刚刚开始时，日本足轻们根本不听任何命令，由于此时胜负已定，他们也不再顾及琉球守军是否还在抵抗，纷纷解散行列四处劫掠民财，使首里城附近的所有民宅化为一片火海，就连大君御殿、仙福庵、丰见城亲方盛续宅邸等大型建筑也未能幸免。在火光之中，各家大量的日记文书、史籍资料纷纷遭到烧毁。桦山久高本人虽然一路而来对足轻的残暴行为十分纵容，但为确保交涉顺利，他还是下令

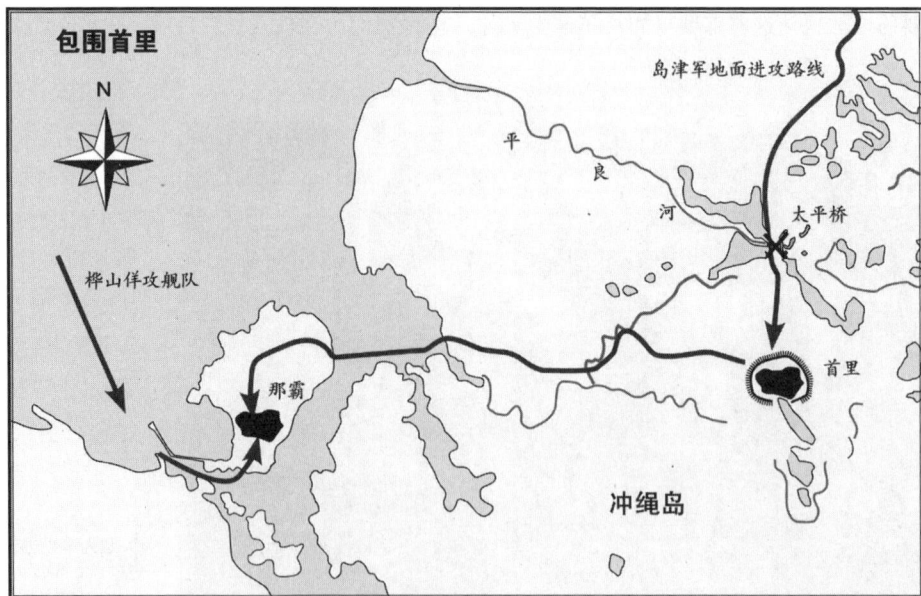

◎ 包围首里城

198

由手下部将市来家政率领已经前往那霸的一部分军队赶回首里，镇压乱兵的暴行。

四月二日，琉球使者与岛津军达成了协议，日军将停止攻击行动，而琉球国王则应出城投降，并随岛津军一同前往日本。由于浦添亲方朝师和谢明亲方利山一直是琉球朝廷内的主战派，因此也要被迫跟随尚宁王一同前往萨摩。谢明亲方利山等人被送往那霸扣押，成为桦山久高的人质。次日，尚宁王的太子佐敷王子朝昌（后来的尚丰王）也被送往岛津军中，成为对方的人质。与此同时，尚宁王也开始将前往日本所需的行李运出首里城，为投降进行准备。

到了此时，仍有不少琉球士兵不愿投降，继续在各处城墙上与岛津军进行战斗或直接逃亡。就在尚宁王开始搬运行李的同时，一支20余人的小股琉球守军在试图逃往城外时与几名在城内闲逛的岛津士兵相遇，琉球士兵边逃边战，在打死了两名日军后成功逃脱。除不少兵丁以外，三司官浦添亲方朝师的儿子真大和、百千代、真真刘兄弟三人也逃出了首里城。三人逃到首里城东南方的识名原时与萨摩军一部发生了激烈交战，浦添兄弟拼死血战，杀死了对方将领梅北兼次，并砍伤另一位指挥官法元贰右卫门，但三兄弟最后还是因寡不敌众而相继阵亡。而梅北和法元则成了岛津军在整场战役中伤亡的仅有两位将领。

虽然尚宁王已经做好了出城投降的准备，但依旧心意未决。四月三日夜间，尚宁王的弟弟尚宏进入王宫，面见尚宁王，劝告说如果再不投降，任由城中的混乱继续下去，城内的王妃、女官以及女神官们很

可能就会遭到屠杀。由于自古以来琉球王国便信奉女性神祇，尚宁王在如此劝告下终于决心投降。四月四日，尚宁王在嫔妃、重臣簇拥下出城投降，一行人中只有尚宁王乘坐着简单的轿子，包括王子、嫔妃在内的其余人等一律步行。尚宁王首先来到浦添亲方的宅邸，但那里已经被烧成一片废墟，无法立足，因此改为前往浦添美御殿，之后才前往位于那霸的桦山久高本营。

在侵朝战役中，日军曾强虏了大量朝鲜百姓带回日本充做苦力。这一次岛津军远征琉球之前，岛津家久曾专门下令禁止手下众将强带琉球人回国，以免战船超载或因此延误作战时间。不过事实上岛津军中仍有少量此种现象存在，一位名叫前田平左卫门的武士便带着一些琉球人返回领地，并让这些琉球人成为自己手下的农民，其血脉一直传承至今。

尚宁王投降后，岛津舰队的主力也从大湾起航，并在未受抵抗的情况下进入那霸港。岛津军用了长达8天时间将从各地掠夺而来的财物搬运上船。很多从朝鲜传入的佛教经卷都被岛津军抢走，而各种金银珠宝、中国瓷器等名物也被入侵者劫掠而去。除抢劫以外，岛津军还在战场附近狂饮达三日之久，庆祝战斗的胜利结束。

听闻尚宁王离城投降的消息，原先在战乱中纷纷逃亡到荒郊野外的百姓开始陆续返回首里城。不过早在那之前，就已经开始有大量百姓因饥饿而困死山中，即使是那些生还返回家园的百姓们，也早已被岛津军抢走了他们留在家中的所有财产，甚至连房子房屋也已经焚烧一光。除百姓

以外，大里按司、伊江按司朝仲、城间亲方盛久、摩文仁亲方安恒等琉球朝廷重臣也在首里城遭到进攻时逃离了住所，这些人后来均因在战时擅离职守、弃国王和都城于不顾而遭到了尚宁王的责罚。

桦山久高此时已经完成了岛津家久赋予他的全部任务，但他仍不满意。为使岛津军能够无血征服久米岛和宫古岛，桦山将琉球的三司官派往两地，通知当地行政管理人员和岛民，琉球国王已经向岛津军投降，并要求两岛也向自己屈服。同年五月，这两座岛屿也终于选择了投降。不过在那之前，岛津军便带着尚宁王及几位琉球重臣扬帆回国，只留下部将本田亲政率领一支守备部队留驻那霸。在回程中经历了一些风浪之后，桦山率军于五月十五日返回到了鹿儿岛。尚宁王被迫参与了桦山军的凯旋式，所幸岛津氏也给予了他较为体面的地位。

整场战役中，岛津军伤亡人数仅为100至200人，而他们却击溃总数超过6000人的琉球军队，在不到一个月时间内便迫使一个此前200年中不断扩张的王国投降。究其原因，琉球国的军队虽然在表面上拥有相对庞大的人数和与日本士兵差距并不太大的武器装备，而且这支军队也曾在对外扩张的战争中建功立业。但这支先前只以海盗、岛民为对手的军队却根本没有见识过真正的会战甚至战斗。相比之下，岛津士兵却在残酷的日本战国时代身经百战，其迅速的行动也给消息闭塞的琉球朝廷造成了极大恐慌，使其从未能了解到战场上真正的情况。桦山久高在整个战役中的行动，也要算是夺岛战役的一次最精彩表演。

此外，岛津军对于铁炮的运用也在战斗中起到了决定性作用。虽然己方在人数上经常占据劣势，但其手中的700余支火绳枪却能够屡屡击退琉球士兵。由于岛津军远渡重洋，既无法携带也没有足够时间在战场上建造抛石机、攻城塔等大型攻城武器或阵地，很有可能会在今归仁、首里等要塞面前束手无策。要么进行家久严令禁止的长时间围城作战，要么便只能满足于收复奄美群岛的战绩返回萨摩。但琉球要塞缺乏足够防御能力的城墙和铁炮的齐射却使得岛津军能够迅速破城，一路直抵首里。

与此同时，琉球朝廷内部自从与日本彻底交恶以来便存在主战派和主和派两种主张，而尚宁王也在两派意见中间犹豫不决，既没有在战争爆发前便与岛津氏媾和，又没能在战争爆发后迅速、合理地调兵遣将，将岛津军拖入一场他们极力避免的长期战争之中。反而在拒绝妥协后，又在对方快速打击下失去镇静，屡次派出使者试图讲和停战，动摇了己方军队抵抗的决心。岛津军攻入冲绳岛后，尚宁王又错误地认为对方会以从海路进攻那霸为主要进攻方向，并过高地估计了琉球陆上要塞的防御能力，导致首里防御薄弱，丧失了最后一次将岛津军拖入持久战的机会，很快即被岛津军攻陷，自己最终也成为岛津军的阶下囚。

在鹿儿岛参与了岛津军凯旋阅兵的3个月后，尚宁王被送往德川家康在骏河国的居城骏府，一个月后又被送往江户面见幕府将军德川秀忠。虽然尚宁王受到了一国之主的礼遇，但这却并不能改变自己身为幕府俘虏的地位，对于德川家康只能言听计从，向对方献出了德川家康在战前要求的落难船员谢礼。侵略朝鲜的大规模战役失败后，日本在对外战争中急需一场能够树立威望的胜利，而这一次的琉球远征成功做到了这一点，远征军甚至成功俘获了对方国王，迫使其来到日本面见德川家康和德川秀忠。幕府自然不会放过这样一个机会来大肆宣扬幕府的武威，而岛津军在整场战役中如雷霆一般的行动也在各地大名之间成为美谈。

直到1611年，尚宁王才获准返回琉球，此时其弟弟尚宏已经因病去世。在离开日本之前，尚宁王被迫签下了一份永远承认岛津氏为其宗主的誓约，随同其来到日本的重臣也被要求签署这份誓约。自始至终坚持主张抗战的谢明亲方利山拒绝在誓约上签字画押，最终被日本方面处以极刑。

尚宁王回国时，虽然琉球王国在名义上已经彻底沦为岛津氏属地，但实际上仍保有极大的行政自主权。但不久之后，岛津氏便开始在琉球进行检地，并要求后者向自己纳贡。此外，岛津氏又制订了所谓"**掟（法令）十五条**"，限制琉球朝廷的权力。

后来，德川家康曾试图通过琉球与明朝缔结和约，但遭到了尚宁王的拒绝。德川政权希望与明朝讲和的尝试最终失败。这样一来，原本家康支持岛津氏进攻琉球的根本目的彻底落空，除在国内提升了幕府和岛津氏的威望以外，这次行动并没有为二者带来太多实际利益，这也使得琉球远征在军事上的卓越成功成为空谈。德川幕府自此开始海禁，禁止一切日本船只前往远海。远征非但没有结束日本被东亚大陆孤立的局面，反而导致日本在17世纪30年代进入了彻底的锁国状态，与世界的发展脱轨。

◎　尚宁王前往江户的情境。图中队伍前方两名身穿和服羽织、腰插武士刀的日本武士，尚宁背后两名琉球人则身穿着更类似于汉服的琉球服饰，而队伍中的四名侍从则均为日本下级武士

大事记六

从锁国到开国

在征服琉球之后，幕府突然下令诸大名不得再建造或保有载重量超过500石以上的船只，开始实行海禁。不过由于幕府与荷兰正式建交，并允许后者在九州的平户开设商馆，因此日本在与中国恢复贸易的交涉失败后也并没有完全锁国，家康本人甚至还鼓励各大名与荷兰、英国进行贸易。由于丰臣秀吉的禁教令因无法将对外贸易与宗教剥离而遭到失败，这也使家康在接管日本政权后便一直在寻求对贸易和宗教进行切割分离的手段，而与荷兰的正式建交终于使家康找到了办法。

在信长和秀吉政权时期，日本与西班牙和葡萄牙进行的贸易中掺杂着大量欧洲传教士。而在与荷兰进行贸易时，后者却并没有将宗教过多融入贸易之中，这就使家康决心在1612年和1613年连续两次发布禁教令，开始对基督徒进行大规模镇压

甚至屠杀。到以实行铁腕统治闻名的德川家光时期，幕府垄断了全部的日荷贸易利润，并在因过高税收和屠杀教徒双重原因导致的岛原之乱后开始实行彻底的锁国政策，禁止日本人走出西至对马、南至琉球、北至虾夷的地区，除荷兰以外禁止欧洲一切国家与日本进行贸易，而居住在日本的荷兰人也被全部迁居到了长崎，其余国籍的欧洲人则更是被统一驱逐出境。除此以外，仅有朝鲜和中国商人仍在与日本进行着非正式的贸易。

作为江户幕府初期最大规模的暴乱，岛原之乱原本并非因宗教原因而起，而是因为幕府强加给岛原藩的重税。1634年至1637年间，由于九州的岛原地区连续多年发生天灾，幕府却并没有减少对岛原藩所要求的税收，岛原藩主松仓重政只得采取严刑峻法，逼迫农民缴纳他们无法负担的赋税，再加上此前松仓因禁教令而对基督教徒进行了残忍屠杀，最终导致岛原地区

◎ 德川幕府三代将军德川家光

的农民发生起义暴动。起义的领导人则是原先小西行长的家臣益田好次之子益田时贞,后改名为天草四郎。

在笃信基督教的小西行长影响下,天草四郎也同样信奉基督,并在起义军中宣扬基督教中人人平等的思想。到1637年十月廿日时,起义军已经包围了岛原城。7天之后,天草群岛也爆发了起义,甚至还在十一月十四日击败了唐津藩的镇压军队。德川家光震怒之下命令自己的部下板仓重昌前往九州,将附近各藩军队集结起来镇压起义军。到1637年十二月,幕府已在岛原附近集中了将近12万人的部队,而岛原和天草两地起义军虽然已经会合到了一起,但人数也仅有3万人左右,而且其中很大一部分人根本没有战斗力。天草四郎只得率领起义军退守到岛原藩南部的废弃城堡原城,并在原城竖起了十字架振奋士气。次年新年当天,幕府军对原城发动攻击,但却并没有在战斗中取得优势,死伤人数多达3900人,甚至连板仓重昌本人都在攻城时战死了。接替其出任指挥官的松平信纲一直将围城态势维持到了二月下旬,才终于在起义军耗尽补给后于廿八日攻陷城池,并在城内进行了大规模屠杀。

日本的锁国态势自此以后平稳地持续了200余年时间。在1850年之前,西方列强在欧陆和美洲的争夺使他们无暇过多顾及亚洲方向。荷兰人为保证自己独占日本的利益,也一直在对其余国家进入日本加以阻挠。直到19世纪初的拿破仑战争时期,荷兰成为拿破仑事实上的属国,才给了英国攻击荷兰船只并切断其欧亚贸易航线的

理由。1814年拿破仑第一次退位后,英国船只在17世纪后的初步探索后重新回到了太平洋海面上。不过在那之前,俄国人便已经从北方将自己的触角伸向了东亚。从18世纪30年代起,俄国探险家和商船便开始在日本海域出现,有时甚至还会在幕府管辖较为松懈的地区靠岸进行补给或从事地下贸易。

日本方面对此自然不会完全没有警觉。18世纪80年代,幕府便曾专门商讨外国船只在日本出现时自己该采取何种对策,但并没有得出具体结论。1808年,几艘俄国船只大摇大摆地公然进入江户湾,要求日本开放同俄国的贸易往来,并为此袭击了江户附近的一些村落,试图逼迫幕府满足自己的要求。几乎与此同时,一艘在太平洋地区寻找法国船只的英国战舰进入了长崎港,要求日本人为其提供补给。虽然幕府一度对这两个同时发生的事件焦头烂额,但不久之后俄国人和英国人便离开了日本。到拿破仑战争结束后,荷兰重新成为独立国家,恢复了自己在日本的独占地位,而英国船只在日本出现的次数也并不多。

然而这一情况并没有持续太长时间。19世纪20年代,随着西方捕鲸业的迅速发展,越来越多的捕鲸船开始出现在西太平洋方向,而日本东北方的海域对他们而言是一块利润非常丰厚的捕猎场。这些捕鲸船一旦失事或需要补给便会前往日本,要求幕府为其提供帮助。1824年,水户藩和萨摩藩便与西方船员发生了两次冲突,一位萨摩武士甚至拔刀砍伤了对方。由于担心西方势力越来越多地进入日本,幕府从

18 世纪末开始逐渐形成了一种抵制思想，并在 1800 年正式向各藩下令应击退或扣押一切试图在长崎以外地区靠岸的外来船只。不过后来为避免与西方船只发生武装冲突，法令又被改为可以向这些船只提供给养，但不能允许其进行贸易，并应在最短时间内将其送出国境。在 1824 年的两次冲突发生之后，幕府重新转为强硬，并在次年专门颁布法令要求大名在看到外国船只到来时必须立刻赶走对方。

1842 年，幕府方面得知清朝在鸦片战争中遭到失败，而荷兰方面也向幕府发出了警报，声称一支英国舰队正在驶向日本，很可能会向幕府提出进行自由贸易的要求。虽然最终并没有英国舰队抵达日本，但幕府方面却还是对这些情况感到胆战心惊。对于此时的日本而言，亚洲大陆的中国拥有着高不可攀的实力，如果欧洲人能够轻易击败中国，日本便也无法在战争中幸免。

水户藩主德川齐昭在 1839 年还曾发表过如下看法：

"由于清国拥有十分强大的力量，因此夷人不会对其轻举妄动……俄国很可能会首先征服日本，然后再征服清国……"

虽然德川齐昭的判断并不正确，但却明白地表达出了对欧洲列强征服日本的担心。在中国失败后，日本更是岌岌可危。巨大压力之下，幕府被迫再次改变政策，同意向外国船只提供补给。此后 10 年间，虽然一些欧美船只陆续来到日本，并提出了通商要求，但在幕府新政策的缓冲下并没有造成冲突。

1846 年，幕府又一次面临危机，法国舰队突然出现在了琉球，要求与日本进行贸易。而在此之前 3 年，美国军舰"哥伦布"号便曾来到江户，提出通商要求。对幕府而言，琉球和江户是完全不能相提并论的两个问题，前者本身只是萨摩藩的属国，

◎ 在黑船来航之前，幕府便开始在江户海岸加强戒备，同时组织幕府部队和各藩藩兵进行分区防守。这幅浮世绘便描绘了黑船到来时幕府武士在海岸边紧张戒备的场面

地处偏远，即使允许法国通商也不会对日本本土造成太大影响，但江户却是幕府的核心，一旦答应了美国人的要求，其后果便很可能无法收拾。因此幕府虽然拒绝了美国人，但却将琉球问题交给了萨摩藩主岛津齐兴来协调解决，力求在不改变锁国政策的基础上与法国达成协议。如果无法达成这一点，那么便同意开放琉球。幸运的是，法国人并没有坚持自己的要求，很快便起锚而去，此后7年间西方列强也没有再来到日本。

事实上，对于英国和法国等欧洲国家而言，虽然以武力强迫日本开国并非难事，但由于日本与欧洲过于遥远，其出产的物资、商品大多又能够在中国等地取得，并不值得劳师动众地出兵压迫幕府，也没有必要花费资金在日本维持另一支舰队来保卫自己的利益。因此只有距离更近的美国和俄国才真正希望打开日本市场。对美国而言，日本是其跨越太平洋进入亚洲大陆的理想跳板，而对俄国而言日本则是挡在其通往太平洋道路上的绊脚石。

◎ 一副描绘黑船来航的浮世绘

◎ 美国东印度舰队司令佩里准将

此时幕府虽然本心仍希望恢复原先的完全锁国政策，但却已经有心无力。"哥伦布"号来到江户时，其搭载的火炮超过了江户沿海炮台所有火炮数量的总和，威力上更是占据着压倒性优势，幕府只得好生招待美国船员，直到将其送出日本之前都在小心避免惹出事端。在此之后，幕府虽然已经认清凭现有军事力量根本无法恢复击退政策，并开始着手加强各地海防，但由于其军事科技、战术以及战略观念早已落后于西方，因此其战备工作也只是白白耗费国力和时间。

在17世纪至19世纪的欧洲战场，火绳枪逐渐演化成了燧发枪，后来又诞生了

线膛枪和后装步枪，随着火器威力的逐渐增大，贵族身上穿着的甲胄已经无法再为自己提供保护，反而成为束缚手脚的负担。因此除少量胸甲骑兵以外，装甲已经被完全从军队中淘汰了。依靠方阵的冲击战术作用也在愈发减小，各国军队在战场上的队形变得越来越薄，以使其更易发扬火力。刺刀则取代了长矛成为步兵最主要的白刃战武器。19世纪初的拿破仑战争中，法国军队又能够将灵活机动的纵队和散兵战术与横队配合在一起，同时炮兵无论在野战还是围攻战中都早已成为决定性力量。到19世纪中叶，随着线膛枪和后膛枪的普遍采用，步兵甚至已经没有必要再采取齐射战术来发扬火力，散兵又取代了战列步兵成为战场上的主流。后来当仍在使用铁炮齐射战术的日本军队面对他们时，前者便经常无法找到可以还击的目标，只能在对方蜂群一般的打击下自行崩溃。

1853年六月，美国海军东印度舰队司令马修·佩里（Matthew Perry）准将率领着两艘蒸汽战舰和两艘风帆战舰来到日本，当地奉行所（江户幕府在地方设立的行政机构，相当于中国的衙门）无奈之下只得以自己无权接受美国国书为由，希望让美国人前往日本锁国期间唯一对欧洲通商的长崎港驻泊，借此拖延时间等待幕府决断。但佩里没有听从日本人的说法，反而率领军舰直逼江户，率领300名军官及陆战队上岸，在军乐队的伴随下将美国总统亲笔国书交予幕府，并在海湾里进行了一番水文勘测后启程返航。临行之前，佩里给幕府留下了消息告知后者，自己明年还会率

舰队再来日本，如果到时幕府仍不接受美国总统的开国"建议"，他便会带领舰队直捣江户，以武力强迫幕府开国。

面对此事，江户幕府第十二代将军德川家庆心中焦急，在与重臣商量对策期间便中风而亡，其第四子德川家定继承将军宝座。日本在国难面前急需一位强有力的统治者来摆脱困境。但德川家定却偏偏是一位从小就体弱多病、生性懦弱且极不愿意在大庭广众下说话的人。如果按照现代医学的说法，德川家定很可能患有脑损伤性麻痹，因此智力很低。后来一位曾见过家定的外国使臣回忆到，当他前往将军御所参见家定时，家定根本没有注意他在说什么，而且不住地左右摇头，时不时用力踢踏地板，发出很大噪音。而在使臣陈述国事之后，家定一言不发便急不可耐地走了出去。面对此景，就连这位外国人都不由得对日本产生了一丝同情——在这样一位无能领导人的带领下，日本迟早会沦为欧洲列强的殖民地。1854年一月，佩里率领 7 艘

军舰第二次来到江户。正在一片混乱中的幕府自知无力抵挡外敌，只得接受了美国方面的开国要求，江户幕府的锁国政策至此宣告崩溃。

从一方面讲，美国人成功实施了一场炮舰外交，迈出了打开日本国门的第一步。但对幕府而言，其在条约中允诺的所谓开国，也只是允许美国船只在几个有限的开放港口停泊，由日本方面为其提供粮油补给，并没有太多实质性内容，反而是通过这样一个有名无实的协议制止了外国军队入侵。在当时的日本学者眼中，清政府之所以沦为半殖民地社会，最重要原因便在于其采取过于武断的外交政策，将自己拉进了一场力所不及的战争，失败后只得在谈判桌上任由列强宰割。

事与愿违的是，美国人很快便露出了真正的爪牙，提出进一步的通商要求。1858 年，幕府被迫与美国签订《日美通商亲善条约》，接着又与俄国、英国、法国和荷兰签了类似条约，统称《安政五国条约》（此时的孝明天皇年号"安政"）。不过在条约签订后，幕府却在将条约呈交天皇时受到了责难。虽然日本的外交权无论是从法理还是从事实上讲都握在幕府手中，后者签订条约根本没有必要呈交给远在京都朝廷中的天皇批准。但由于江户时代儒学

◎ 在幕末政治中扮演着重要角色的孝明天皇画像

当道，自德川家光之后的历代将军都无法漠视天皇威望，倘若幕府失去朝廷支持，民心就会发生动摇，威胁幕府统治的根基。此时位居天皇宝座的孝明天皇对外国势力又恨又怕，既对外国人胆敢踏上"神国"土地感到愤然，又害怕幕府一旦开国幅度过大，外国人就会乘机使用武力征服日本，因此拒不批准通商条约。

此外，通商条约缔结后，日本与外国的贸易导致国内物价上涨，加重了普通人民生活的负担。因此，从武士阶级的底层出现了许多主张恢复天皇权力并推翻幕府的尊皇志士和反对幕府开国政策并主张将外国人赶出日本的攘夷志士，国内频繁爆发针对外国人和幕府相关人员的恐怖事件。即使是在京都朝廷内部，属于攘夷派的朝臣势力也在增大。本来幕府便是迫不得已才选择了开国，在条约被朝廷拒绝后，虽然幕府仍坚持对外国履行条约协议，但在国内却遭到了大批尊皇派和攘夷派人士反对。此时日本国内四处高涨着抵制外国人、外国船的情绪。一部分大名对幕府表示抗议，并纷纷搬出天皇作为对抗幕府的名义。此时的幕府实际决策人井伊直弼面对困境，只得使用高压手段，对国内的攘夷派、倒幕派人士展开了史称安政大狱的清洗行动。

自井伊直政修建彦根城、建立彦根藩以来，井伊家作为世代追随德川家的谱代大名之一，到黑船来航之前已经有四位藩主担任过幕府大老（在德川幕府时期，家老成为非常设官职，是将军以外的幕府最高决策人，仅有非常情况下才会任命大老），是德川家的核心政治力量之一。井

伊直弼是其父井伊直中的第14个儿子，生于1815年。直弼17岁时，井伊直中去世，藩主地位由直中的兄长井伊直亮接任。为确保自己的嗣子直之能够继承家业，直亮将直中以及自己的儿子相继送到了其他大名家里作为养子。尚未被决定应送到何家的井伊直弼则被赐予300石封地，住在彦根城下。在此期间，井伊直弼学习了兵法和茶道。其后由于直之英年早逝，直弼才成为直亮的继承人。1850年直亮去世，井伊直弼成为彦根藩主，走进了幕府政治舞台的核心。

黑船来航之后，随着德川家庆的去世和无能的家定继位，幕府陷入了一片混乱。由于多病的家定必然会在不久后撒手人寰，而且其本人没有生育能力，将军继承人的争夺也变得愈发激烈。呼声最高的两位继承人分别是出身纪伊藩的德川庆福，以及出身水户藩的一桥庆喜。相比之下，德川庆福血缘与家定更为亲近但年纪较小，到家定成为将军时庆福仅有12岁，且能力平平，并无太多过人之处。与之相比，一桥庆喜虽然血缘稍远，但21岁的他正值当壮之年，而且也是公认的政治好手。推举一桥庆喜者大多支持对幕府体系进行改革，主张不再由幕府垄断日本政治，而将各地有实力的大名引入决策层，借此联合全日本之力救国，这一派人通常被称为一桥派或水户派。而以井伊直弼为首的另一派人坚持维护幕府的独裁地位，拒绝改革，对外国则采取妥协态度，这一派人通常被称为南纪派。

1858年四月，在南纪派幕府重臣的策

划推举下，井伊直弼出任大老，获得了辅佐将军执掌天下的权力。直弼上台仅仅2个月后便不顾朝廷反对在六月十九日签订《日美通商亲善条约》，之后又在七月间相继签署《安政五国条约》，引起了朝野上下的极大不满。主张攘夷的一桥派立刻被激怒了，水户藩主德川齐昭、福井藩主松平庆永、尾张藩主德川庆胜在《日美通商亲善条约》签订5天后便来到江户质问井伊直弼。后者非但没有理会三位藩主，反而在第二天促使德川家定宣布庆福为继承人，通过这一间接手段彻底打垮了一桥派势力。七月五日，井伊又下令将三位藩主软禁在自己家中，并禁止其与外界的一切联系。此外松平庆永和德川庆胜还被迫将藩主交椅提前传给嗣子。

七月六日，家定因脚气病去世，而德川庆福直到3个月后才登上将军宝座并改名德川家茂。孝明天皇借此机会向历来主张尊皇的水户藩发出密诏，要求后者铲除独揽大权、对朝廷横加干涉的井伊直弼。井伊直弼得知消息后立刻派心腹前往朝廷所在地京都进行调查，同时要求水户藩交出密诏，由此拉开了安政大狱的帷幕。在这场日本历史罕见的政治清洗中，上至藩主、公卿，下至浪人，但凡支持一桥派或反对幕府者均受到了处罚。由于策划暗杀井伊直弼，大批水户藩志士被捕，一部分因严刑拷打而死在狱中，一桥庆喜也被禁止参与政务。不久之后，清洗的风潮又扩散到了日本各地藩国。之前因企图偷渡登上美国军舰留洋学习而被长州毛利藩逮捕的著名学者吉田松荫由于反对幕府政治，被引渡至江户受审，并最终与另外6人被处以斩首之刑。儒学者梅田云滨则在被捕后遭到迫害，死于狱中。萨摩藩的西乡吉之助（即后来的西乡隆盛）被逼投海自尽，被藩兵救起后流放奄美大岛。

◎ 一幅描绘浪人冲入行列攻击井伊场面的浮世绘，可见当时浪人的悲壮和奋勇

由于与外国私定条约，又掀起了血腥的安政大狱，再加上天皇的讨伐密诏，井伊直弼一下子成为卖国贼和天皇的朝敌。攘夷派、尊皇派志士人人欲诛之而后快。最为活跃的水户、萨摩两藩志士决定联手借 1860 年三月三日女儿节幕府重臣和各藩藩主登城发表祝词之机诛杀井伊直弼。后来由于萨摩志士担心藩主受到牵连，仅有有村次左卫门一人参与了实际行动，而水户志士则有关铁之介等 17 人参与刺杀。

女儿节当天，井伊直弼在上午 9 时离开宅邸，在 60 余名武士保护下坐轿前往距其宅邸仅有 500 米之遥的江户城樱田门。由于当日天降大雪，武士们身披斗笠、佩刀也被装在专门的防水袋子里。行至半路，水户志士之一的森五六郎突然冲到队伍前列，举起一张伪装告状，高喊要求幕府大老为他主持公道。就在护卫们跑过去阻拦时，森五六郎突然拔刀砍向对方。队列中的武士们听闻此事纷纷赶到队列前方，负责指挥暗杀行动的关铁之介见有机可乘，立刻号令其余 17 名埋伏在道路两侧的志士冲杀出来，直冲井伊直弼乘坐的轿子。众武士由于要先解开佩刀的防水袋才能抽刀应战，被打了个措手不及。水户志士稻田重藏首先冲到轿子旁边，将长枪刺入轿子，但随后被护卫砍倒。广冈子之次郎第二个赶到轿子旁，踢破轿门，举刀便是一阵乱砍。最后志士中唯一的萨摩人有村次左卫门为表示萨摩藩对此事的热诚，亲自割下了井伊直弼的头颅，高声通知众人行动成功。

目的达成后，志士们立刻四散奔逃，除在暗杀过程中死亡的稻田重藏以外，山口辰之介、鲤渊要人、广冈子之次郎以及带着井伊头颅的有村次左卫门等四人在逃跑过程中被井伊的护卫砍成重伤，眼见难逃一死便选择自行切腹自杀，井伊直弼的首级则被彦根藩的护卫武士夺回。其余有 10 人在逃亡后被捕或者自首，并在 1861 年至 1862 年间被处以斩首，另有一人后来切腹自杀。在策划了这场史称樱田门外之变的刺杀行动的志士中，仅有两人逃亡成功，并一直活到了明治维新之后。

在此后的几个月中，由于担心国内外形势会因井伊直弼之死而发生变化，而且彦根武士也夺回了井伊的首级，不致幕府大老的头颅被志士们拿去示众，因此幕府对外宣布井伊直弼只是身负重伤，正在逐渐康复。但由于女儿节当天站在道路两旁围观打斗场面的百姓很多，不少人目睹了事件经过，因此幕府的托词既无法瞒住日本的武士和百姓，也无法瞒住西方各国使节。

更为严重的是，井伊直弼死后无人再愿意就任大老，承担幕府兴亡重任，将军德川家茂又少不更事，导致幕府权利核心出现了巨大的真空，无力压制各地反对幕府的藩主和攘夷派志士。因此井伊直弼之死，也象征着幕府对攘夷派和尊皇派实施铁腕镇压的失败。樱田门外之变后，伴随着各强藩对幕府和朝廷控制权的争夺，全国上下积蓄已久的攘夷热浪也终于逐渐涌出了水面。

第七章

攘夷战争与四境战争

井伊直弼死后，幕府虽然已经失去了凭借铁腕压制全国反对势力的能力，但却并不愿意让统治日本250年之久的大权落入各藩大名或者朝廷手中。随着朝廷的声望日渐恢复，为拉拢尊皇派人士，幕府又提出了公武合体政策。所谓公武合体，名义上是希望自平安时代以来便分裂为公家和武家的日本政治重新合二为一，同时将有实力的外样大名引入幕府决策层，进而使整个日本上下团结一心，抗击外敌。但事实上，幕府根本没有攘夷的打算，而且也并不希望天皇、公卿回到政治中心。其目的仅是借用天皇的威信，加强幕府权威，巩固岌岌可危的武家政权。而达成公武合体的手段，则是奏请天皇将皇女和宫公主下嫁给将军家茂。

世代效忠德川家的谱代大名自不用说，为加强自己对朝廷和幕府的影响，很多极具实力的外样大名也决定支持公武合体论。萨摩藩主岛津忠义的监护人、萨摩藩的实际掌权者岛津久光便对此表示积极支持。与此同时，长州藩保守势力提出主张开国的《航海远略策》，并决定支持公武合体。在这两个实力极强的外藩支持下，公武合体论获得了大部分藩国支持，一时间成为日本救国之策。1861年十月廿日，和宫公主前往江户，与德川家茂结亲。至此，公武合体的关键一步已经达成。

但与此同时，与公武合体派针锋相对的尊皇攘夷声浪也变得愈发激烈。萨摩和长州内部的下级武士中均存在着大量尊攘派人士。1862年四月，以有马新七为首的萨摩藩尊攘派数十人聚集在京都寺田屋，密谋暗杀京都的幕府要员和亲幕府公卿。岛津久光在此之前即对藩内的攘夷派志士极为不满，认为这些人一直在妨碍自己扩大萨摩藩对幕府、朝廷影响力的步伐。因此在得知有马新七等人的密谋之后，立刻派出九名剑术高强的武士，冲入寺田屋斩杀了包括有马新七在内的六人，另有两人重伤，其余人均向对方投降。投降者中包括后来甲午战争时的明治政府海军大臣西乡信吾（西乡从道）。同年十二月十二日，以高杉晋作、久坂玄瑞为首的13名长州激进攘夷分子又放火烧毁了刚刚在品川建成的英国公使馆。在此期间，各藩的攘夷派志士制造了大量恐怖事件，开始诛杀开国派、佐幕派人士。就连岛津久光自己手下的护卫，也在这一年八月因一次意外酿成生麦事件，导致次年萨英战争的爆发。

为扩大自己的政治影响力，长州藩突然改变了支持公武合体的藩论，转而支持攘夷派，并一下子以攘夷势力骨干的身份成为在京都势力最大、对朝廷极具影响力的藩国。与此同时，朝廷内部持攘夷态度的公卿也在逐渐扩大着自己的势力。攘夷派公卿与长州藩最终促使孝明天皇下令让将军前往京都，向天皇面陈攘夷策略，并确定驱逐外国人的日期。1863年三月，将军家茂在幕府重臣簇拥下前往京都。在与朝廷周旋将近一个月后，还是被迫向天皇上奏将在五月十日施行攘夷。

以当时的日本军事力量而言，虽然武士人数众多，但很多还是以旧式冷兵器为武装，大部分火器部队装备的也只是铁炮，与16世纪战国时代的装备无异。少数更换了欧式装备的部队此时也仅装备有一些在欧洲早已过时的老式前膛燧发枪，训练水平也比较低。因此无论是幕府直属部队，还是各藩藩兵，均没有实力与欧美军队进行战斗，更不要说将外国势力赶出日本了。因此幕府在下达命令时，故意将赦令原意改成了"如果遭到外国攻击，便施行攘夷"，使攘夷成为一件模棱两可之事。到五月十日当天，各藩国均没有进行任何攘夷行动。而一直以攘夷核心自居的长州藩在接到诏书后反而骑虎难下，倘若施行攘夷，则必将遭到外国军队报复，面临打击。若拒绝攘夷，又会使本藩颜面尽失，失去政治领导力，最后只能选择硬着头皮执行攘夷。

自黑船来航后，长州藩便开始在外国商船来往频繁的下关海峡修造洋式炮台，并派出一直在京都活动的进步藩士桂小五郎（木户孝允）前往品川考察幕府修建的大型炮台，并在提出《航海远略策》作为藩论之时允许伊藤俊辅（伊藤博文）、井上闻多（井上馨）等五人前往欧洲留学。自1856年起，长州藩还以在日本失事的俄国帆船为蓝本，建造了两艘欧式纵帆船"丙辰"号和"庚申"号，不过这两舰排水量只有50余吨，能够装载的大炮也仅有寥寥数门。此外，长州藩还向英国购买了283吨的帆船"癸亥"号以及448吨的铁壳蒸汽船"壬戌"号。

由于从幕府开放港横滨起航的外国商船必须经过下关才能驶往长崎或中国等地，而且长州藩又正在下关沿海建造炮台，因此下关就成了攘夷战地点的不二选择。长州在四月廿五日才接到攘夷赦令，短短15

天内根本不可能完成全藩的动员，做好战斗准备。到1863年五月，长州在下关建造的炮台尚未全部完工，七座炮台中仅安装有28门大炮，其性能也只能相当于欧美十几年前的水平。为执行攘夷行动而集中到下关的藩兵人数仅有650人，再加上长府等附属藩国的藩兵以及久坂玄瑞从京都带回的50至60名浪人，兵力总数不过千人，但士气较为高昂，总指挥官则为马关奉行毛利能登。在这些长州士兵中，久坂玄瑞率领的浪人团成员均来自攘夷派激进人士，因其驻地位于下关附近的光明寺而得名光明寺党。这批人是攘夷军中斗志最为旺盛，但也是最急不可耐的部队。

五月十日当天下午，驻守的士兵发现门司田野浦方向有一艘外国船正在下锚，立刻用大炮发射了一发空炮通告守军。此时已经67岁的毛利能登不敢贸然开战，便派出一艘小船上前查看对方情况。经过探查，得知对方是从横滨起航的美国蒸汽商船"潘布鲁克"号，该船正准备前往长崎，同时船上还搭载着几名日本人以及要递交给长崎奉行的文书。由于下关海峡正值退潮难以通航，"潘布鲁克"号便在此处下锚，等待来日涨潮后再行出发。对老迈的毛利能登而言，受藩主毛利敬亲之命攻击外国船只自然没有问题，但对方船上还搭载着日本人和要递交给幕府官员的文书，这就使他对于是否应下令攻击犹豫不决。

在毛利能登犹豫不决之际，自发现"潘布鲁克"号之后便按捺不住的光明寺党不等命令便试图攻击这艘美国商船。在久坂玄瑞带领下，几十名浪人一窝蜂跑到炮台上，吵着要求炮手向美国军舰开炮。但位于下关的炮台射程根本无法覆盖到"潘布鲁克"号所在位置，这群人便又跑到刚刚来到下关的"庚申"号帆船上，要求舰长松岛刚藏带着他们出港迎敌。松岛刚藏本来就与久坂玄瑞相识，一番劝说之后，不仅"庚申"号，就连"癸亥"号也加入了行动。按照计划，光明寺党打算首先以两艘军舰对"潘布鲁克"号进行炮击，其后再从光明寺党中选出敢死队数人，冲到对方甲板上进行白刃战。

五月十一日凌晨，准备于第二天破晓起航的"潘布鲁克"号已经点燃了锅炉，烟囱里也时不时喷出一些火星。两艘长州军舰接近后，下关炮台也不甘寂寞地发出了一枚实弹。虽说这是长州藩攘夷行动的第一弹，但射程不足的炮台只是把这枚炮弹射到了水面上，作为开始行动的信号。"庚申"号、"癸亥"号随后开炮射击，两舰总计射出了16枚炮弹，其中三枚命中"潘布鲁克"号。虽然炮弹所造成的损伤很小，但完全没有料到自己会遭到袭击的美国人还是大吃一惊，急忙利用商船上搭载的自卫火炮进行还击。所幸"潘布鲁克"号此时已经做好了起航准备，不久后即退出了海峡，没有受到太大损伤。

虽然对手只是一艘毫无战意的商船，而且自己事实上也没能给对方造成任何实

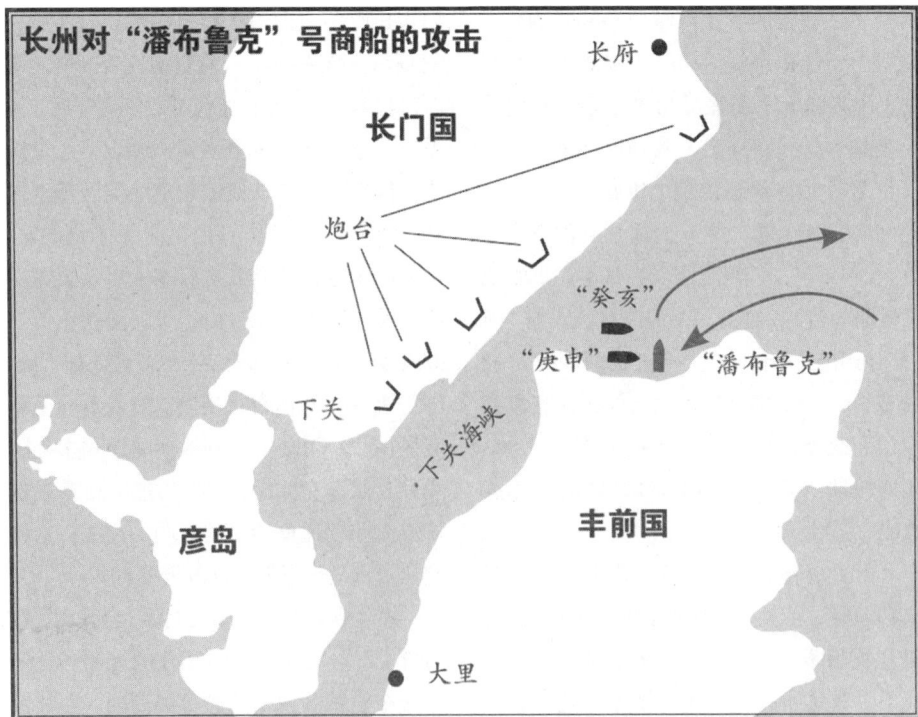

◎ 长州对"潘布鲁克"号的攻击

质性损伤。但在长州人眼中，日本军舰首次与外国船只交战便旗开得胜击退黑船，使长州上下士气一振，也促使他们之后接二连三地对途经下关的外国船只进行攻击。

五月廿三日上午6时，法国军舰"建昌"号在途经下关时遭到长州炮台攻击，身中7弹，但最终还是成功突破了海峡。仅仅3天之后，从长崎起航的荷兰军舰"美杜莎"号搭载着前往横滨赴任的总领事博斯布吕克通过下关。虽然该舰在起航前便已经得知长州在下关攻击外国船只的消息，但其舰长自恃船坚炮利，决定强行突破海峡。从上午7时起，该舰首先遭到炮台轰击，之后又与"庚申"号、"癸亥"号进行了长

达一个半小时之久的炮战，两面夹击之下，"美杜莎"号最后以死亡四人、重伤五人的代价通过了海峡。

面对长州藩三番五次无端攻击各国船只的行为，虽然美国此时正陷于南北战争的泥潭中，但以香港为母港搜捕南军袭击舰、此时正在前往横滨的北军战舰"怀俄明"号立刻改变航向驶往下关，准备对长州进行报复性炮击。有备而来的"怀俄明"号是美国海军的新锐战舰之一，其排水量达到了1480吨，比长州藩拥有的全部4艘军舰加起来还要更大。该舰采用蒸汽动力，搭载有两门279毫米滑膛炮，一门60磅线膛炮和两门32磅炮，虽然火炮数量不多，

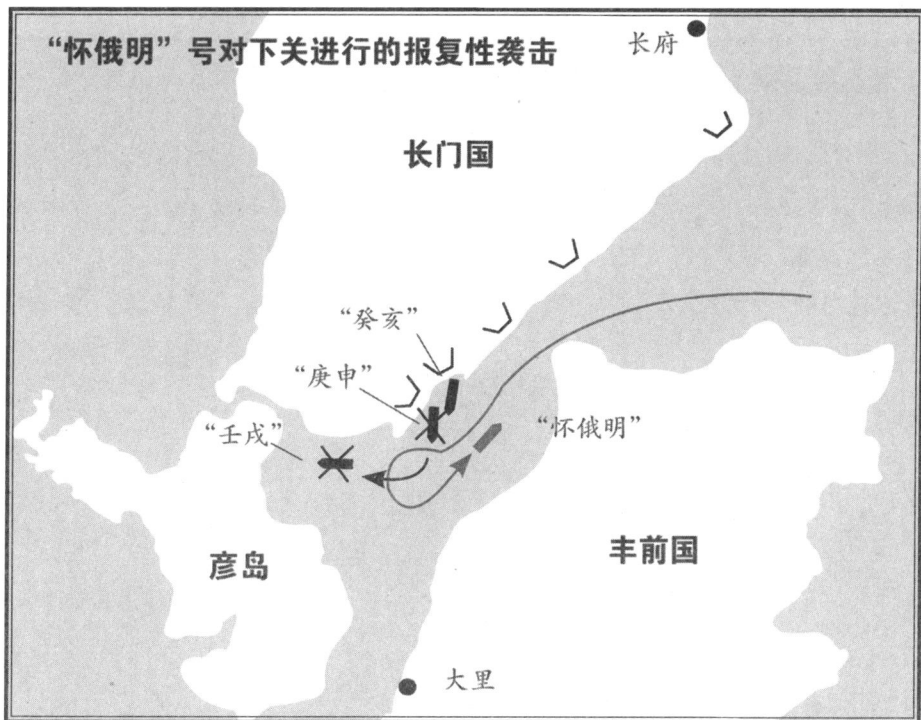

◎ "怀俄明"号对下关进行的报复性攻击

但在射程和威力上相对长州炮台的老式火炮均占有压倒性优势，因此得以从容不迫地在对方炮台射程之外进行攻击。长州方面只得派出手头仅有的"丙辰"号、"庚申"号、"癸亥"号3艘军舰进行反击。一番激战之后，"庚申""丙辰"两舰很快即被击沉，"癸亥"号也身负重伤，"怀俄明"号则毫发无损地扬长而去。仅仅这一艘美国战舰，便使长州海军全军覆没了。

六月五日，法国东印度舰队司令亲帅"坦克雷德"号和"塞米拉米斯"号两艘军舰前往下关，其中后者载有35门火炮，火力强大。到下关后，两艘军舰首先集中火力压制位于前田和坛之浦两地的炮台，之后派遣陆战队员上岸对炮台发动进攻，

并由"塞米拉米斯"号提供火力掩护。手持弓箭和老式铁炮的长州兵拼死奋战，暂时阻挡了对方前进，但不久之后法国人便派遣了更多部队上岸击溃了长州藩兵。250名法国陆战队分兵三路，第一路直奔炮台，利用铁钉将长州大炮的火门钉死，使其暂时无法使用；第二路前往长州军本营，将弹药倒入大海；第三路则对战场附近的民宅进行报复性袭击，烧毁了33座民居。在使下关炮台丧失战斗力后，法国陆战队才撤回船上离开下关。

在这场历时26天的所谓攘夷战争中，长州炮台和军舰总共与外国船只交手五次。其中三次可以勉强算作胜利，另外两次则是彻底的惨败。美国海军一艘"怀俄明"

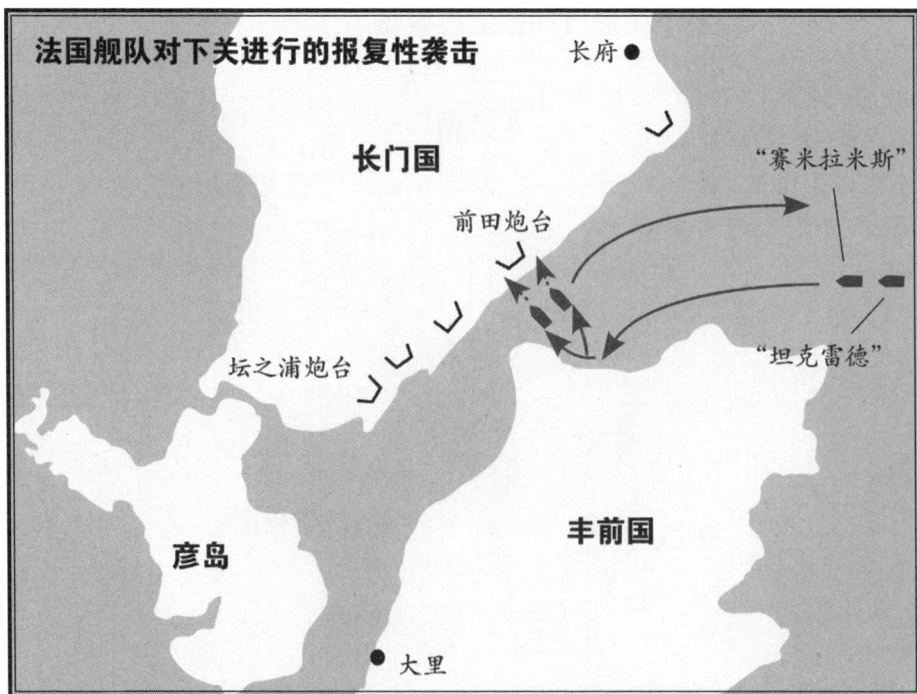

◎ 法国舰队对下关进行的报复性攻击

号便摧毁了整个长州海军，法国则仅用250人的陆战队在两艘军舰配合下就攻陷了长州炮台。长州的火炮射程过短，炮台位置建造得也并不得当，七座炮台被分散布置在了整个下关海峡北岸，而没有集中在海峡最窄处，使外国军舰可以十分轻松地各个击破，炮台本身在面对外国新式火炮的攻击时也很难发挥威力。长州军舰虽然在战斗中表现活跃，但无奈这些舰艇舰型过小，战斗力不足，根本不是对方战舰的对手。此外，长州士兵，尤其是正规藩兵的单兵战斗力也同样不及训练有素的外国士兵。自1615年德川家康攻陷大坂平定天下之后，世袭罔替的武士们已经有将近250年没有参加真正意义上的战争了，靠俸禄度日的武士们早已失去了往日锐气。仅有光明寺党等浪人集团凭借狂热的攘夷激情，表现出了一定战斗力。

在攘夷战爆发之前，负责修建下关炮台的中岛名左卫门就曾说道："虽然我军士气高涨，但仅凭那些由黄土堆砌起来的炮台实力明显不足，而且士兵的训练水平也成问题，前途实在令人担心。"在当时，这一席话引得激进攘夷分子群情激奋。到攘夷战一败涂地之后，藩内上下不得不一致承认其观点的正确性。攘夷战争之后，长州日夜加紧铸造新式大口径火炮。在法国舰队摧毁下关炮台的第二天，藩主毛利敬亲便命令由高杉晋作负责组建一支采用洋式操练的新军奇兵队。在高杉带领下，独立于藩兵体系以外的奇兵队兵源不再局限于日渐没落的武士阶级，同时也对浪人、农民、商人等所有愿意从军的人士敞开大门，而这些人的战斗意志往往要比武士更高。在高杉晋作的杰出组织之下，这支部队成为幕末时期长州最具战斗力的部队之一，并作为长州倒幕军力的核心活跃在战场上。除奇兵队以外，此后长州还陆续组建了游击队、精锐队、八幡队、御楯队等新式部队，统称诸队。不过在组建之初，

◎ 击败长州守军后在火炮旁边拍照留念的法国陆战队员

这些部队由于手中的武器仍然是性能相对落后的燧发枪，因此并没有采用最新的欧式操典来对散兵战术进行训练，而只能采用一些相对落后的老式战术。

在长州人于下关海峡进行攘夷战大约2个月后，萨摩藩也在鹿儿岛海岸迎来了英国舰队的袭击。但与长州主动对外国船只发难不同，英国对萨摩进行攻击的原因只是一场意外事件。

1862年八月廿一日，岛津久光在700人仪仗队的护卫下从江户返回萨摩。此时英国商人查理·理查德森、其助手克拉克以及同行的马绍尔夫妇也正在同一条道路上骑马赶路，不久后四人便遇到了久光的仪仗队。按照日本礼仪，平民在遇到大名的仪仗队时必须退避到道路两旁下跪行礼，直到队伍经过后才能站起身来。但这四位英国人当然不肯下跪。就在双方争执之时，马绍尔夫人的坐骑突然受惊冲入了仪仗队行列之中。被激怒的萨摩藩士立刻拔刀砍伤理查德森，后者随后被赶来的其他藩士斩杀，克拉克和马绍尔先生也身负重伤，仅有马绍尔夫人一人平安无事。由于这一事件发生在武藏国生麦村附近，因此被称

为生麦事件。

事件发生后，英国代理公使约翰·尼尔立刻与幕府方面进行交涉，要求后者公开对英国方面提出道歉，并支付10万英镑赔偿金，同时萨摩方面也要向死者家属及伤者支付25000英镑赔偿，并严惩凶者。萨摩方面自始至终都不认为自己是事件中的过错方，因而编造了假的肇事者姓名，并声称此人已经逃往藩外。英国方面则一直以幕府作为谈判对象，而且为避免激怒幕府破坏开国状态，其采取的谈判策略也相对谨慎。在此期间，萨摩为预防英国人发动报复性攻击，也开始了备战工作。

由于萨摩藩位于日本列岛最南端的九州岛，周边经常出现外国船只，而且公元13世纪蒙古大军两次东征日本时岛津家都曾参与了抗击入侵的战斗，因此在黑船来袭之前，萨摩便形成了比其他藩国更深刻的海防意识。早在1837年七月，当美国商船"莫里森"号在距离萨摩海岸较近的海面上经过时，萨摩军的炮台便曾依照幕府的击退政策向对方开炮，不过由于火炮射程较短，所有炮弹都落入了水中。在这一事件之后，萨摩方面吸取教训，开始吸收西方科技，并采用了西式的步兵操典强化军备。与其他藩国相比，萨摩藩内的武士比例非常大，单凭农民劳作无法满足数量巨大的武士俸禄，因此不少下级武士也必须亲自躬耕劳作，生活十分艰难。但正是这种艰苦的环境，造就了萨摩武士的坚韧性格，使他们能够在较短时间内适应西洋战术训练。

在有着幕末贤侯之称的岛津齐彬于

◎ 描述生麦事件中萨摩藩士砍杀英国商人的浮世绘

1851 年成为藩主前，其父齐兴通过一系列改革政策振兴了萨摩藩的经济实力。齐彬继任后以此为基础开始积极引进西方科技，致力于富国强兵。在岛津齐彬建立的近代化工厂集成馆中，各种洋枪、火炮技术均得到了大力发展。总体上只要是萨摩进口过的外国武器，除某些需要精密工艺加工的技术以外，集成馆都能够仿制出来，虽然产量不大，但却也是日本在近代军工业方面迈出的重要一步。按照齐彬的想法，如果能够将各种西洋武器投入量产，除用于装备萨摩藩兵以外，还可以将其销售给其余藩国，从而获得一笔可观的利润。

由于萨摩海岸附近出没的外国船只越来越多，岛津齐彬也预感到日本在不久的将来便会陷入乱世。一旦那一时刻到来，萨摩藩便应争取主动，派兵进京控制朝廷。而集成馆中生产的各种武器，就将成为决定性力量之一。在齐彬死后，由于他本人的孩子均早年夭折，弟弟岛津久光的儿子忠义成为藩主，岛津久光则成为忠义的监护人，是藩政的实际控制者，并继承了齐彬的遗志。

在拒绝向英国支付赔款后，萨摩藩立刻投入了紧急备战工作。仅 1862 年当年藩政府便新设了 120 座火药制造所，并大量生产战斗所需的各种军需物资。此外，藩内重臣还多次开会研究如何应对战争结束后可能出现的物价上涨问题。进入 1863 年后，萨摩进一步加快了备战步伐，在首府鹿儿岛海岸增筑了 10 座炮台和 80 门火炮，并在城下详细划分不同防区的位置，确定信号联络用的号炮和烽火。火炮炮手也开

始了大强度的实弹训练，各炮台几乎每隔一日便会进行实弹训练。此外，与长州的下关炮台相比，鹿儿岛炮台装备的火炮性能也要更好，其中很多火炮射程都能达到 1500 至 1800 米。此时的萨摩虽然尚未建造或者购买像长州那样的军舰，只有 12 艘长 11 米、搭载一门 18 至 20 磅炮的小艇，但这些小艇也没有因实力不济而疏于训练，反而更加积极地操练接舷战技巧。到 1863 年五月，萨摩藩举行了鹿儿岛地区的紧急动员演习，效果良好。在战争爆发前不久，又在鹿儿岛海湾内布设了一些由集成馆生产的遥控引爆式水雷，这也是日本第一次使用水雷这种武器。萨摩藩已经完全做好了迎战准备。

同年三月，英国东印度舰队司令库珀率领"尤利阿勒斯"号、"珍珠"号、"英仙座"号、"百眼巨人"号、"蜂鸟"号、"赛马"号以及"肆虐"号等 7 艘战舰进入横滨港，向幕府方面施压。尼尔借机向幕府发出警告，要求后者必须在五月九日之前接受英国的赔偿要求。压力之下的幕府不敢不从，只得同意支付 10 万英镑赔款，并向英国道歉。在尼尔要求下，库珀率领舰队于六月廿二日离开横滨驶往鹿儿岛向萨摩方面施压，5 天后抵达目的地。在此过程中，由于缺乏煤炭，库珀舰队只能利用风帆航行。在尼尔等随舰队来到鹿儿岛的外交官眼中，萨摩人只要看到这支威风凛凛的舰队，便会立刻接受赔偿条件，毕竟连雄踞日本 250 年的德川幕府都已经被吓破了胆。但出乎他意料之外的是，萨摩人并没有妥协。

发现英国舰队抵达后，萨摩藩立刻投

◎ 集成馆反射炉遗址。该反射炉虽未在萨英战争中被毁掉，但后来也被日本方面拆除

入总动员中。根据记录，光是鹿儿岛海岸的炮台和城下各防区便集中了2318名士兵，鹿儿岛周边乡村地区的兵力总和则达到了8500余人，再加上种子岛守备队的1500名士兵，总兵力达到了10000人之多。萨摩藩数量庞大的武士团虽然在平时给经济带来了巨大负担，但在战时却能够立刻组成一支大军。与长州藩不足千人的攘夷部队相比，萨摩藩做足了准备。此外，由于鹿儿岛城位于英舰火炮射程之内，岛津久光也率领重臣们把大本营转移到了鹿儿岛后方山地中能够俯瞰海湾的千眼寺。

六月廿八日，为拖延英国舰队发动攻击的时间，以便让鹿儿岛居民和岛津一族完成避难转移，萨摩藩使者登上英军旗舰"尤利阿勒斯"号进行交涉，英方仍然坚持原来提出的条件，萨摩方面则以没有接到幕府方面的指示为由再次拒绝。第二天，双方再次进行交涉，依然毫无进展。同一天，萨摩方面计划出动八条小艇，装载西瓜、鸡、蔬菜等物资，伪装成商人，借机偷袭"尤利阿勒斯"号。行动成员中有不少都在后来的明治政府中成为军政要人，其中包括黑田了介（清隆）、西乡信吾、伊东四郎（祐亨）等人。在行动过程中，8艘小艇中仅有2艘得以接近"尤利阿勒斯"号，其余6艘均遭到英国战舰扣押，导致突袭流产。

七月一日，萨摩方面基本已经完成了居民的转移工作，谈判随之宣告终止，库珀也认清对萨摩进行攻击已是箭在弦上不得不发了。当天下午，海面上刮起了强烈的东风，英国水兵们也不得不忙碌地为迎接暴风采取各种预防措施。第二天，英国舰队先下手为强，以"尤利阿勒斯"号为首的5艘战舰深入鹿儿岛湾内，俘获了萨摩的3艘蒸汽船"天祐丸""青鹰丸""白凤丸"。按照库珀估计，这3艘船总价值在30万美元以上，以此作为抵押要挟萨摩，后者应该很容易屈服，转而选择支付相对廉价的赔款。但萨摩人的想法却与此完全相反，他们不仅没有屈服，反而将英国舰队扣押蒸汽船的行为看作宣战声明。传令兵奔走于各个炮台之间，传达开战命令。正午时分，随着一声号炮炸响，各炮台纷纷开始对英舰开炮。库珀立刻做出回应，命令"白眼巨人"号、"赛马"号、"蜂鸟"号烧毁萨摩蒸汽船。

在战斗开始阶段，萨摩炮台主要将火力集中在了"尤利阿勒斯"号和"英仙座"号两舰。停泊在樱岛横山炮台正下方"英仙座"号被多枚炮弹命中，造成不少舰员伤亡，最后不得不砍断锚链掉头撤退。不过由于横山炮台火炮使用的炮架较为落后，每次发射后需要大量时间来将火炮重新推回原位才能继续开炮，使得"英仙座"号逃过一劫。遭到鹿儿岛炮台集中打击的"尤利阿勒斯"号位于萨摩火炮射程之外，并未受到损伤，不过该舰在进行战斗准备时却花费了大量时间。按照英国官方公报的记载，该舰是因为风浪过大而无法迅速起锚，而且测量与对方距离也花费了大量时间。但日本人则认定这是因为该舰在横滨搭载了很多装有幕府赔偿金的箱子并将其堆积在了弹药库的门前，而战前英国舰队又认为萨摩会轻易就范，没有提前将箱子移开做好准备，才没能及时打开库门。

以当时的海军技战术而言，在舰队攻击炮台时，最佳策略是从对方海岸防线最外端开始，依次摧毁各个炮台。"尤利阿勒斯"号在12时50分起锚后，花了80分钟才赶到其余六舰前方，开始对祇园州炮台进行炮轰。不过由于当时海况很差，英国舰队没能在风暴中维持住各舰航线。在摧毁祇园州炮台后，"尤利阿勒斯"号便与其余舰只分散，仅能依靠自己力量攻击新波户和弁天波户炮台。好在该舰火力强大，仅一次舷侧齐射便摧毁了新波户炮台中的大半火炮。不过，由于当时战舰的火炮分别安装在两舷，而火炮装填速度又比较缓慢，每当一侧火炮射击完毕后，战舰就要调转船头，趁装填炮弹之际让另一舷侧的火炮开火，以求尽可能充分发扬火力。"尤利阿勒斯"号也采用了同样的办法来对新波户炮台。在第一次转向时，该舰始终保持航线处于炮台射程以外。但在"尤利阿勒斯"号进行第二次转向时，战舰却在风暴影响下鬼使神差地驶到了距离炮台仅有不到700米的地方。

在战前进行了大量炮术训练的萨摩炮手看到对方接近，立刻使用幸存大炮展开了激烈反击。14时50分，一枚榴弹命中了"尤利阿勒斯"号舰桥，爆炸导致舰长和大副当场阵亡。不久之后，该舰的舷侧火炮甲板也被榴弹命中，造成七死六伤。此外，还有一枚实心弹摧毁了"尤利阿勒斯"号左舷的小艇支架。这枚炮弹命中了舰上的金属舾装品，碰撞发出的声音连海岸炮台守军都可以清晰听到。在整场战斗中，"尤利阿勒斯"号的伤亡人数占到了整个舰队的一半，新波户炮台发射炮火的激烈程度可见一斑。

在"尤利阿勒斯"号与新波户炮台激烈交战的同时，"英仙座"号则向鹿儿岛的城下町发射燃烧弹，这些炮弹引燃了硫黄仓库，导致火灾蔓延，超过500座民宅在大火中化为灰烬。在萨英战争结束后，英国议会对于"英仙座"号攻击平民住宅的行为也进行了批评。

15时10分，"赛马"号由于引擎发生故障，在随波逐流之中搁浅在了祇园州炮台附近的暗礁上。在一片风雨交加之中，萨摩军没有看清英国军舰为何停在附近，误以为对方要派出陆战队登陆占领炮台。炮台的火炮早已被英舰摧毁，普通火枪在如此大雨中又根本无法使用，士兵们便各自拔出刀剑，准备迎击对方陆战队。看到"赛马"号搁浅后，"百眼巨人"号和"蜂鸟"号急忙靠近救援，最终在17时30分使后者成功摆脱了暗礁。

战斗进行到最后阶段，"肆虐"号和"英仙座"号摧毁了停泊在战场附近的5艘萨摩船只，并集中火力炮击集成馆。这座岛津齐彬花费半生精力建造起来的近代化工厂，除反射炉和炼钢炉得以幸存外，其余设备均被炮火击毁，之后再也没能完全重建。在一天的战斗中，萨摩军的12艘炮艇

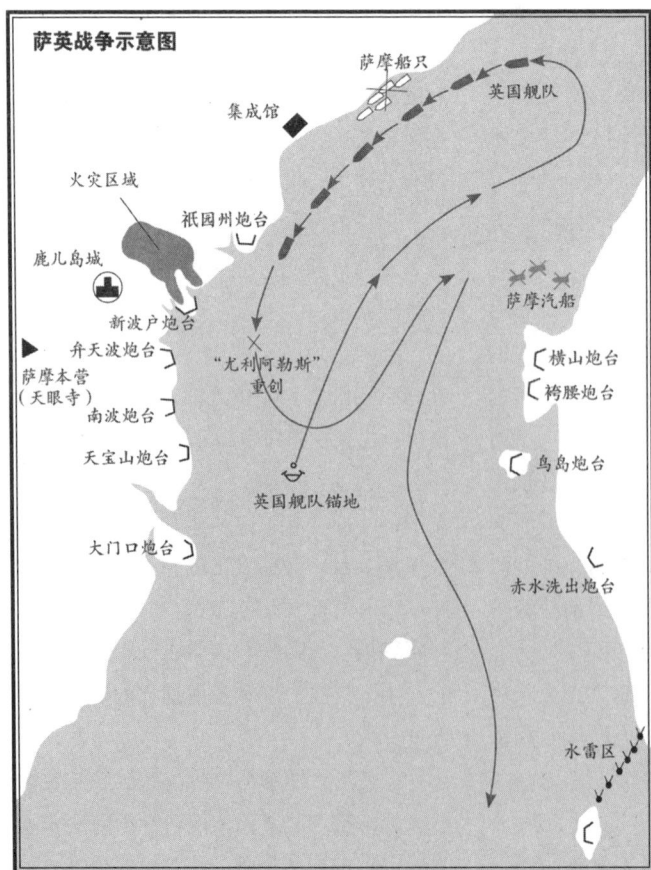

◎ 萨英战争

222

由于天气恶劣等原因没能参加战斗。

七月三日，天空恢复晴朗，但海浪仍然很高，英国舰队在早上为阵亡者举行了隆重的葬礼。出于对萨摩军重建炮台的担心，库珀决定率舰队向鹿儿岛湾入口处撤退，以便维修战舰的损伤。15时，舰队开始沿樱岛一侧海岸航行，沿路萨摩炮台的火力十分微弱。英军直到即将退出海湾时，才遭到来自冲小岛炮台的猛烈射击，随即立刻开炮还击。双方炮弹来往之际，库珀舰队险些驶入水雷区，但由于萨摩方面各炮台配合不当，没能将英军诱入雷区，错失了良机。在鹿儿岛湾入海口进行了简单的维修后，英国舰队在四日起航返回横滨。

英国舰队此战死伤人数高达 60 余人，"尤利阿勒斯"号遭到重创，另有两艘战舰也受到了一定程度损伤。萨摩方面虽然伤亡仅有九人，但却损失了 3 艘蒸汽船和集成馆工厂。库珀之所以在萨摩彻底屈服前便匆匆离去，主要是由于弹药、煤炭、食物等补给品消耗殆尽。但与此同时，英军也认识到了萨摩军不可小视的斗志，如果继续进行炮击并派遣陆战队上岸，一旦再次遭遇恶劣天气，其步兵便有可能被拖入日本人更擅长的白刃战中，遭受更大的人员伤亡。见识到英国军舰巨大威力的萨摩藩也不敢怠慢，在战争结束后立刻接受了 25000 英镑赔款的要求，并开始积极缓和与英国方面的外交关系，打通了从英国大批购买武器的渠道，引进了新式的线膛枪，并开始以英式操典训练部队，为后来在戊辰倒幕战争中取得英国政府支持打下了基础。

虽然萨摩在七月二日的萨英战争中取得了远比长州更好的战果，但这却无法挽回他们在政治上的失势。尽管长州在攘夷战争中遭到惨败，但这一仗却也提高了其在攘夷派心中的地位。六月一日，也就是"怀俄明"号摧毁长州舰队当天，天皇下诏嘉奖长州的攘夷行动。长州藩此时已经成为在天皇面前最受宠信的藩国。而一直以来对激进攘夷持反对态度，坚决推行公武合体政策的萨摩藩则在五月廿九日被逐出了朝廷。作为权宜之计，他们只得与幕府的忠实支持者会津藩结盟，在暗地中准备将长州势力排挤出京都。到八月十三日，在长州势力的劝说下，天皇决定以"大和行幸"的名义前往大和国，御驾亲征，进一步推行激进攘夷政策，此时长州对朝廷的控制力达到了顶峰。但仅仅 5 天之后，八月十八日拂晓时分，萨摩、会津藩兵便闯进了天皇御所，并派兵抢占了原先由长州兵负责把守的御所大门。朝廷中支持萨摩、会津的保守派公卿立刻召开会议，宣布赞成两藩的行动，并将长州排除出了朝廷决策层之外，甚至连支持激进攘夷的公卿也被迫逃亡到了长州。

萨摩、会津两藩将长州排挤出朝廷之外的行动史称八一八政变。对长州而言，他们在一夜之间失去了对天皇、朝廷的控制权，也失去了推进其激进攘夷策略的支柱。在此之后，长州藩内倾向对幕府妥协的恭顺派多次派遣使团前往京都向天皇请愿，但均被拒之门外。对朝廷的控制权则落入了萨摩、会津手中。1863 年十二月，天皇根据岛津久光的建议，在朝廷中设立了一个由强藩领导人和幕府代表组成的特别议事机构"朝政参与"，其成员包括岛津久光、松平容保、松平庆永、土佐藩主山内容堂、宇和岛藩主伊达宗城。井伊直弼死后便重回政坛并成为将军后见职（监护人）的一桥庆喜也代表幕府加入这一机构。次年二月，幕府也紧跟在朝廷之后，将外样大名引入了决策机构。岛津久光扩大藩国对朝政影响的努力终于在一定程度上成为现实。不过在暗地里，一桥庆喜却对岛津久光非常不满，认为后者在朝廷中的影响力极大地削弱了幕府权威，因此借机在横滨开港的问题上与岛津久光正面交锋，并最终导致各藩藩主在三月便离开朝廷，解散了朝政参与。

在岛津久光为扩大藩国权力孜孜不倦的同时，依旧态度激进的长州下级武士纷纷脱藩（即退出藩国成为没有俸禄的浪人）潜入京都，并联结土佐等其余藩国的浪人，密谋以暴力手段恢复长州威望。按照计划，这些人准备在六月间寻找风高之日，在天皇御所附近放火，待火势扩大之后趁乱攻入会津藩主宅邸，杀死藩主松平容保，同时潜入皇宫，将天皇劫去长州，重新推行激进攘夷政策。

松平容保此时担任京都守护职，负责天皇御所和京城的治安工作，其手下拥有一支主要由浪人组成的军事警察组织，即后来声名鹊起的新选组。六月五日，新选组逮捕了尊攘派浪人古高俊太郎，通过严刑拷打逼其供出了尊攘浪士的计划。得知这一伙人计划之后，新选组当夜便全体出动，分兵两路寻找攘夷浪士聚集之所。最

后，包括局长近藤勇在内的10人在池田屋旅馆中发现了聚集在一起的30余名攘夷浪士。在留下3人守住正门之后，近藤勇带领冲田总司、藤堂平助、永仓新八等6名剑术高手冲入池田屋，与数倍于己的浪士展开激战。在激战过程中，冲田总司因肺结核发作吐血倒地昏迷（一说为中暑晕倒）、藤堂平助额头被砍成重伤，无法坚持战斗。千钧一发之际，副长土方岁三率领的另一路24人赶到池田屋，击溃了浪士们的抵抗。整场战斗中，新选组直接斩杀9人、活捉4人，并在其后的清查搜索中抓捕了20余人，沉重打击了长州在京都的地下活动，新选组则仅有奥泽荣助一人死亡。池田屋事件之后，新选组名声大噪，成为幕末历史上颇受争议，但同时也最具传奇色彩的佐幕组织。

长州藩主毛利敬亲原本就不是岛津久光那种铁腕主君，而是一位无论藩士说什么都会回答"似乎如此"的软弱人物，藩士们私下都称呼他为"似乎如此侯"，因此藩政也在各派藩士之间互相争斗的过程中左右摇摆。在八一八政变之前，激进派占据了藩政主导权，并通过提倡激进攘夷而获得了朝廷的主导权。政变过后，激进派迅速失势，主张向幕府妥协的恭顺派占据主导。但由于恭顺派数次派人觐见天皇都没有成功，而且池田屋事件中有大量长州出身的浪士被杀，被激怒的激进派再次抢夺藩政主导权，并说服毛利敬亲派出嗣子毛利定广以及福原越后、国司信浓、益田石卫门介等三名家老率兵进京，声言要以武力觐见天皇，为毛利敬亲澄清八一八

◎ 一幅描述各藩藩兵正在京都天皇御所蛤御门之前激烈混战的屏风绘画，右侧远方可见京都内燃起的大火

政变中受到的屈辱，久坂玄瑞也率领着一队浪人随军同行进京。

七月十八日夜间，京城外的长州军开始向天皇御所进军。此时京都的守卫工作由各藩部队联合负责，而天皇御所附近的关键地区则由会津藩和萨摩藩据守。福原越后所率的一支兵力很快即被守卫伏见城的大垣藩兵在十九日清晨击败，被迫撤退。另外两人率领的兵力分别向皇宫的中立壳御门和蛤御门前进，数千名各藩士兵在京都街道内互相拼杀，长州军还不断使用大炮轰击会津阵地。不久之后，会津和萨摩藩兵的防御便被突破了，萨摩军中的西乡隆盛和西乡从道均在战斗中负伤，长州军冲入皇宫。但在长州兵进抵皇宫内院之前，萨摩援兵赶到，调动大炮击退了长州兵。国司信浓战死、久坂玄瑞战败后自杀。由于这场战斗主战场集中在天皇御所的各个御门附近，因此被称为禁门之变。

战斗失败后，败兵一把大火烧毁了京都的长州藩邸，但他们没有想到的是，大火蔓延到了京都其他地区，一发不可收拾。

将近3万座民宅因战斗引燃的大火而化为废墟，直到明治维新后才得以完全修复。当时京都监狱里关押着许多重要的政治犯，为防止犯人们趁乱逃走，许多还没有判决的犯人被处以极刑，其中就有池田屋事件之前被捕的古高俊太郎。

由于在禁门之变中向皇宫开炮，孝明天皇在震怒之下宣布长州为反贼。七月廿一日又命令幕府和各藩组建大军讨伐长州。与此同时，英、美、荷、法四国为报复长州攘夷行动而在长崎集合起了一支舰队的消息也传到了长州。一年前还在政治风云中风光无限的长州如今已是四面楚歌。

在准备向长州再次发动攻击的四国中，美国、法国两国战舰已经相继对下关炮台进行了报复性袭击，而英国本来并没有在长州攘夷行动中遭到任何攻击，因此最初并不打算再次攻击长州。但自从攘夷战争结束后，长州依旧在下关维持着攘夷态势，禁止外国船只通行，导致开放港长崎陷于瘫痪状态。而幕府对此则不闻不问，其征伐长州的理由也只是因为后者向皇宫开炮。

在英国公使阿礼国看来，倘若继续放任长州的攘夷态度和幕府的不作为，日本的开国政策很有可能会发生倒退，导致英国在日本的利益受损。为防止这种情况发生，英国必须牵头带领其余各国再次攻击长州，彻底打破长州的攘夷态势，并敲山震虎警告幕府如果继续对日本国内的攘夷行动采取不作为态度，外国人就要自己动武解决问题了。同时这一行动也足以警示日本其余藩国，如果步长州后尘进行攘夷，外国舰队绝对会让他们付出代价。

此时正在英国留学的伊藤俊辅和井上闻多二人就在三月从报纸上获知了这一消息，大吃一惊的二人急忙赶回日本国内，并在六月十日抵达横滨，此后马不停蹄地前去拜见阿礼国和藩主毛利敬亲，希望能够说服双方达成妥协。早已在欧洲看到西方先进科技和强大实力的二人深知，一旦长州再次和欧洲列强开战，必将陷入万劫不复之地，而幕府讨伐军更是在背后虎视眈眈，随时会讨伐长州。一番交涉之后，阿礼国对面前这两位身着洋服的日本人表示出了极大诚意，同意由二人出面，说服毛利敬亲接受联军方面提出的解除攘夷态势的条件，甚至还专门派出军舰将他们送到了长州。不过伊藤俊辅和井上闻多却在毛利敬亲那里碰了钉子。这位性格随和的藩主此时却罕见地表现出了强硬态度，拒绝不经一战便对外国舰队屈服。二人的努力付之东流，联军也终于在六月十九日向长州发出最后通牒，警告后者如果不在20天之内解除对下关的封锁，联军舰队就将对长州采取武力行动，长州方面对此依然

我行我素，战争已经不可避免了。

在吸取了萨英战争中英军损失较大的教训后，联军方面这一次集结了一支规模极大的舰队。英国派出9艘战舰，法国派出3艘战舰，荷兰派出4艘战舰，美国方面则只派出了一艘装有4门火炮的武装商船。联军拥有将近280门火炮，兵力总数更是达到了4000人以上，其中2000人可以作为陆战队员登陆上岸。反观长州方面，虽然自攘夷战争结束后全藩便加紧铸造大炮，但此时能够调用的大炮数量仅有120门，兵力也只有以奇兵队为首的2000余人。早在一年前，在奇兵队成员与另一支新式部队撰锋队发生冲突后，一直因行事作风特立独行而不受恭顺派欢迎的高杉晋作便被解职。到下关战争爆发时，奇兵队总督已经更换为赤根武人。虽然与攘夷战争时相比，长州炮台的火炮数量、性能已经大为改观，而且也集中在了海峡最窄处的前田炮台和坛之浦炮台，同时兵力人数也达到了之前的三倍以上，但相比庞大的联军舰队却还是毫无胜算。英军已经全面装备了后装式线膛枪，而长州军此时仍然大量装备着刀剑、铁炮等古老兵器，洋枪也多为前装式滑膛燧发枪，射速慢、精度差，线膛枪总共只有几十支。

七月廿八日，四国联合舰队以一年前指挥舰队炮击鹿儿岛的库珀为总司令从横滨起航，穿过丰后水道进入下关海峡。八月五日14时，海峡涨潮，联合舰队分兵三路开始发动进攻。英国"鞑靼"号、"美洲虎"号、"巴罗萨"号、法国"杜普雷"号、荷兰"库尔茨"号、"占碑"号等6艘战舰组

◎ 正停泊在开放港横滨进行集结，准备前往下关对长州发动报复性攻击的四国联合舰队

成的第一分队沿门司海岸航行，并在田野浦海域下锚停航；由英国"英仙座"号、"蜂鸟"号、"巨人"号、"百眼巨人"号、法国"坦克雷德"号、荷兰"美杜莎"号组成的第二分队则在长府藩海岸投锚停航；英国"尤利阿勒斯"号、"征服者"号、法国"塞米拉米斯"号、荷兰"阿姆斯特丹"号以及美国"塔奇昂"号等装备有阿姆斯特朗式线膛炮的舰只组成第三分队集中在田野浦海域距长州炮台 2300 米的地方下锚。

按照计划，第三分队在开战后将首先利用阿姆斯特朗式线膛炮的射程和精度在长州炮台射程外对其进行炮击，摧毁炮台抵抗力。由于射速较慢，而且当时舰炮在战舰摇动时便无法确保远程射击精度，因此线膛炮在舰队炮战中并无太大用处。但这一次联军舰队选择直接在长州炮台射程外下锚停泊，自身战舰和对方炮台同时处于静止状态，线膛炮的优势便可以得到淋漓尽致的发挥。此外，与长州那些只能发射实心弹的火炮不同，阿姆斯特朗式线膛炮还使用了榴弹，落地时能够造成巨大杀伤。

由于下关海峡涨潮时海流较为湍急，战舰船体摇摆幅度过大，无法准确射击，四国舰队一直等到 15 时 40 分海流平稳后

才由"尤利阿勒斯"号向长州炮台打响了第一炮。紧接着，整个第三分队纷纷开炮，集中火力轰击前田炮台。拥有较多大型战舰的第一分队则集中火力攻击坛之浦炮台，同时第二分队沿海峡向前推进，攻击一切可能造成威胁的目标。面对联军炮击，前田炮台、坛之浦炮台也积极应战，但由于火炮射程不足，且敌舰均沿海峡对岸的小仓藩海岸行动，始终与下关海岸保持距离，所有炮弹都远远落在目标前方的水面上，根本无法给对方造成任何威胁。

炮击进行到 17 时左右时，长州炮台已经不再开炮，"英仙座"号和"美杜莎"号乘机派出陆战队员对前田炮台发动攻击。前田炮台的守备队早已因无法承受舰队炮击而撤出了炮台，因此两舰陆战队员上岸之后，便得以在无人干扰的情况下进入炮台，并用铁钉钉死火炮的火门。不过由于兵力不足，且天色渐晚，这支部队没有继续向坛之浦炮台发动进攻便撤回了各自的战舰。当日夜间，联军将领召开会议，得出结论认为如果不再次派遣陆战队上岸彻底摧毁所有主要炮台，那么在舰队撤离后，长州便仍然保存有封锁海峡的战斗力，舰队取得的胜利也会因此失去意义。因此第

227

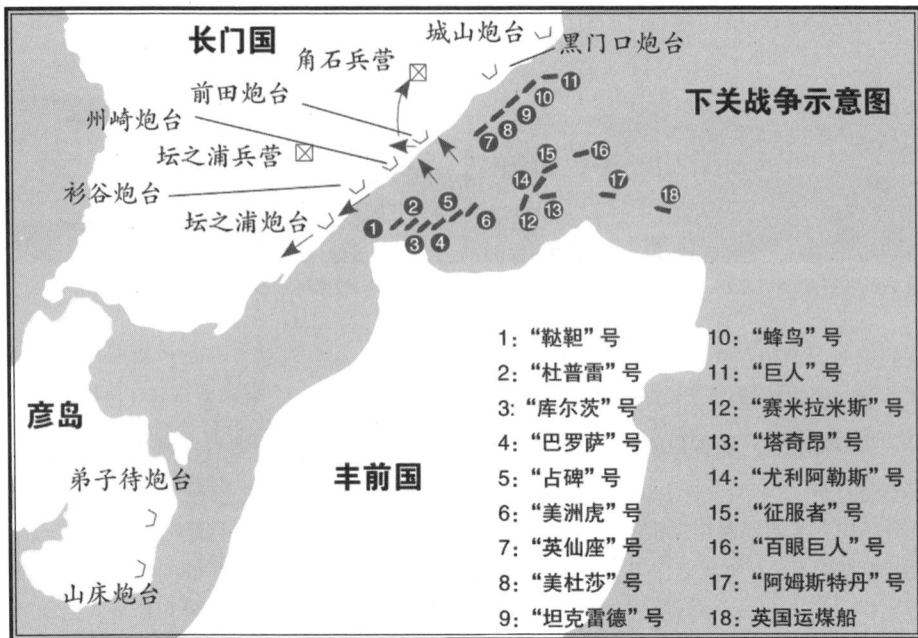

长门国

城山炮台　黑门口炮台

角石兵营

下关战争示意图

前田炮台

州崎炮台

坛之浦兵营

杉谷炮台

坛之浦炮台

彦岛

弟子待炮台

山床炮台

丰前国

1: "鞑靼"号　　10: "蜂鸟"号
2: "杜普雷"号　11: "巨人"号
3: "库尔茨"号　12: "赛米拉米斯"号
4: "巴罗萨"号　13: "塔奇昂"号
5: "占碑"号　　14: "尤利阿勒斯"号
6: "美洲虎"号　15: "征服者"号
7: "英仙座"号　16: "百眼巨人"号
8: "美杜莎"号　17: "阿姆斯特丹"号
9: "坦克雷德"号　18: 英国运煤船

◎ 下关战争

二天天明后各舰必须派出一支更大规模的陆战队，扫清下关所有的长州炮台。

就在将领们召开会议的同时，"鞑靼"号和"杜普雷"号却因锚链互相搅在一起而发生了碰撞，导致两舰漂流到了长州炮台射程范围内。第二天天亮后，长州军立刻对两舰进行了炮击，使对方蒙受了一定损失。不过这并没有阻碍联军的登陆行动。上午7时，在英军亚历山大上校的带领下，1400名英国士兵、350名法国士兵、200名荷兰士兵以及50名美国士兵在舰炮的火力掩护下登上了前田海滩。前日傍晚联军撤退后，奇兵队重新占领了前田炮台，现在两军便在前田炮台发生了交火。不过在遭受连续两日的炮击之后，长州军的士气已近崩溃，无法组织起有效的防线，仅能以

小股部队进行零星抵抗。不久之后，多达2000人的联军陆战队击溃了附近所有的长州部队，占领了前田炮台，之后便挥军深入，攻克坛之浦炮台。主要目标达成后，联军又开始对附近所有长州军残部进行清剿，并与奇兵队的一部分人马在角石兵营发生了较为激烈的战斗，亚历山大本人也在战斗中受伤。不过由于奇兵队装备差、阵地不完善，而且也没能有效利用手中的火炮，最后只得放火烧毁兵营后自行撤退。

在萨英战争和下关战争爆发之前，有不少日本人曾经认为，只要将外国军队引诱上岸，使其无法发挥战舰的威力，即使日军手中仅有刀剑、长弓、铁炮，也可以通过决死奋战击败装备着新式步枪的外敌，妄想只要能够接近敌军，便可凭借日本武

228

士高超的剑术砍杀对方。事实上，力量的天平早在百年以前便倾向了火力，冲击力的作用则越来越小。在最后一场白刃战仍能起到重要作用的大规模战争——拿破仑战争中，白刃冲锋也只有在密集火力掩护下才能取得成功，而且稍有不慎便会被对方火力击溃。在那之后，随着欧美武器在射程和精确度方面的继续进步，战场上出现各种密集横队、纵队的机会越来越少，而代之以蜂群一般的散兵部队。在下关战争中，英国陆战队在登陆后便以散兵战术向前推进。长州军在对方发射的猛烈火力面前完全不堪一击，很快便败下阵来。因此，长州军在下关战争结束后也开始采用散兵战术训练部队。

在历时两天的战斗中，长州军阵亡14人，伤40余人。联军阵亡16人，伤60余人。

联军的伤亡数量大部分是因"骰鞑"号和"杜普雷"号遭到集中炮击而造成的。而长州军之所以在对方如疾风骤雨般的炮击面前伤亡人数较少，大部分原因在于炮台守军在面对他们从未经历过的猛烈炮击时大多直接逃之夭夭。从战后联军拍摄的炮台照片来看，绝大部分火炮仍然保持完好，炮台反击很快便中止只能是因为守军逃跑。而在后来联军的两次登陆中，第一次登陆时根本没有长州军加以阻挡，第二次登陆时长州军也很快便撤退了，因此有生力量损失并不大。

八月七日至八日两天，联军忙于彻底摧毁炮台战斗力。在当时而言，使用铁钉将火门钉死或者烧毁火炮的木制炮架都可以使敌方在一定时间内无法使用火炮。但联军为了免除后患，达到能够让各国船只

◎ 奇兵队成员合影。虽然奇兵队在长州和长州军队中要算是一支劲旅，但在大量装备后装线膛枪并使用先进战术的欧洲部队面前仍然不堪一击，因此长州藩在下关战争结束后便改变了奇兵队的训练方式

◎ 战斗结束后聚集在下关炮台上合影的英国陆战队士兵

在下关海峡通行的目的，选择了最为彻底的方法——把大炮全部搬走。在长州军撤退后，当地一些居民也被联军雇来参与了搬运工作。时至今日，法国荣誉军人院中仍然展览着从下关缴获来的长州大炮。

战斗结束后，自知已经战败的长州只得派出使者收拾残局。而使者人选也让人十分头疼，无论由谁出使，也只能与联军签订一份割地赔款的不平等条约，使者很可能会沦为激进攘夷分子的暗杀对象，因此无人敢于承担重任。最后，藩主只得选择先前因脱藩罪入狱，刚刚在六月份从监狱中被放出来，目前仍然处于藩政府监视下的高杉晋作出任使者。

在会谈中，高杉晋作基本答应了联军提出的所有赔偿条件，但对于联军提出在下关彦岛地区设立租借的要求却坚决回绝。高杉早年曾前往中国游学考察，因此对外国势力利用租界渗透、腐蚀中国的认识颇深。最后，高杉晋作不仅成功迫使对方放

弃了租借领土的要求，甚至还以长州仅是日本一个藩国，财力薄弱，无力支付赔偿金为由将300万美元的赔偿金转嫁给了幕府方面。由于向西方同意在近畿地区的兵库、新潟开港而得罪了朝廷的幕府，为了避免刺激攘夷心切的孝明天皇，也只得硬着头皮扛下了这笔债务。值得一提的是，在获得78.5万美元赔偿金后，美国政府却以美方实际损失不超过一万美元为由宣布这笔赔偿金非法，从未动用过这笔钱，并在明治维新后将其退还给了日本政府。

虽然长州在下关战争中损失并不太大，且避免了逐步沦为外国殖民地的可能，但迫在眉睫的危机却并未完全解除。八月七日，就在联军忙于将下关炮台的大炮搬运上船时，幕府任命原尾张藩主德川庆胜担任征长军总司令，萨摩藩的西乡隆盛出任参谋一职。不过由于很多藩国并不愿意真的对长州进行讨伐，因此征长军的集结工作进行得非常缓慢。直到十一月一日，德

川庆胜才离开大坂，奔赴与长州毗邻的广岛藩，准备以此为大本营展开长州征伐行动。

对幕府而言，这一时间上的拖延造成了灾难性结果。原先站在佐幕派一方支持严惩长州的西乡隆盛突然改变了想法，将萨摩藩引向了倒幕派。九月十一日，西乡隆盛迎来了政治观念的一次巨大转变。在这一天，他在两位友人引荐下与幕府军舰奉行（海军司令）胜海舟会面。此人出身低微，但却凭借出众的才华和勤奋努力步步攀升，并在1864年成为军舰奉行，担任幕府海军司令。胜海舟虽然身为幕府要员，但内心对于幕府却没有太好好感。他告诉西乡，由于在处理众多内政、外交事件时的犹豫不决，危害了日本的开国政策，幕府已在外国人眼中失去了威望，萨英战争和下关战争就是最好的例子。如果继续以统治力急剧下降的幕府作为日本政治核心，外国势必要越来越多地依靠武力干涉来达到维持日本开国的目的，最终导致日本沦为外国殖民地。而想要避免这种情况发生，唯一办法就是推翻已经腐朽不堪的幕府，建立以天皇为核心，由强藩大名执政的新政府，重新在外交方面树立威望，排除外国武力干涉的可能。

胜海舟这一席话对西乡产生了极为重大的影响，原本就对幕府无能有所不满的他逐渐产生了倒幕思想，放弃了原本倾向的公武合体论。而在对待长州问题的态度上，西乡也有了巨大转变。此前在他眼中，长州藩兵在禁门之变中对皇宫开炮的恶行是不可饶恕的，因此他主张尽快严惩长州。现在其政治目标发生转变后，西乡便开始

觉得既然未来的日本政府不再需要幕府，反而需要强藩联合，空耗各藩力量进攻长州只能对未来日本政府的国力造成负面影响。而长州作为本州岛西部实力最强的藩国，也必将在未来的倒幕过程中扮演重要角色。因此自己应该说服幕府对长州采取宽大政策，解决已经成为政治泥潭的长州问题，尽快推行改革。

十月廿四日，在同德川庆胜进行会晤之后，西乡在庆胜支持下向长州提出了议和条件。首先，长州必须处死三名支持武力进京的家老，并将首级送交朝廷；第二，另外四位支持武力进京的藩士重臣也必须处死；最后，必须交还在八一八政变后逃到长州的攘夷派公卿。与武力征伐相比，这些要求要算是相当宽大了。为表明诚意，西乡还释放了10名萨摩藩在禁门之变中俘获的长州士兵。与此同时，为敦促长州接受条件，德川庆胜也率领大军压境。

在长州方面，自下关战争结束后，被称为俗论党的妥协派便开始主宰藩政，而自称正义党的强硬派则受到了压制和清洗，高杉晋作几乎是刚刚从谈判的外国军舰回到岸边时起便遭到俗论党追杀，只得暂时躲藏起来。俗论党掌权后，立刻接受了西乡提出的请罪条件，下令三位家老切腹，并将头颅上交征长军，另外四人也被处以死刑，仅有攘夷派公卿尚未交还。不过就在此时，高杉晋作突然在下关举兵征讨俗论党，长州内部爆发内战，攘夷派公卿们也投奔正义党军中，拒绝返回朝廷。就在停战协议即将功亏一篑之时，西乡亲自前往下关，说服了高杉等人，将五位公

卿送往中立的福冈藩，待长州内战结束后再行处理。这样一来，长州请罪的三个条件完全得到了满足，征长军也随之解散返回各自藩国。西乡隆盛凭借一己之力，帮助长州解决了四国联军攻打下关后的又一个危机，自八一八政变以来充斥于萨摩与长州之间的敌意也有所减弱。回到萨摩后，西乡在藩政中的影响力迅速扩大，成为决策者之一。

自1864年十二月十五日率领80余名游击队士兵占据下关后，虽然藩主亲自下令俗论党对其进行镇压，但高杉手中可用的部队却越来越多。以奇兵队为首，主张对幕府采取强硬政策的诸队陆续汇集到了下关。1865年一月七日，高杉率军对位于绘堂的藩政府军营地发动进攻，御楯队的50人夺取了藩兵军费，并开始四处收买民心。此后10天时间里，正义党起义军将阵地设在大田并与藩兵展开了激烈战斗，最后藩兵败北，被迫撤退至长州藩首府萩。高杉本希望乘胜追击，攻入藩政府大本营，但时任奇兵队总督的山县狂介（有朋）和诸队指挥官均主张起义军应先撤出战场，静观其变。果不其然，毛利敬亲很快便在十六日派出200名中立派藩士处理内战事宜，并最终决定俗论党下台，改由正义党执政。二月十四日，正义党军队进入毛利敬亲的居城萩。5天后，藩论即被确定为武备恭顺，即表面上顺从幕府，暗地中整军备战，随时准备与幕府军再次开战。

这样一来，到1865年年初，日本西部两个最强大的藩国——萨摩和长州都已在暗地中确定了倒幕的藩政方针，倘若这两个藩联起手来，便足以说服或胁迫整个西日本反对幕府，形成一股足以撼动幕府根基的倒幕力量。但由于1863年至1864年间双方在京都政坛中的激烈争斗，无论是萨摩还是长州都仍然十分敌视对方。日本历史已经来到了倒幕维新的十字路口，所需要的便只是一位领路人，而这个人，就是土佐浪人坂本龙马。

坂本龙马早年曾加入由土佐藩下级武士组成的激进攘夷团体土佐勤王党，后由于认清开国必要性而退出组织，并毅然脱藩，投拜胜海舟为师，在后者治下的海军塾学习航海术。在胜海舟的耳濡目染之下，龙马认清了推翻幕府的必要性。海军塾被幕府关闭后，坂本龙马几经辗转，带领原操练所的成员创办了海援队，成为土佐藩的一个商会，活动于各藩之间，表面上进

◎ 土佐浪人坂本龙马

行贸易，暗地中却在联结各方倒幕力量。积极学习西方科技、法律、政治的坂本龙马始终走在时代前列。早在土佐勤王党时期，坂本龙马曾对一位友人说他喜欢比普通太刀要短的小太刀，因为今后在室内打斗的情况会越来越多。当这位友人带了一柄小太刀再次拜访他时，龙马却掏出了一支左轮手枪，告诉他这个要比刀更实用。龙马加入海军塾后，友人带着手枪再次拜访，他又举起一本《万国公法》说道："手枪只能打败敌人，此书却可拯救日本。"其思想进步之快可见一斑。

长州内乱结束后，坂本龙马十分敏锐地觉察到，如果能够将萨摩和长州两藩撮合起来组成倒幕联盟，就很有可能推翻幕府。龙马主动登门拜访西乡隆盛和已经成为长州藩政决策人并改名木户贯之（孝允）的桂小五郎，阐述其政治观点和两藩联盟推翻幕府的宏伟计划。虽然双方都有推翻幕府的意愿，但互相之间的猜忌却严重阻碍着联盟进程。雪上加霜的是，西乡隆盛多次因故爽约，一直没能与木户孝允进行直接会谈，这更增加了长州方面的不满。与此同时，担心长州在正义党领导下再次复兴并发动倒幕战争的幕府于1865年五月奏请天皇，请求再次对长州进行征伐并获得了批准。

为缓和双方气氛，坂本龙马开始安排利用萨摩藩同英国武器商的友好关系为长州购买新式武器。由于长州一直以来同西方国家关系不佳，而幕府近来又禁止长州进口武器，因而极其缺乏现代化武器来应对幕府的第二次征讨。在坂本龙马和另一

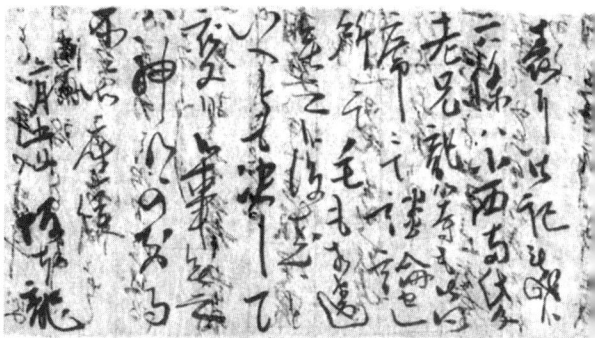

◎ 坂本龙马、木户孝允亲笔书写的萨长同盟盟约，其中红字为盟约背面，由坂本龙马书写，黑字为盟约正面，由木户孝允书写

位土佐浪人——陆援队队长中冈慎太郎协调下，萨摩利用渠道帮助长州走私了多达7300支新式线膛步枪和一艘蒸汽船，一下子就使长州藩获得了足以武装全藩部队的新式装备。在此之后，长州还继续不断地从萨摩方面买进武器。

有了萨摩的雪中送炭，双方的代表——长州的木户孝允、品川弥二郎和萨摩的西乡隆盛、大久保一藏（利通）终于在1866年一月的京都进行了直接会谈。在经历会谈初期的不顺利后，双方在坂本龙马的调和下达成六条协议，秘密订立了萨长倒幕同盟。

虽然萨长同盟已经建立，但事实上，双方条约却并没有太多实质内容，仅规定萨摩应动用自身在朝廷中的影响为长州争取赦免。除非幕府军队进军京都，否则萨摩便没有义务与长州并肩战斗。与此相对，长州也并没有做出任何利益上的许诺，因此双方的猜忌随时可能导致秘密同盟破裂。双方之所以能够继续合作的原因，便是幕府方面对长州的进一步压迫。

在获得天皇再次征伐长州的赦令之前，幕府便试图进一步惩罚长州，一桥庆喜主张藩主毛利敬亲和其世子定广都应退位，长州的封地也应减少 15 万石。即使是较为保守的幕臣，也主张减少长州十万石封地并要求毛利敬亲退位。但此时已经夺取了藩政大权的长州倒幕派拒绝继续让步。同年五月天皇下诏再讨长州后，幕府便开始调兵遣将，希望以武力手段解除长州对幕府的威胁。但与第一次长州征伐时的名正言顺不同，此时长州已经完全履行了之前与德川庆胜、西乡隆盛订立的请罪条款，幕府再征长州在各藩眼中颇有背信弃义之嫌，导致很多藩国都拒绝派兵支援幕府，兵力集结也因此进行得比上一次更为缓慢，直到一年后才真正发兵进攻长州，而长州

在此期间已经完全做好了御敌准备。

1866 年六月，幕府大军终于对长州发动了进攻，德川茂承担任先锋总督前往广岛指挥前线战斗，将军德川家茂则坐镇大坂统御全局。十万征长军分兵四路（这场战役中的征长军总数以及各方面部队人数无疑是有着数倍的夸大），分别从长州国境的四个关口——小仓口、石州口、大岛口和艺州口发动进攻，因而此役被长州人称作四境战争。其中小仓口和大岛口方向的征长军将以海陆发动进攻，而石州口和艺州口的部队则准备分别沿山阴道和山阳道两条陆上交通线进军。面对幕府大军，防守一方的长州军仅有 5000 余人，但无论是在装备水平上，还是训练质量上都要远胜对方，而且士气极为高昂。反之很多加

◎ 四境战争

入征长军的藩国却并不愿意和长州开战，其内部分歧极大，军心涣散。

六月七日，随着幕府舰队对大岛的长州阵地进行炮击，战斗正式打响了。在此之前，长州虽然派出了不少密探前去调查征长军动向，但在大岛方向上他们还是遭到了奇袭。在"大江"号（该舰即为在下关战争中炮击长州的"塔奇昂"号，此时已被幕府收购）和十余艘日式战船的炮火掩护之下，150名松山藩兵于开战后第二天登上了大岛。不过当他们上岛后却发现登陆地点附近并没有长州部队驻扎，在炮击中丧生的也只是一些妇女儿童。

同一天，自严岛而来的幕府舰队也出现在了大岛海域。由"富士山"号、"翔鹤"号、"旭日"号、"八云"号以及4艘日式战船组成的舰队浩浩荡荡，抵达战场后便开始炮轰大岛海岸，并派出船上搭载着的步兵进行登陆，建立了滩头阵地。六月十日，又有分乘10艘日式战船的幕府军登上海岸。在得到援军之后，登陆部队自第二天起便对岛上的久贺村发动了总攻。守将斋藤市郎兵卫手中仅有500兵将，寡不敌众之下，只得向大岛西侧撤退，之后又放弃大岛退往长州本土，使长州的东南边境彻底向幕府军敞开了。

木户孝允等人得知这一消息之后，立刻认清了形式的危险性，认为有必要派出援军对大岛口方向进行反攻。如果幕府军迅速在大岛方向投入重兵，沿突破口深入长州境内，就可以包抄位于石州口和艺州口的长州部队，切断其通往长州境内的交通线，使整个长州东疆完全暴露在征长军

面前。但此时木户手中能够调用的部队也非常有限，仅有第二奇兵队（即奇兵队被收编为藩兵一部之后，新建的另一支以奇兵队命名的部队，也称南奇兵队）和浩武队不超过400人的士兵可以前往大岛增援。选择指挥援军的将领更要加难办。当时长州能够应付这种危机的名将仅有大村益次郎和高杉晋作两人，其中前者正在东北方向的石州口指挥部队准备战斗，后者也正在西面下关附近的小仓口指挥部队，均难以抽身。

木户孝允最终下定决心，冒险将高杉晋作暂时调往大岛口方向，指挥长州军进行反击。但这一决定却遭到了聚集在藩政厅的其余重臣反对，他们认为临阵换将是兵家大忌。木户只得采取手段，在命令中只明确说道从下关派出"丙寅"号蒸汽舰前往大岛，但同时又写道希望"谷潜藏"也要随船前往，作战事宜一切听从谷潜藏安排。所谓"谷潜藏"，正是高杉晋作的化名。

接到命令后，高杉立刻率领"丙寅"号起航前往大岛方向。他认为舰型较小的"丙寅"号无法与幕府大舰正面对抗，只能采取奇袭战术扰乱对方舰队行动，打击对方士气，之后再由第二奇兵队等援军发动进攻夺回大岛，这一计划也得到了各队指挥官的支持。十二日夜间，高杉亲率"丙寅"号冲入幕府舰队锚地，在对方4艘大舰之间四处游动、不断开炮，措手不及的幕府军舰根本没有做好战斗准备，只能任由"丙寅"号肆意妄为。听闻长州海军来袭的幕府地面部队，也立刻陷入一片混乱之中。眼见突袭目的已经达成，高杉便下

令"丙寅"号后撤，在幕府舰队做好起航准备前撤离了战场。紧接着，第二奇兵队、浩武队以及原大岛守军残部在十四日夜间偷偷登陆大岛，天色一亮便立刻发动了进攻，早已被吓破胆的幕府军很快便选择了撤退。在高杉指挥下，不足千人的长州军轻而易举地便从2000名幕府军手中夺回了大岛，长州东南边境战事也逐渐平息。

木户根本没有时间享受胜利。就在夺回大岛当天，征长军对艺州口的进攻也开始了。这里的征长军由以善战著称的彦根、高田两藩藩兵担任前卫，再加上纪伊、宫津、大垣等藩兵和大批幕府陆军部队，人数号称多达5万人，同时自大岛口方向撤退至此的幕府海军有时也会为陆军提供火力掩护。而防守此处的长州兵仅有长州属国岩国的藩兵以及游击队、御盾队等诸队人马，总计人数在一千人左右，指挥官为井上闻多和河濑安四郎。

不过与兵力人数的对比相反，彦根、高田藩兵虽然人员精锐，但在装备方面根本无法与全体装备了新式步枪的长州军相提并论，其中彦根藩兵依然身着鲜红的甲胄，无疑是长州散兵的理想射击目标。在井上闻多等人指挥之下，长州军主动出击，很快便打垮了征长军前卫。面对气势汹汹的长州军，征长军只得投入纪伊藩兵和幕府陆军发动反击。幕府陆军中很多部队是接受过法国教官训练的精锐部队，在训练水平上并不输于长州士兵。但即使是这些精锐部队，最后也还是被士气高昂的长州军击退了。征长军统帅德川茂承立刻陷入慌乱之中，因为其大本营广岛距离敌军仅

有30公里左右，如果对方继续前进，随时有可能兵临广岛城下。由于此时城内还扣押着两位长州在战前派出的使者，长州军也完全可以借营救使者之名对广岛藩开战。幕府方面为安抚长州，于六月廿八日释放了两位使臣。颜面尽失的德川茂承也在七月四日辞去总督一职，征长军自此失去了前线的统一指挥。

在反攻大岛前后，大村益次郎在东北方向的石州口主动向幕府军发动了进攻。大村益次郎手中仅有南园队、精锐队以及长州属国清末藩兵总计一千余人，而对面的征长军却号称3万人。不过，在征长军的绝对优势兵力背后，分别来自不同藩国的部队却各有各的想法。与长州接壤的津和野藩虽然加入了征长军行列，但却并不愿意让自己的土地遭到战火践踏，而且该藩历来对长州抱有好感。在四境战争之前，津和野藩便暗地派人告知长州，他们虽然进行了军事动员，但并不会与长州交战，长州军可以随意绕过津和野藩的领地向较远处的佐幕派滨田藩发动进攻。

与其余三个战场大多由民兵诸队组成的部队不同，石州口的长州军队几乎是清一色的武士出身，因此看不起平民出身的大村益次郎。大村本人也不修边幅，在战场上头戴斗笠、身穿浴衣、腰插蒲扇，而且还随时带着几个藩校学生为他扛着梯子。每到一地，大村便利用梯子爬到屋顶上观察敌情，并对地形仔细调查一番后再行进发。到六月十七日，长州军进抵滨田藩的益田地区，并在那里击溃了滨田藩兵。幕府军立刻调遣纪伊、福山藩兵前来救援，

滨田藩也自行派出使者搬来了其他一些援兵。但这些援兵却根本没有发动反攻的意图，而只是据守在自己的阵地上，坐等兵力居于绝对劣势的长州军进攻。

七月十五日，长州军对征长军发动了总攻。前一天夜间，大村带着藩校学员偷偷前往对方阵地附近，发射了数枚照明火箭，征长军阵地立刻被照亮。在获悉对方阵地详情之后，大村在第二天一早便集中火力对滨田藩兵进行猛烈打击。先前已经吃过败仗的滨田兵很快便支持不住，开始溃退。其后方的 2000 名纪伊藩兵非但没有反攻，反而惊慌失措地向滨田溃兵开枪乱射。滨田藩兵只得撤进滨田城中闭门不出，纪伊藩兵则被滨田人拒之门外，彻底溃散在了荒郊野外之中。3 天后，滨田藩自行放火烧城，长州军在石州口取得全胜。津和野藩甚至还将原先幕府派到前线的监军送到了长州军中。

夺回大岛之后，高杉晋作便马不停蹄地赶回了小仓口。面对多达两万人的强敌，仅有一千人的高杉只能再次以奇袭战术先发制人。按照计划，长州军将以奇兵队为主攻力量，跨过下关海峡向站在幕府一方的小仓藩领地发动进攻，夺取海峡南岸地区，将制海权握在自己手中。六月十七日清晨，高杉亲自坐镇"丙寅"号率领"癸亥"号、"丙辰"号开始炮轰小仓藩炮台。坂本龙马也带着海援队的"乙丑"号赶来支援，并与长州军舰"甲辰"号编队行动，一同炮击小仓藩阵地。奇兵队、报国队的1000 余人在舰炮掩护下登陆海峡南岸，将小仓藩兵打退到了大里地区。不久后，长

◎ 高杉晋作

州军便撤回了下关。

七月三日，长州军登陆田野浦炮台，沿海岸向西挺进，击溃了在大里布阵的小仓军，后者只得退守小仓城。高杉晋作希望攻克小仓，彻底击败征长军。但沿海岸通往小仓城必经的两个隘口赤坂和大谷均已被征长军占据，而幕府舰队的"富士山"号、"翔鹤"号、"顺道"号 3 艘军舰也赶到了下关以西海域，打消了从海路迂回隘口的可能。担心孤军深入的长州军在赤坂受挫后再次返回了下关。

此时身患肺结核的高杉晋作已经卧病在床，但他还是坚持在病榻上指挥战斗。七月廿六日，高杉在病床上召开作战会议，确定了总攻计划。自第二天清晨开始，800名长州士兵第三次进行登陆作战，并再次

与小仓藩兵在大里进行战斗。击败对方后，长州军分兵两路，一路自正面向赤坂发动进攻，另一路则取道大谷，试图包抄赤坂守军。此前一直保持观战态度的熊本藩兵这次也派兵据守赤坂，并利用新式大炮对长州军加以猛烈打击。奇兵队多次发动进攻均被对方击退，伤亡人数高达114人。勉强支撑病体来到海峡南岸的高杉晋作急忙制止了奇兵队的进攻，并令其撤回大里，改由军舰对赤坂炮台进行轰击。幕府海军虽然坐拥数艘大舰，但行动却十分消极，只有小仓藩自己的"飞龙"号积极对长州军的海峡补给线发动了进攻，不过并没有取得太好效果。

当天日落后，对幕府海军消极避战极为不满的熊本藩兵撤出阵地，直接返回了藩国。看到曾在赤坂奋战的熊本人愤然而去，军心动摇的久留米、肥后等国藩兵也相继返回了领国。七月廿八日，长州军终于占领了赤坂，兵临小仓城下。由于小仓城已经孤立无援，高杉并不急于发动进攻，而是希望等到一切准备妥当后再一鼓作气攻克城池。就在总攻即将开始之前，小仓城突然在八月一日收到一封密信，而密信的内容让所有守城将领均大吃一惊——将军德川家茂已经于七月廿日在大坂暴毙身亡！得知噩耗之后，幕府舰队立刻撤回了江户，小仓人则自己放火烧毁了城池，大火持续燃烧了4天。到八月廿一日，幕府也下达了终止长州征伐的正式命令。至此，在四境战争中大获全胜的长州终于度过了最艰难的时期。

在小仓城熊熊燃烧的同时，心中一块石头终于落地的高杉晋作也终于被病魔击倒。四境战争结束后，高杉便卧床不起，从此再没有参与到长州的政治军事活动中，而且也未能亲眼见证幕府倒台。征伐长州的失败，也终于敲响了幕府灭亡的第一声丧钟。

在四境战争中惨败而归之后，幕府的威望已经降低到了最低点。在集结了多个藩国和幕府自己的陆海军总计超过十万大军之后，幕府居然被一个兵力不过五千人的孤藩击败，这一事实使那些持倒幕态度的藩国蠢蠢欲动，随时可能加入倒幕阵营。除此以外，德川家茂去世时年仅20岁，尚且没有子嗣，这也使幕府再次陷入到了将军继承危机之中，而最有资格继位将军的人则正是一桥庆喜。

面对江河日下的幕府，几年前曾经与家茂争夺将军继承权的一桥庆喜却故意拒绝继位将军。作为一位出身水户的政治鬼才，庆喜深知只有大刀阔斧的改革才有希望振兴幕府。如果他积极要求成为将军，其在幕府中的人望就会下降，但如果是幕府走投无路主动来请求他继位，那么他就可以以救世主的姿态统辖幕府，方便其推行改革。家茂去世一周后，庆喜在多方劝说下同意担任德川家家督，但仍然拒绝继任将军。在此后的几个月中，改姓为德川的庆喜运用政治手腕，多次破坏了萨摩、福冈等藩主试图趁将军继承危机之机来使用政治手段推翻或削弱幕府统治的尝试。十二月五日，孝明天皇亲自下诏，任命德川庆喜为江户幕府第十五代将军，使庆喜的威望再一次获得了提升。

十二月廿五日，孝明天皇驾崩。1867年一月九日，年仅15岁的次子睦仁继位，即明治天皇。孝明天皇的死对庆喜而言是一个严重打击。虽然孝明天皇非常反感幕府的开国政策，认为外国人登上日本土地本身就是对神祇的亵渎，但他同时也十分抵触任何政治改革，支持幕府继续总领日本军政大权。看到有机可乘，岛津久光、松平庆永立刻与土佐藩主山内容堂一同利用兵库开港问题对幕府施压，试图逼迫庆喜下台。对庆喜而言，如果他选择支持兵库开港，那么他便会违背孝明天皇的遗诏，如果拒绝开港，又会违反与外国签订的条约。夹在朝廷和外国之间动弹不得的庆喜

再次施展出了高超手腕，迫使朝廷支持兵库开港，再次从政治包围圈中成功突围。

眼见自己无法在政治战场上战胜德川庆喜，萨长同盟终于下定决心以武力推翻幕府。两藩利用朝廷中支持倒幕的公卿，私自拟定了一份御诏，要求解散幕府，施行所谓王政复古政策，将国家大权重新交还给天皇；如果幕府拒绝解散，那萨长就将以皇军的名义向京都进发，以武力夺取政权。在这一过程中，原先积极支持倒幕的土佐藩主山内容堂却摇摆不定，最后仅答应代替萨长两藩向幕府提出一份建言书，而且其内容也相对温和。九月十五日，大久保一藏前往长州商定作战计划。在获知

◎ 现藏于明智圣德纪念绘画馆的《大政奉还图》

萨摩、长州、土佐三方的计划之后，德川庆喜却突然走出了出人意料的一步，主动向朝廷提出辞呈，要求将幕府权力奉还给天皇，是谓"大政奉还"。十月五日，朝廷接受了庆喜的辞呈，但同时又任命他为内大臣，继续统领政务。德川家的封地、俸禄也没有受到削减，实力依然雄踞日本之首。更重要的是，幕府这一组织本身并没有解散。

失去了开战口实的萨长并没有就此放弃。对他们而言，武装倒幕已经无路可退。从十月中旬开始，西乡开始安排大量萨摩浪人在京都和江户两地寻衅滋事、煽动骚乱。一个月后，西乡与藩主岛津忠义亲自率领三千名萨摩藩兵前往京都，与那里的两千名士兵会合，进入了京都。十一月廿日，德山藩主毛利元德（毛利敬亲养子）也率领长州军来到了京都附近，但由于朝廷此

◎ 幕末的萨摩藩士，可见其中一部分年纪较大或身份较高的藩士仍然身仍然身穿和服，而另一部分新式步兵则已经更换了西式军服

240

◎ 鸟羽、伏见战役失败后，抛下部队乘小船离开大阪换乘军舰逃往江户的德川

时仍在名义上视长州为敌，因此并没有进城。在萨摩军队支持下，朝廷首先赦免了长州，并在接下来几天宣布解散幕府改革国体，成立了以天皇为核心的新政府，而萨长联军也开始以新政府军自居。

德川庆喜对此没有坐以待毙，而是以萨长两藩欺瞒、利用天皇为名向京都附近调兵遣将，集结起了 15000 大军。1868 年一月三日，幕府军对占据京都的萨长同盟发动进攻，并在鸟羽、伏见两地与对方发生激战。在鸟羽，幕府军以 2500 名士兵对战 900 名萨摩兵，而伏见方向则以 3000 人对抗 500 萨摩兵、750 名长州兵以及 200 名土佐士兵。幕府派出了接受过法国教官操练的精锐部队，忠实的佐幕派会津藩虽然装备落后，但也有着顽强的战斗意志，一旦与对方展开白刃战，实力依然不可小视。同时，新选组、见回组等原先负责京都治

安的幕府军事警察组织也十分仇视将他们赶出了京都的萨长两藩。

但是就如同四境战争一样，幕府军队内部依然矛盾重重，因此连战连败，名张藩兵在看到幕府军呈现败势之后甚至调转炮口轰击幕府陆军，在战场上就地变节加入了倒幕军。坐镇大坂的德川庆喜虽然在政坛上可称是一位天才，但在军事方面却并无过人能力。经过 3 天激战，高举着天皇锦旗的新政府军击溃了三倍于己的幕府大军。看到幕府大势已去，庆喜不顾重臣劝阻，抛下正在重新集结的军队，强拉会津藩主松平容保一同乘船逃回了江户，京都附近的幕府军随即崩溃。

在木户、大久保等人改革政府的同时，新政府军则在西乡监督下挥师东进，一路向德川大本营江户进发。日本中西部越来越多的藩国加入到了新政府军名下，只有

◎ 现幕府消亡后，日本东北部藩国仍坚持抵抗新政府军，但被逐渐分化瓦解，会津藩也在战斗中遭到失败。图为会津藩主松平容保向新政府军投降的场景。随着会津藩的败亡，日本本州岛上的佐幕派势力彻底宣告瓦解

以会津为首的东北藩国还在支持德川家，而且根本无力阻挡新政府军的推进势头。二月十一日，德川庆喜再次退而自保，将指挥江户军队的权力交给了胜海舟，自己则向朝廷请罪，闭门思过。在派出原新选组局长近藤勇等人率领人马试图延缓新政府军前进的同时，胜海舟开始积极与西乡进行联络，并在三月十四日达成协议，新政府军允许赦免庆喜，并保留德川家的大名身份，但江户必须自动投降，领地也要从 400 万石被削减为 70 万石。就这样，在胜海舟的努力下，江户无血开城，避免了这座拥有超过 150 万人口的都市遭受战火蹂躏。而有着长达 265 年历史的江户幕府，至此也彻底画上了句号。在此后一年里，新政府军继续东进，陆续击败了会津等顽固藩阀以及逃亡到北海道的幕府残余势力，拉开了日本走向近代强国的改革大幕。

回顾与省思

通向现代国家之路

江户幕府灭亡后，日本在经历了 700 年的二元政治后重新建立了以天皇为核心的国家政府，而皇宫本身也因京都在禁门之变时大部遭到焚毁而迁至江户，并改名为东京。不过此时各藩国仍然雄霸一方，新政府本身也只是由萨摩、长州、土佐、肥前以及其余几个倒幕主力藩国组成的乌合之众，很多政府要员仍然有着十分浓重的藩国思想，在处理国家事务时依旧以藩国利益为优先考虑因素。木户孝允和大久保利通已经认清，如果想要树立新政府和天皇的权威，仅凭藩国的效忠是完全不够的。为此，新政治体系下藩国也被取消，而改编为县。出于说服藩主大名等考虑，最初绝大部分县均由原藩主直接领导。自此，明治维新的大幕全面拉开了，日本无论是政治、军事还是经济、工业均开始全面西化，到 1889 年《大日本帝国宪法》颁布时，日本正式从一个二元政治的封建国家成为君主立宪制的近代国家。

为消除封建制度的基础，新政府在 1876 年八月颁布《废刀令》，禁止武士在公开场合下佩戴武士刀，而且剥夺了武士的世袭俸禄，武士这一阶级也随之消失。虽然政府同时也为这些人发放了一笔补偿金，但数百年来以经商为耻的武士们很快便走向了破产，而且也并不愿意与农民或工人为伍以体力劳动获得收入。在此之前的 1872 年十二月，明治政府便下令解散藩兵，改为实行征兵制组建国家军队，为其配发统一的制服、武器，进行统一训练，完成了军队的国家化。在此过程中，日本全国的军队总人数大为下降，如萨摩藩原有 16000 名藩兵，而编入新政府军的仅有 4000 余人，其余全部遭到裁撤。这就使更多的人口被解放出来，可以从事生产，不再专事消耗。而由于全国军队现已全部置于统一指挥之下，其可应付的战争规模反而更大了。

在"四民（士、农、工、商）平等"新政策的影响下，由于武士丧失了赖以谋生的世袭军人地位，日本各地很快便爆发了士族叛乱。1876 年十二月，熊本县（熊本藩）、福冈县（福冈藩）、山口县（长州藩）均爆发了武力暴乱，新政府不得不以武力进行镇压。到次年二月，此前下野返回鹿儿岛的西乡隆盛也被推举为萨摩士族领袖，率领萨摩地区的 12000 名武士起兵，此后九州各地的暴乱武士纷纷加入西乡麾下，萨军部队最多时曾达到了 3 万余人。不过对西乡十分不利的是，萨军本身并无一个明确的作战目标，虽然部队以"上京质问天皇"作为战斗动力，但事实上这是一个根本无法完成的目标。不过既然以此作为行动名义，西乡也只能在留下了 3000 人围攻熊本城后向下关海峡进军，试图从此进入本州岛。

对于刚刚完成改组的新政府军而言，这场被称为西南战争的暴乱成为其面临的首次考验。叛乱爆发后，政府派出了有栖川宫炽仁亲王、山县有朋、黑田清隆率领的两个旅团平叛，其后兵力又增加到了 8 个旅团，并为其配属了 6 个炮兵大队、1 个工兵大队，总人数接近 6 万人，同时海军也派出了多达 19 艘战舰前往九州。二月廿五日，政府军与北上中的萨摩军发生交战，并将对方击退。在此后的三月间，双方多次交战，萨摩军一再遭到失败。三月中旬，政府军又派出一支部队在熊本以南的地区进行了登陆，对萨摩军的后方以及熊本城包围圈形成了严重威胁。一个月后，西乡只得放弃熊本城，并开始向萨摩撤退。政府军此后逐步推进，不过直到九月廿日才攻破鹿儿岛，将萨摩军彻底击溃，西乡本人则在中弹后自杀身亡。

自平安时代末期武士阶级崛起到西南战争中最后一支以武士组成的军队败于明治政府军，属于日本武士的时代在19世纪末宣告结束。从最初的朝廷走狗到封建统治，最后又亲手推翻了武家政权，武士塑造了日本的全部中世和近世历史。

日本的地理被隔绝在了亚洲大陆以外，但与欧洲的英国相反，其所面对的大陆并非像欧洲一样四分五裂、互相征伐，而是在近代之前始终在整个世界首屈一指的中国。这使武士们在长达700年的统治中均被封堵在日本列岛之上，不仅不能像英国一样制约、摄取大陆的利益，反而大陆的任何对外政策变化，都能够影响日本安危。

约翰·富勒曾评价近代日本为"工业生产过剩，但粮食却不够用"。而对于近代之前的日本，粮食不够用是必然之事，就连工业生产也根本不存在，全国唯一有剩余的资源便只有人力。在此之下，对于有限土地、权力的争夺便使日本经常性地陷入动辄数十年，甚至绵延百年的战乱。在镰仓后期和整个室町时期的战乱之后，同样的原因使丰臣秀吉即使坐拥凌驾全国的军队，却还是无法让不安的大名们偃旗

息鼓，最终只能对大陆发动战争，而一旦失败之后，其政权便迅速倒塌了。直到江户时代，德川幕府才终于通过不断削弱大名，用最强硬的手段将全国战乱压平了。

在明治维新的大幕拉开之后，日本脱去了古老的外衣，乘上了蒸汽的战舰。日元取代大米，藩国成为财团，议会推翻幕府。但过去数百年的阴影却仍然笼罩在整个日本列岛之上：政阀与财阀仍像幕府、大名一般垄断着帝国的国策，工业原料和农业的不足再次使日本陷入不安之中。而这一次，东亚已经不再拥有能够阻挡日本人登上大陆的强权了，这引导着日本走上了穷兵黩武的近代军国道路，并终于一败涂地，将整个日本带回了平安时代之前的原点。

第二次世界大战后，经过重建的日本终于在彻底开放的全球贸易中寻找到了不需武力仍可获得利润的途径。但美国却并没有在太平洋摧毁日本的国体，甚至政阀、财阀这些现代"大名"们还仍然拥有着巨大的权力。他们似乎只将海外贸易当作赚取利润的手段，战败国的地位也使他们只能如此，而不能像美国、中国一样利用贸易在全球夺取权力。可它半是自愿、半是被迫的半锁国政策，也终于逐渐窒息了国家的发展。当20世纪90年代到来时，日本的经济发展陷入停顿。就如同无法分得足够耕地的武士一样，财阀、政阀们不断地推翻着一届又一届的内阁和首相，却仍然无法改变经济的停滞。在内部的如此重压之下，日本又将会走向何方？